21世纪普通高等学校信息素质教育系列教材

信息检索与文献管理

主　编　樊　瑜　吴少杰

副主编　魏现辉　王丽霞　赵军伟

华中科技大学出版社
http://www.hustp.com
中国·武汉

内 容 提 要

本书在传统信息检索的基本原理与方法、技术与技巧的基础上,引入学习工具软件、文献管理和分析软件的应用,注重系统性和实用性,将信息需求、信息检索与知识管理紧密结合,增强了适用性。

全书共 14 章。第 1 章至第 10 章为资源检索篇,除了详细阐述传统文献类型的检索,还增加了自学和考试类免费资源;第 11 章至第 12 章为学习工具和知识管理篇,包括效率提升工具、笔记软件、文献管理与分析软件的使用方法;第 13 章至第 14 章为应用篇,除了论文写作和信息鉴别,还对大学生就业、考研等常用信息的检索,做了具体的介绍。

本书可供高等院校教学使用,也可供科研人员参考,对信息资源数据库和网络信息资源的使用者有较高的参考价值。

图书在版编目(CIP)数据

信息检索与文献管理/樊瑜,吴少杰主编.—武汉:华中科技大学出版社,2021.6 (2025.7重印)
ISBN 978-7-5680-7192-5

Ⅰ.①信… Ⅱ.①樊… ②吴… Ⅲ.①信息检索-高等学校-教材 ②文献管理-高等学校-教材
Ⅳ.①G254.9②G253.5

中国版本图书馆 CIP 数据核字(2021)第 101464 号

信息检索与文献管理
Xinxi Jiansuo yu Wenxian Guanli

樊 瑜 吴少杰 主编

策划编辑:袁 冲
责任编辑:李曜男
封面设计:孢 子
责任监印:朱 玢
出版发行:华中科技大学出版社(中国·武汉)   电话:(027)81321913
　　　　　武汉市东湖新技术开发区华工科技园   邮编:430223
录　　排:武汉创易图文工作室
印　　刷:河北虎彩印刷有限公司
开　　本:787mm×1092mm　1/16
印　　张:19.5
字　　数:487 千字
版　　次:2025 年 7 月第 1 版第 2 次印刷
定　　价:48.00 元

前　言

　　信息检索是信息素养教育的主体,是实施信息素养教育的必修课程,旨在培养学生信息意识、独立学习和终身学习能力,使其掌握从海量的信息中获得所需文献信息的方法和工具,从而提高学习效率和知识创新能力。

　　效率的提升离不开工具。由于科技发展速度的加快、文献数量呈指数增长,随之而来的是工具软件和文献管理工具的诞生。为了快速获取资讯,人们只有不断掌握最新工具和管理软件,才能满足科学研究的需要;而提高科研工作效率又是与全方位快速有效地获取信息相联系的。所以,信息素养与信息技术是紧密联系的。因此,只有不断掌握新兴技术,才能快速捕捉到科技发展的最新动态,达到检索课的目标,实现信息素养教育的目的。

　　本书编者在总结20多年教学经验的基础上,将传统信息检索与工具软件的使用相结合,强化信息检索技术方面的内容,突出了本书的实用性。全书按照文献类型进行组织排序,突出了系统性。特别是笔记软件、文献管理软件以及效率提升工具的引入,突出了新颖性,丰富了传统信息检索的内容,适合不同专业的在校学生和科研人员使用。

　　全书分为14章。第1章由樊瑜、魏现辉编写;第2章、第3章、第4章由吴少杰编写;第5章、第7章、第8章、第9章、第11章、第12章由樊瑜编写;第6章第1、3节由魏现辉编写,第2、4节由樊瑜编写;第10章由王丽霞、樊瑜编写;第13章由樊瑜、赵军伟编写;第14章第1节由魏现辉编写,第2、3节由樊瑜编写,第4、5节由王丽霞编写。全书由樊瑜负责总策划、拟定大纲、整理、定稿并撰写前言和内容提要,吴少杰负责审查,王丽霞负责文字校对。

　　本书在编写过程中,参考了许多专家、学者和同行的研究成果,包括专著、论文及相关材料等,有的已经在参考文献中列出,谨在此表示深深的敬意和感谢。感谢华中科技大学出版社的鼎力支持。本书获得河南城建学院2020年校级教材建设立项,在此一并表示感谢。

　　由于信息检索技术的不断发展和检索手段的不断更新,加之编者水平有限,书中难免有疏漏和不妥之处,敬请学术界同仁和读者批评指正,以便进一步修改和完善。

樊　瑜

2021 年 2 月

目　　录

第1章　绪　　论

信息技术的迅猛发展将人类社会带入信息无处不在的信息时代。然而,这种信息量的骤增和更新频率陡然的增加,虽然改变了人类的经济、文化、政治、社会结构与社会活动的方式,但并不都是给社会进步带来正面的作用。我们面临着信息泛滥、信息超载、信息浪费、信息疾病等诸多问题。具备一定的信息素养已经成为个人适应信息社会的必要条件。信息素养不仅关乎个人在信息社会的生存与提高,也关系到整个人类社会的进步与发展,因此,信息素养及信息素养教育在国内外逐渐得到重视。

1.1　信息素养概述

信息素养也称信息素质,这一概念最早是由美国信息产业协会主席保罗·泽考斯基(Paul Zurkowski)于1974年提出的,即"人们利用多种信息工具使问题得到解答的技术和技能"。简单的定义来自1989年美国图书馆学会,包括能够判断什么时候需要信息,并且懂得如何去获取信息、如何去评价和有效利用信息。

20世纪七八十年代,英国、加拿大、美国、德国、澳大利亚的许多高校图书馆开展了轰轰烈烈的图书馆读者教育活动。联合国教科文组织分别于2003年和2005年,召开了以信息素养为主题的世界性大会,并发布了两个重要宣言,即《布拉格宣言》和《亚历山大宣言》。以"走向具有信息素养的社会"为主题的《布拉格宣言》指出,作为一种适应社会的基本能力和参与社会生活的先决条件,信息素养能够确定信息、检索信息、评估信息、组织信息和有效地使用、生产和交流信息,解决所遇到的问题,是终身学习的一种基本人权;以"信息社会在行动:信息素养与终身学习"为主题的《亚历山大宣言》指出,信息素养和终身学习是信息社会的灯塔,照亮了通向发展繁荣和自由的道路,信息素养是终身学习的核心,终身学习可以帮助所有人走向共同发展。2001年澳大利亚和新西兰信息素养协会成立。从1992年起,由南澳大利亚大学、澳大利亚图书馆与信息协会主办的全国信息素养会议,每两年召开一次,向澳大利亚全国发布了一个有关信息素养的声明,从个人、政治、经济和全球的视野强调信息素养的重要性,信息素养战略被列入许多大学机构的教学计划中。

1.1.1　信息素养的内涵

信息素养是一个动态变化的概念。处于不同的立场、基于不同的视角,不同的人和组织,对信息素养有着不同的定义。有中国学者认为,信息素养包括信息意识、信息知识、信息能力和信息伦理四个方面。

(1)信息意识是信息素养的前提,是人类对信息的敏感程度,是人类在信息活动中产生的认识、观念和需求的总和,具体包括:充分认识到信息在学习、工作和生活中的重要作用,

遇到问题时应该先想到通过信息的获取和利用来将其解决;对信息具有敏锐的感知力和洞察力,能高效、快速地识别有价值的信息,善于从所获取的信息中找出解决问题的思路、线索或方案;对信息具有积极的内在需求,善于根据社会需要主动发现自身的信息需求;具有通过获取信息强化自身学习能力的想法和观念,遇到不懂的问题能积极主动地通过获取信息来寻找答案。

(2)信息知识是指一切与信息有关的基础理论和基本方法,是人类在实践中对信息科学领域的认识成果和系统总结,具体包括信息科学领域相关的概念、原理、技术、方法、原则、意义等内容。信息知识是信息素养的重要组成部分。

(3)信息能力是指在解决问题的过程中确定、检索、获取、评价、管理、应用信息及重构自身知识体系的能力,具体包括信息识别能力、信息检索能力、信息获取能力、信息评价能力、信息管理能力、信息应用能力、知识重构能力等。信息识别能力也就是确定信息的能力,即把遇到的问题转换为具体信息需求的能力。信息检索能力是指选择具体检索工具和系统,采用一定的检索方法和策略找到信息的能力。信息获取能力是指把找到的信息通过一定的手段和技巧获取过来使其处于方便、可用状态的能力。信息评价能力是指对信息的分析、评价能力,具体包括分析信息内容和信息来源、确定信息质量和评价信息价值、决定信息取舍及分析信息成本的能力。信息管理能力是指在存储层面对信息进行处理、转换、管理的能力。信息应用能力是指利用所获取的信息解决具体问题的能力。知识重构能力是指将在获取、评价和利用信息解决实际问题过程中所涉及的知识、经历内化为自身的知识和经验,并以此重构自身知识体系的能力。

(4)信息伦理也称信息道德,是指在信息的生产、存储、获取、传播和利用等信息活动的各个环节中,用来规范相关主体之间相互关系的法律关系和道德规范的总称。信息伦理既包括与信息相关的法律法规,也包括通过社会舆论、传统习俗等非法律方式使人们形成的习惯、信念和价值观。

作为信息素养的基本构成,信息意识、信息知识、信息能力和信息伦理四个要素相辅相成、不可分割。其中,信息意识是先导,信息知识是基础,信息能力是核心,信息伦理是保障,四个要素共同构成一个统一的整体。

1.1.2　如何理解信息素养

(1)信息素养是一种基本能力。信息素养是一种对信息社会的适应能力。美国教育技术 CEO 论坛 2001 年第 4 季度报告提出 21 世纪的能力素质,包括基本学习技能(指读、写、算)、信息素养、创新思维能力、人际交往与合作精神、实践能力。信息素养就是其中一个方面。

(2)信息素养是一种综合能力。信息素养涉及各方面的知识,是一个特殊的、涵盖面很广的能力,它包含人文的、技术的、经济的、法律的诸多因素,和许多学科有着紧密的联系。信息技术支持信息素养,通晓信息技术强调对技术的理解、认识和使用技能。

1.1.3　信息素养的评价指标

作为一种适应现代化信息社会的综合能力和基本素质,信息素养不只是一个概念,更需要一定的评估标准。国内外相关机构提出各自的信息素养评价标准。

1. 美国大学与研究图书馆协会信息素养能力标准

2000 年,美国大学与研究图书馆协会制定的信息素养能力标准主要有以下五个方面:

(1)具有信息素养的学生能够确定所需信息的性质和范围;

(2)具有信息素养的学生能够有效和高效地获取所需的信息;

(3)具有信息素养的学生能鉴别信息及其来源,并将检出的信息融入自己的知识基础和价值体系;

(4)具有信息素养的学生,不论个人或作为小组成员,都能有效地利用信息去完成一项具体的任务;

(5)具有信息素养的学生了解信息利用过程中的经济、法律和社会问题,在信息获取和利用时能自觉遵守道德规范和有关法律。

2. 北京地区高校信息素质能力指标体系

2005 年,北京高教学会图书馆工作研究会出台《北京地区高校信息素质能力指标体系》。这个指标体系从信息意识、信息知识、信息能力、信息伦理四个方面提出高校学生应具有的信息素养要求,具体由 7 个一级指标、19 个二级指标、61 个三级指标组成。其一级指标为:

(1)具备信息素质的学生能够了解信息以及信息素质能力在现代社会中的作用、价值与力量;

(2)具备信息素质的学生能够确定所需信息的性质与范围;

(3)具备信息素质的学生能够有效地获取所需要的信息;

(4)具备信息素质的学生能够正确地评价信息及其信息源,并且把选择的信息融入自身的知识体系,重构新的知识体系;

(5)具备信息素质的学生能够有效地管理、组织与交流信息;

(6)具备信息素质的学生作为个人或群体的一员能够有效地利用信息来完成一项具体的任务;

(7)具备信息素质的学生能够遵循在获得、存储、交流、利用信息过程中的法律和道德规范。

1.2 信息检索的意义与大学生信息素质教育

1.2.1 信息检索的意义

在计算机、网络快速发展,互联网日益普及的今天,我们置身于信息与知识的海洋,要想及时、准确、全面地查找所需的信息资源,不学习和掌握信息检索的知识和方法是行不通的。只有随时随地发现和获取身边无处不在的信息,获得新知识,才不会被瞬息万变的社会所淘汰。而要想高效、快速地掌握最新信息,获取最新知识,信息检索就成为满足信息需求的必要途径。概括来说,信息检索的重要意义主要体现在以下几个方面。

1. 信息检索是获取知识的有效途径

在当今文献知识急剧增长的信息时代,人类获取信息面临三大挑战:一是知识信息的无限性对人们有限的阅读时间的挑战;二是迅速增长的信息量对人类接收能力的挑战;三是大

量新知识对人们理解能力的挑战。据测算,人类知识总量在19世纪每50年增加一倍,20世纪初每10年增加一倍,20世纪70年代每5年增加一倍,80年代几乎每3年增加一倍,进入21世纪,知识总量更是以指数级递增。人们必须通过不断学习,获取和积累新知识,才能适应社会发展的需求。因此,如何以最少的精力、最短的时间充分占有文献信息,成为人们亟待解决的实际问题,而信息检索正是解决这一问题的最好途径,它可以帮助人们快速、准确、全面地获取所需信息,最大限度地节省查找时间,使文献信息得以充分利用。因此,掌握信息检索的方法和技巧,是获取知识和更新知识的重要手段,是做到无师自通、不断进取的主要途径。

2. 信息检索能提高科研效率,避免重复劳动

科学发展的历史证明,积累、继承和借鉴前人或他人的研究成果是科学发展的重要前提。在当代科学研究和技术开发过程中,一个研究人员查找资料和了解同行工作进展信息的时间占研究工作时间的一半以上。据美国国家基金会在化学工业部的调查统计表明,研究人员的工作时间分配是:计划与思考占7.7%;信息收集占50.9%;试验研究占32.1%;数据处理占9.3%。正如牛顿所说:"假如说我比前人看的远一点,那是因为我站在巨人肩膀上。"科学研究具有继承和创造两重性,这就要求科研人员在探索未知或从事研究工作之前,应该尽可能地占有与之相关的信息,即利用信息检索的方法充分了解国内外相关研究的成果、研究现状和发展动向,选择研究的最佳切入点。只有这样,才能正确地制订研究方案,避免重复研究,尽可能降低获取信息和知识的成本。因此,信息检索是科学研究活动中提高效率、避免重复劳动的必不可少的前期工作。

3. 提供科学方法,为管理者提供决策参考

科技与经济发展的管理决策同样离不开信息。任何个人、企业,乃至国家,要想在竞争中立足,都必须掌握足够、准确的信息,并利用它进行科学决策,才能在激烈的竞争中取胜。信息获取成功的基础则是通过科学合理的信息检索方法获取大量有用的信息。信息检索为人们提供了一套完整的开发、利用信息资源的方法,包括信息检索工具的选择、信息检索策略的制订、信息检索手段的选择等。在激烈的市场竞争中,管理者必须时刻关注竞争对手的动向,力求扬长避短,确立自己的竞争优势。"优胜劣汰、适者生存"是市场竞争的自然规律。要想在激烈的市场竞争中立于不败之地,首先要有科学的决策。企业在市场中要不断开发新产品,选择投资项目,确定营销策略,这一切都离不开准确及时的市场信息。因此可以说,信息竞争是企业成败的关键,它是市场导向的风向标,是现代企业生存发展的战略武器和重要保障。

1.2.2 大学生信息素质教育

近年来,我国已逐步认识到在高校开展信息素质教育的重要性。从1984年国家教委(现在更名为教育部)发布《关于在高等学校开设文献检索与利用课的意见》文件以来,文献信息检索教育在高校陆续展开。1998年,教育部颁布的《普通高等学校本科专业目录和专业介绍》中,对每个本科专业的培养目标,都添加了"掌握文献检索、资料查询的基本方法,具有独立获取知识信息的能力"这项要求。经过20多年的发展,文献信息检索课内容逐渐丰富,已经成为大学生信息素养培养和提高的重要途径。2016年6月7日,《教育信息化"十三五"规划》提出了"学生信息素养显著提升"的目标;2016年12月27日,国务院《"十三五"国家信息化规划》提出了"提升国民信息素养"的目标;2018 年 4 月 13 日《教育信息化 2.0 行动计划》提出了"提高师生信息素养"的目标。

1. 信息素养教育的目标

信息素养教育的目标是培养终身学习。具体而言,就是能够想到而且能够做到通过获取和利用信息解决所遇到的问题,并且能够把获取的信息融入自身的知识结构,把获取信息的过程和经历内化于自身的学习能力。

终身学习是指社会成员为适应社会变化和实现个体发展需要,贯穿于一生的、持续不断的学习过程。终身学习理论的核心是通过终身学习,不断获取新知识和新技能,提高适应社会的能力,这与信息素养的内涵十分契合,信息素养所要求的信息获取能力、信息应用能力以及知识重构能力,是终身学习的能力基础,而获得终身学习能力是教育的核心目标。

2. 信息素养教育的层次

信息素养教育的第一个层次是拓宽视野,使人们知道这个世界上原来还有那么多信息资源。

信息技术的迅猛发展不仅带来信息量的激增,而且信息的形式和内容亦发生了前所未有的变化,新的信息形式和内容不断涌现,传统的信息形式逐渐出现新的内容,传统的信息内容演变出新的形式。传统的文献信息,例如图书、期刊、报纸、学位论文、专利、标准、科技报告、百科全书、年鉴、手册,地图等,在互联网,尤其是移动互联网浪潮中,其存在的形式、生产和存储方式发生了显著的变化。通过互联网渠道获取这些信息资源的发展趋势,显得特别明显。数字化出版在图书、期刊、报纸、学位论文等领域的商业模式已经非常成熟;绝大多数的报纸、专利、标准、年鉴可以通过互联网免费获取;网络百科对传统纸质百科全书的代替趋势十分明显;地图网站、导航系统,手机地图应用程序,不仅明显弱化了传统纸质地图的作用,基于位置信息的诸多地图应用,更是对传统地图信息应用的颠覆式创新。互联网在改造传统信息源的同时,也创造出诸多新型信息资源,Web 2.0 的出现更是加速了这一趋势。通过网络论坛、网络社区、网络知识库、网络文库等非传统信息源,不仅可以找到解决具体问题的诸多思路,而且可以获取解决问题所需资源的线索;精品课程、精品资源共享课、网络公开课及大型开放式网络课程(MOOC)等众多免费的在线视频课程资源为人们的自主学习提供了丰富的素材;淘宝、携程、12306 等系统在提供专业应用服务的同时也成为重要的信息资源库。诸如此类的信息数不胜数。考虑到互联网创新的速度和人们认知反应的延迟,互联网环境下层出不穷的信息资源并不总能被人们及时获知。因此,信息素养教育的第一个层次是要开阔视野,让人们知道原来还有这么多很好的、很有用的信息资源。

信息素养教育的第二个层次是训练信息获取能力,使人们知道如何获取所需要的信息。

不同形式、不同内容、不同来源的信息有不同的获取方法和手段。根据自己的信息需求,选择合适的检索工具或检索系统,采用合适的检索策略和技巧,找到所需要的信息,并且能够根据需要下载和获取原文,是信息素养教育的第二个层次,也是当前信息素养教育的主要内容和着力点。随着互联网的推广和普及,传统的手工检索工具逐渐被边缘化,图书馆的手工卡片检索被联机公共检索目录(online public access catalogue,OPAC)所取代,纸质的期刊索引(index)让位于期刊数据库系统。搜索引擎(search engine)和超链接技术使信息的查找更为直接和方便,基于网络的检索工具和系统已经成为信息检索和获取的主要方式。不同的检索工具和检索系统有各自的特点和功能,系统的高效使用需要一定的规则,信息的

下载和获取也需要一定的技巧,因此针对性的训练十分必要。

信息素养教育的第三个层次是培养信息利用能力,使人们具有敏锐的信息意识和利用信息、解决问题的能力。

信息素养教育的前两个层次相对比较容易解决,知道存在并且能够快速找到所需要的信息并不困难,通过系统的训练和操作实践在较短时间内可以解决,困难的是信息意识的培养和信息应用能力的提升。在遇到问题时能想到通过检索、获取和利用信息来解决问题的意识很难在短时间内树立,将遇到的具体问题转化为明确的信息需求的能力也需要长时间的训练和培养,这两个问题正是信息素养教育的核心。

3. 信息素养教育的形式

信息素养教育,是人才培养的主要内容之一,大学的信息检索课是信息素养教育的主要形式。

信息素养教育的目标是培养终身学习能力,而信息素养教育自身也是一个终身学习的过程。信息素养教育与终身学习能力是一个相互促进、螺旋提升的关系。尽管我国在义务教育阶段也开设了与信息素养教育相关的信息技术课程,但其内容与信息素养教育的目标和核心都有相当大的区别,因此我国的信息素养教育主要从大学开始,以大学为主,信息检索课教学是其主要形式。1984 年 2 月,教委印发了《关于在高等学校开设文献检索与利用课的意见》的通知,文献检索课开始在高校作为通识课或必修课广泛开设。1998 年,教育部在其颁布的《普通高等学校本科专业目录和专业介绍》中,对每个本科专业的培养目标都提出"掌握文献检索、资料查询的基本方法,具有独立获取知识信息的能力"这项要求。随着对课程认识的提高,课程名称也逐渐过渡到信息检索课、信息素养课,尽管课程的目标是提升学生的信息素养,课程内容也以信息素养内容为主,但课程名称大多还是以信息检索课居多。

虽然信息检索课是信息素养教育的主要形式,但信息素养的提升更应该依靠个人的训练和实践。把每一次的检索经历都作为自身能力的积累,把每一次获取信息、解决问题的过程都作为信息素养的自我教育,只有这样才能快速、有效地提升自身的信息素养,培养终身学习的能力。

1.3　信息及相关术语

当今时代,信息无处不在,网络、电视、广播、报纸等各种媒体每天都向公众传播着各种各样的信息。处在这样的环境中,我们每个人都能接收到各种类型的信息,并自觉、不自觉地参与信息的传递。那么,信息究竟是什么? 信息、知识、情报之间的关系怎样? 这就是我们本节要学习的内容。

1.3.1　信息

信息(information)是一个既古老又年轻的概念。早在两千多年前的我国西汉时期,即有"信"字的出现。唐朝诗人杜牧在《寄远》一诗中喟叹"塞外音书无信息,道傍车马起尘埃";南唐诗人李中在《暮春怀故人》中也写下"梦断美人沈信息,目穿长路倚楼台"的佳句。很明显,信息在此处指"音讯""消息"等。

20 世纪中叶以后,信息的本质才被揭示,并被引入哲学、信息论、系统论、控制论、传播学、情报学、管理学、通信、计算机科学等领域。所以,站在不同的角度,对信息的定义是不同的。

哲学家认为信息是物质的普遍性,是认识世界的依据。

数学家认为信息是使概率分布发生变动的东西。

控制论创始人维纳认为信息是人们在适应外部世界并且作用于外部世界的过程中,同外部世界进行交换的内容的名称。

信息论的创始人香农从通信理论出发,认为信息是关于环境事实的可通信的知识,是通过各种形式,包括数据(字母、符号和数字)代码、图形、报表、指令等反映出来的。

《辞海》对信息的解释是:①音讯、消息;②通信系统传输和处理的对象,泛指消息和信号的具体内容和意义,通常须通过处理和分析来提取。

《汉语大词典》对信息的定义是事物发出的消息、指令、数据、符号所包含的内容。

我国多数学者认为信息普遍存在于自然界与人类社会,是客观事物各种表现的反映。物体在运动过程中,伴随着信息的产生,信息借助物质载体记录和媒体传播。

总之,信息是事物属性的再现。信息不是事物本身而是事物发出的消息、指令、数据等包含的内容。

现代社会被称为信息化社会,信息与材料、能源一起被视为社会经济发展的三大支柱,信息已成为促进社会经济发展的重要战略资源。

1.3.2　知识

知识(knowledge)是人们在改造客观世界的实践中获得的认识和经验的总结,即人类对客观世界的认识。人们在认识世界和改造世界的过程中,获得了事物运动变化的规律,即感性认识和经验,然后通过大脑的组织和加工处理,形成理性认识,即知识。因此,人类不仅要通过信息感知世界,还要对获得的信息进行整理和加工,形成知识并进一步认识和改造世界。知识可以分为两种,即主观知识和客观知识。主观知识主要指人们头脑中的经验、观点、思想等。在文字出现以前,知识主要以主观知识的形式出现。随着人类文明的发展,文字出现以后,产生了以文字、图形为记录载体的客观知识。从而实现了知识信息的跨时空交流、传递与利用。可见,知识是信息的一部分。

1.3.3　情报

情报(intelligence)是在人类社会中传递的,可以发挥效益的关于特定事实的信息和知识。情报一般由内容、符号、载体构成。情报根据所属的范围可以分为专业情报、管理情报、军事情报等;根据情报的重要性可分为重要情报、一般情报等。情报的概念在不同历史时期有着不同的含义:起初,情报是特指战时关于敌情的报告;20 世纪 70 年代,情报是指决策、部署、规划、行动所需要的能指引方向的知识和智慧;20 世纪 80 年代,情报又被认为是获得其他方的有关情况以及对其分析研究的结果。无论情报的内容与形式如何变化,情报都具有知识性、传递性、效用性。

1.3.4　文献

《文献著录总则》(GB 3792.1—83)对文献(document)的定义是"记录有知识的一切载

体"。国际标准化组织《文献情报术语国际标准》(ISO/DIS 5217)对文献的定义是"存贮、检索、利用或传递记录信息过程中,可作为一个单元处理的,在载体上或依附载体而存贮有信息或数据的载体"。

从上述定义可以看出,构成文献,必须具备四个要素:文献信息、文献载体、符号系统和记录方式。文献信息是文献的内容,它属于信息,具有信息的一切性质和功能;文献载体是文献的外部形式,即材质,它在人类文明进程中一直不断地演变,包括早期的石块、兽骨、金属、纸张,现代的胶片、磁带、光盘等;符号系统是信息的携带者,包括图形、文字、公式、图表、编码等;记录方式是代表文献的符号通过特定的人工记录方式进入载体的方法和过程。

文献对人类文明的进步具有重要意义,主要体现在两个方面:一是知识的积累、传播和创造;二是对研究成果的确认和评价。文献是重要的信息资源,它能帮助人们克服时间与空间的限制,记录、贮存和传递人类已有的知识与经验,所载信息可供无数人同时、异地、反复使用,还可以通过复制广泛传播,从而给人类社会带来巨大的社会效益和经济效益,推动人类社会不断发展和进步。

1.3.5 知识、情报、文献与信息的关系

知识、情报、文献和信息之间存在着内在的必然联系。信息是物质的属性,是物质的一种存在形式,它以物质的属性或运动状态为内容,并且总是借助一定的物质载体进行存储和传递。知识的产生离不开信息和信息的传递,知识包含在信息之中。情报是特殊的信息,是在一定时间内为达到一定目的而传递给特定对象的、有用的知识或信息。在人类漫长的生产实践、科学试验以及社会实践的过程中,各种现象及经验等相关知识信息不断地积累,为了便于记忆、交流和传播,于是产生了文献。知识、情报、文献与信息的关系如图 1-1 所示。

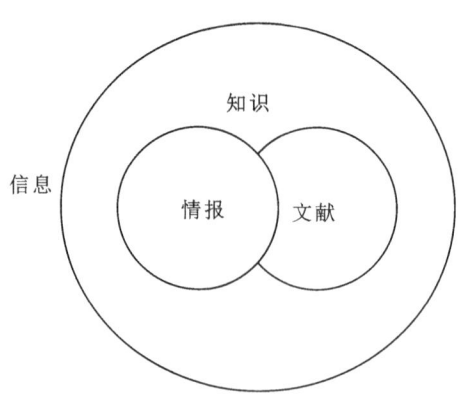

图 1-1　知识、情报、文献与信息的关系

综上所述,信息是起源和基础,它包含了知识和情报。文献则是信息、知识、情报的存储载体和传播工具,是重要的知识源。信息可以成为情报,但是一般要经过选择、分析、研究等加工过程;知识是经过总结、提炼和系统化后的信息。信息、知识、情报的主要部分被包含在文献之中,但远非全部。目前,学术界比较一致的看法是信息>知识>情报,文献和情报的关系非常密切,并且有交叉。

1.4 信息资源概述

1.4.1 什么是信息资源

信息资源是信息与资源两个概念整合衍生出的新概念,简称"信息源"。联合国教科文组织 1976 年出版的《文献术语》指出,个人为满足其信息需要而获得信息的来源,称为信息资源(information sources)。

信息资源的广义定义:一切产生、贮存、加工、传播信息的源泉都可以看作信息资源。

信息资源与其他资源相比,具有可再生性和可共享性的特点。可再生性是指它不同于普通的自然资源,它可以被反复使用而不失去其利用价值,对它的开发利用越深入,它的内容会越丰富,利用价值越高。可共享性是指它能被不同用户分享而不失去其原有信息量。

随着信息社会的到来,人们越来越清晰地认识到信息资源的重要性。当前,人们从事的一切社会活动必须从利用信息资源入手,在未来的竞争中,那些占有较多信息资源的国家、机构和个人将具有更大的竞争优势。信息资源地位的不断上升,促进了以计算机和网络为核心的信息技术的进步,先进的信息技术又反过来推动了信息资源的开发和利用。

1.4.2 信息资源的类型

要开发和利用信息资源,就必须先了解信息资源的类型。按照不同的分类标准,信息源的划分方法也不同。

信息源按信息来源分类,可分为以下四个类型。

(1)智力型信息源:由人脑存贮的信息,包括人们掌握的各类知识、诀窍、技能和经验,有的可用语言和文字明确表达和记录,有的则难以明确表达和记录,故又被称为隐性知识。

(2)零次型信息源:人们通过直接交流获得的信息,是信息客体的内容直接作用于人的感觉(包括听、视、嗅、味、触觉)的结果。如聊天、授课、讨论等方式,获得的信息可能包含较高的价值,能提供新思路、新思想,达到解决难题的目的,但有些信息并不十分准确与可靠。

(3)实物型信息源:由实物携带和存贮的信息,如生物样品、产品样机、工艺品、展品等。实物型信息源具有直观生动、易于理解等特点,需要经过分析与提炼转换为记录型信息才便于管理与传递。

(4)文献型信息源:由传统介质(纸张、竹、帛等)和各种现代介质(如磁盘、光盘、微缩胶卷等)记录和存贮的信息,便于保存、积累、传递和利用,也叫作记录型信息源。

文献型信息源又可以根据载体、出版形式和内容的加工程度进行划分。

1. 按照载体划分

文献型信息源按照载体可以分为印刷型信息资源、微缩型信息资源、声像型信息资源、电子型信息资源,如图 1-2 所示。

1)印刷型信息资源

印刷型信息资源是一种传统的、最为常见的信息资源,指通过油印、铅印、胶印等各种印刷手段将信息记录在纸张或其他类纸材质上的信息资源,其特点是便于阅读和传播,但占用空间大,不易整理和保存。

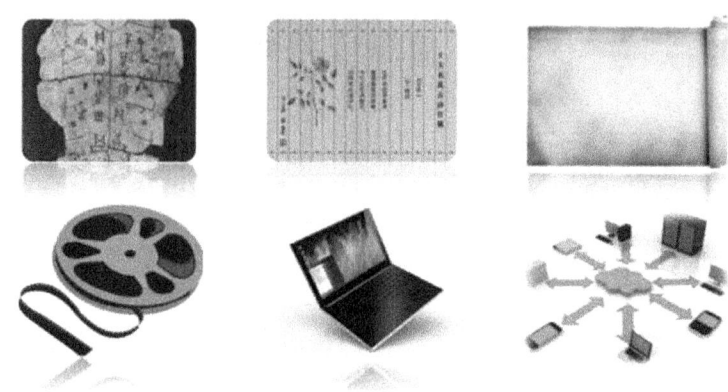

图 1-2 按照载体划分

2)微缩型信息资源

微缩型信息资源是指通过利用光学技术将信息记录在感光材料上的信息资源,包括微缩胶卷和微缩平片,其特点是存储密度高、易保存,但需要专门的设备才可使用。

3)声像型信息资源

声像型信息资源是指通过专门的设备,使用声、光、电技术将信息以声音、图像等形式记录下来的信息资源,包括唱片、录音带、幻灯片等,其特点是直观生动,但需要专门的设备。

4)电子型信息资源

电子型信息资源指通过编码技术将信息转换为计算机可识别的代码,并存储在磁盘、光盘上的信息资源。它具有存储量大、存取速度快、占用空间小、远距离瞬时传输等特点。这也是目前发展速度最快、使用最广泛的一种信息资源。

人类社会发展越来越快的原因是什么?是信息存储和传播方式的改变,使信息传播的速度越来越快。

2. 按照出版形式划分

文献型信息源按照出版形式可以分为图书、连续出版物、特种文献。

1)图书

图书是指将文字、图形或其他符号书写或印刷于纸张上的具有完整装帧形式的非连续出版物。图书一般内容系统全面、主题突出、观点成熟,但编辑出版周期较长,报道速度相对较慢。图书按用途可分为阅读型图书和工具型图书;按版本形式可分为单卷书、丛书、专著、参考书等。图书是传播知识、教育和培养人才的主要工具。

2)连续出版物

连续出版物包括期刊和报纸。

期刊是一种有比较固定的名称、有固定出版规律的连续出版物。它的出版周期短,报道速度快,内容新颖、丰富,能及时反映当代社会生活和科技的发展水平与动向。

报纸是以刊载新闻和时事评论为主的、定期向公众发行的连续出版物,通常每天或定期以散页形式出版。它的报道内容非常广泛,和人们的生活息息相关,是人们生活中经常接触的信息资源。报纸的主要特点:出版周期很短,能以最快的速度报道国内外发生的新事件和科技的最新研究成果。报纸信息量大、实效性强,但查找不够方便。

3）特种文献

（1）专利文献是特指专利申请人向专利主管部门呈交的有关发明创造的详细技术说明书，是具有自主产权特性的信息资源，主要包括经审批授权的专利说明书和未经审批的专利申请公开说明书，一般由专利主管部门出版发行。专利说明书涉及的技术内容广泛，从国防尖端技术到普通的工程技术以及日常生活用品，无所不包，具有融技术信息、经济信息、法律信息为一体的特点。根据世界知识产权组织的统计，全世界每年发明创造成果信息90%～95%都能在专利说明书中查到，并且大部分发明创造只通过专利说明书公开。

（2）科技报告。科技报告是科技工作者围绕某个课题研究所取得的成果的正式报告，或对某个课题研究过程中各阶段进展情况的实际记录。科技报告每份单独成册，有专门编号，用以识别报告类型及其主持机构。科技报告的特点是反映新技术、新学科较快，内容比较专深、新颖，数据比较可靠，并且有一定保密性，是获取最新技术研究成果信息的重要信息资源。目前全球每年约有10万份科技报告产生，其中以美国政府研究报告为主，分为AD（国防）、PB（商务）、DOE（能源）、NASA（航空航天）四大报告。

（3）标准文献。标准文献是指按照规定程序制定，经公认权威机构（主管部门）批准的一整套在特定范围内执行的规格、规则、技术要求等的规范性文献。标准文献有单行本和汇编本两种出版发行方式，它具有计划性、协调性、法律约束性等特点。在一定区域内施行统一的标准可促使产品规格化、系列化和通用化，对提高生产水平和产品质量、推广应用研究成果、推动科技发展等有着十分重要的作用。

（4）学位论文。学位论文是高等院校和科研所的本科生、研究生为获得学位资格（博士、硕士、本科）而撰写的学术性较强的研究论文。学位论文探讨的问题往往比较专深，具有一定的创造性。其中硕士、博士学位论文具有较高的学术价值。一般来说，收藏与检索的学位论文不包括学士论文。

（5）会议论文。会议文献指在学术会议上宣读或书面交流的报告、论文、会议记录、会议纪要等有关资料。此类文献代表某学科领域的最新成就，反映该学科领域的发展趋势。各种学术会议是科学交流的重要渠道，也是科学工作者了解科学发展动态，获取学科最新信息的窗口。

（6）产品资料。产品资料是指国内外生产厂商或经销商为推销产品而印发的企业出版物，是用来介绍产品的品种、特点、性能、结构、原理、用途和使用说明、维修方法等的资料。

（7）技术档案。技术档案是指在科研或技术生产活动中针对具体的工程对象所形成的技术文件、图纸、图片、原始技术记录等资料，包括课题任务书、合同协议书、实验记录、技术指标、审批文件、研究计划、工程设计图纸、大纲、技术措施、调研材料、施工记录和交接验收文件等。它是生产建设和科研活动中用于积累经验和提高质量的重要文献。技术档案具有保密和内容实用的特点，一般不公开。

（8）政府出版物。政府出版物是各国政府部门及其所属机构编辑出版的具有官方性质的出版物，大致可分为两类：一类是行政性文献，包括政府法令、决议、规章制度、方针政策和统计资料等；另一类是科技性文献，包括政府部门的研究报告、科技资料、技术政策文件等。政府出版物数量巨大、内容广泛、出版迅速、资料可靠，是重要的信息源。它是政府发布政令和体现其思想、意志、行为的物质载体，也是政府的思想、意志、行为产生社会效应的主要传播媒介。

图书、期刊、学位论文、会议文献、标准文献、专利文献、科技报告、政府出版物、产品资料、科技档案被称作"科研文献的十大信息源",如图 1-3 所示。

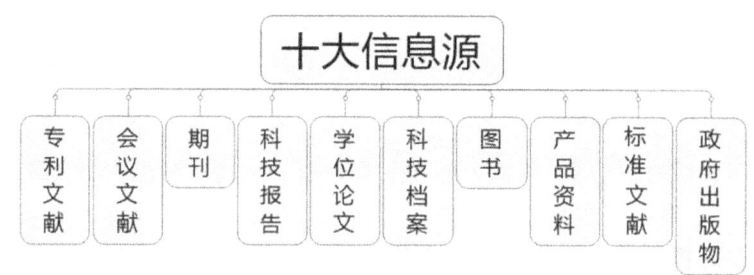

图 1-3　科技文献的十大信息源

3. 按照内容的加工程度划分

1)零次文献

零次文献是指未经正式出版发行的最原始的记录,如书信、手稿、笔记、实验记录等,其特点是内容新颖、具有原始性,但不成熟、分散、难以检索。

2)一次文献

一次文献是指以作者本人的研究成果为依据撰写的,已公开发行的专著、学术论文、专利说明书、科技报告等。因此,一次文献信息资源包含了新观点、新技术、新发明、新成果,具有创造性的特点,有直接参考、借鉴和使用的价值,是人们检索和利用的主要对象。

3)二次文献

二次文献是对一次文献信息资源进行加工、整理后的产品,即把大量的、分散的、无序的一次文献信息资源收集起来,按照一定的方法进行加工、整理,使之系统化而形成的目录、索引和文摘等。因此,二次文献信息资源仅是对一次文献信息资源进行系统化和压缩,具有汇集性、检索性的特点,它的重要性在于提供了一次文献信息资源的线索,通过它可以节省查找一次文献信息资源的时间。

4)三次文献

三次文献是指根据一定的目的和需求,对大量一次、二次文献信息资源进行筛选、分析、提炼、重组并再度出版的各种述评、手册、年鉴、百科全书等。具有参考性强、使用价值高等特点。

可以看出,从零次文献到一次、二次、三次文献,是一个从分散到集中,从无序到有序地对知识信息进行不同层次加工的过程。每一过程所包含的知识信息的质和量都不同,对人们查找信息所起的作用也各不相同。

第 2 章　信息检索基本知识

2.1　信息检索的概念、原理和类型

2.1.1　信息检索的概念

信息检索(information retrieval)是指将信息按照一定的方式组织起来,并根据信息用户的需求查找出有关信息的过程,它的全称是"信息存储与检索",这是广义的信息检索的概念。狭义的信息检索仅指该过程的后半部分,即从信息集合中找出所需信息的过程,相当于我们通常所说的信息查询。

信息作为一种重要的资源,在人类经济生活和社会交往中的地位越来越重要,通过检索获取信息逐渐成为人们进行教学、科研、生产、贸易和社会交往的一种基本技能。因此,信息检索的目的是解决庞大的信息资源与人们特定需求之间的矛盾。

2.1.2　信息检索的原理

人们的信息检索需求是多种多样的,获取信息的方法也各不相同,但信息检索的原理却是相同的。简单来说,信息检索的原理就是将检索提问标识与存储在检索系统中的信息标引标识进行比较,两者一致或信息标引标识包含检索提问标识,则具有该标识的信息就从检索系统中输出,输出的信息就是检索到的信息。

根据广义的信息检索的概念,信息检索包含存储和检索两个过程,如图 2-1 所示。

信息的存储过程:信息标引人员将收集到的大量的、分散无序的原始信息进行分析,找出能代表文献信息的特征,对文献信息进行标识,即按照检索语言规定的原则和方法将信息的外表特征和内容特征(如题名、著者、主题等)转化为一定的信息标引标识(如分类号、主题词等),再将这些标识按一定的顺序编排后存储在检索系统(工具)中,并提供多种检索途径。

信息的检索过程:检索人员对检索课题进行全面的分析,找到其特征标识,形成检索提问,即根据检索语言规定的格式和要求编制检索提问,形成检索提问标识,根据存储所提供的检索途径,将检索提问标识与存储在检索系统(工具)中的信息标引标识进行比较,与检索提问标识相符的信息作为检索结果从检索系统中输出。

信息的存储与检索过程中最关键的是两者必须采用相同的特征标识,即信息检索语言。只要标引人员和检索人员采用同一种检索语言来标引要存入的信息特征和要查找的检索提问,使它们变成一致的标识形式,信息的存储与检索就具备了相符性,存入的信息也就可以通过检索系统(工具)检索出来了。只有检索提问标识与信息特征标识一致时,相关的信息才能被检索出来。

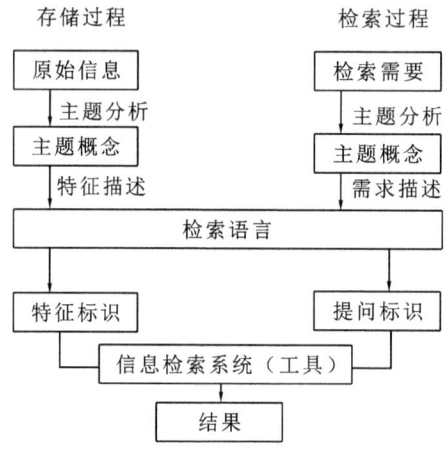

图 2-1　信息存储与检索过程示意图

　　信息检索是以信息的存储与检索之间的相符性作为基础的。如果这两个过程不能相符,那么信息检索就失去了基础。检索不到所需的信息,存储也就失去了意义。总体来说,存储与检索是相辅相成、相互依存的辩证关系,存储的目的是检索,而检索又必须先进行有效的存储。

2.1.3　信息检索的类型

　　根据不同的标准,信息检索可划分为不同的类型。下面介绍两种目前比较普遍的划分方法。

　　根据检索对象的不同,信息检索可分为文献检索、数据检索和事实检索。其中,文献检索是最基本、最主要的方式。

　　(1)文献检索(document retrieval)是以文献为检索对象的信息检索,即利用相应的方法和手段,在存储文献资源的检索工具或数据库中,查询用户在特定时间和条件下获取文献的过程。查找某一主题、时代、地区、著者、文种的有关文献,以及回答这些文献的出处和收藏地点等,都属于文献检索的范畴。文献检索为用户提供的是与用户需求相关的文献信息。例如,查找某一研究课题一定年限内的有关文献,或对一项发明进行查新,或从事新产品开发时查找有关最新研究动态等,均属于文献检索。文献检索是一种相关性检索,检索结果是文献线索,一般要查阅全文后才能决定取舍,与数据检索、事实检索相比,文献检索产生较早,检索系统也相对比较完备。

　　(2)数据检索(data retrieval)是指以用数值或图表形式表示的数据为检索对象的信息检索,也称数值检索。例如查找某一数据、公式、图表、价格、化学物质的分子式、设备型号与参数等,都属于数据检索。数据检索是一种确定性检索,检索的结果通常是准确、可靠的数值或数据,可直接使用,比如查找世界上最高的山峰的准确高度、TNT(三硝基甲苯,一种烈性炸药)的结构分子式等。数据检索主要借助各种手册、数值数据库、统计数据库等。

　　(3)事实检索(fact retrieval)指的是以具体事实为检索对象的信息检索,包括事物的性质、定义、原理及发生的地点、时间、前因后果等。这种检索比较复杂,既涉及文献检索中相关内容的抽取,也涉及数据检索中相关数据的获得,还包括相关的运算、对比、推理、判断、评价等过程。事实检索是信息检索中最复杂的一种,要求检索系统必须有一定的逻辑推理能力和自然语言理解功能。事实检索也属于确定性检索。

根据检索方式划分,信息检索可分为手工检索和计算机检索。

(1)手工检索(hand retrieval)是指用人工来处理和查找所需信息的检索方式,它依靠检索者手翻、眼看、大脑判断进行,不需要借助复杂的检索设备。例如查字典就是手工检索;图书馆在实现数字化管理之前,我们查找图书的过程也是手工检索。手工检索主要靠目录柜、目录卡片等存储馆藏文献信息,读者要想查找自己所需的图书必须通过手工检索目录卡片获得检索书号来实现。手工检索的优点是直观、方便、灵活,可随时修改检索策略,查准率较高;缺点是检索速度慢、查全率低、不便于进行复杂概念课题的检索。

(2)计算机检索(computer retrieval)是利用计算机和一定通信设备查找所需信息的检索方式,它需要计算机、通信硬件设施和相应的应用软件。利用这种方式能对大量的信息进行存储,并可以根据用户要求从已存储的信息中迅速抽取特定信息。计算机检索的特点是速度快、效率高;不足之处是对软、硬件和技术的要求较高,查准率较低。目前广泛使用的计算机检索系统包括光盘检索系统、联机检索系统和互联网上的搜索引擎。

计算机检索与手工检索的比较如表 2-1 所示。

表 2-1　计算机检索与手工检索的比较

项目	手工检索	计算机检索
总体特征	手翻、眼看、大脑判断策略、查找	机器匹配
标引及索引特点	检索点较少	检索点较多
检索速度	较慢	较快
检索要求	专业知识、外语知识、检索工具知识	专业知识、外语知识、机检系统知识
查全查准率	查准率较高	查全率较高
综合效率	较低	较高

按照检索系统是否联网,我们可以把计算机检索细分为单机检索和在线检索,单机检索又称为脱机检索,指的是不用上网,只在本地进行检索,比如我用 everything 这个本地搜索工具,在自己的电脑里找一个文件,在 word 文件中找一个词,都属于单机检索。与单机检索对应的是在线检索,也称为联机检索,主要是指通过互联网检索信息。淘宝上找一件喜欢的服装,美团上找一家好吃的饭店,链家上查一下隔壁小区的房价,抖音上找一段视频,学堂在线上找一门慕课,非常准上查一下正在天上飞行的某个航班延迟了多久,CNKI 上找一篇学术论文等,都是在线检索。

2.2　信息检索系统与检索工具

2.2.1　信息检索系统

一套完整的检索工具一般构成一个检索系统,根据检索工具的不同,可分为手工检索系统和计算机检索系统。

手工检索系统主要是指以手工检索工具为主的检索系统。手工检索工具主要是指二次

文献(如目录索引、文摘等)组成的检索性工具书或卡片柜等。

计算机检索系统是利用计算机技术、电子技术、网络技术检索存储在计算机或计算机网络上的信息资源的检索系统,也是现在发展迅速、应用极为广泛的现代化检索系统。存储时需要将大量的信息进行搜集、整理、标引、著录,形成各种不同的数据库,存储于计算机或其他机检介质中;检索时,计算机根据用户的检索指令,将存储在数据库中的信息进行比较、分析后反馈给用户。

计算机检索系统一般包括硬件、软件、网络通信和数据库四个部分:

(1)硬件是指具有一定性能的计算机,服务器,存储器,输入、输出和数据处理等设备;

(2)软件是检索系统中有关程序和各种文件的总称,包括系统软件和应用软件;

(3)网络通信是连接计算机系统和终端的桥梁,可高速、准确地传输信息;

(4)数据库是计算机存储设备上按一定方式存储的、相互关联的数据集合,是检索系统的基础。

数据库是指计算机存储设备上存放的相互关联的数据的有序集合,是计算机信息检索的重要组成部分。数据库通常由若干个文档组成,每个文档又由若干个记录组成,每条记录则包含若干字段。

(1)字段(field)是比记录更小的单位,是组成记录的数据项目。反映信息内外特征的项目,在数据库中叫字段,这些字段都有一个字段名,如论文的题名字段,其字段名为 TI,著者字段名为 AU。

(2)记录(record)是由若干字段组成的信息单元,每条记录均有一个记录号,与手工检索工具的文摘号类似。一条记录描述一个完整的原始信息,记录越多,数据库的容量就越大。

(3)文档(file)是数据库中一部分记录的有序集合,例如题名文档、作者文档、分类文档等。

例如某个检索数据库将不同年限收录的文献归入不同的文档,文档中每篇文献是一条记录,而篇名、著者、出处、摘要等外部和内部特征就是一个字段。

数据库包括书目数据库(如图书馆的馆藏查询系统)、数值数据库(如国家统计局数据查询系统)、事实数据库(如裁判文书网)、全文数据库(如中国知网)、超文本型数据库(如大学MOOC)

计算机信息检索系统的发展经历了四个阶段。

1)脱机检索系统(1954 年—1964 年)

最早的脱机检索系统是 1954 年美国海军兵器中心图书馆建成的。用户不直接与计算机对话,而是将检索需求交给信息检索人员,由检索人员将检索提问集中起来,定期、成批上机检索,然后集中将检索结果提供给用户,所以又叫脱机成批检索。第一台计算机诞生于 1946 年美国的宾夕法尼亚州。

2)联机检索系统(1965 年—1972 年)

1963 年—1964 年,美国洛克德导弹与空间公司的情报实验室建立了"人机对话"的联机情报检索系统(DIALOG 的前身),60 年代末到 70 年代初,联机检索系统得以快速发展。国际著名的 DIALOG 系统、ORBIT 系统、MEDLINE 系统都是这个时期发展起来的。

联机检索系统是指通过通信网络连接远程多个计算机终端的联机信息检索系统,因此多个远程终端用户能同时与主机进行"对话",并进行实时联机检索。由于这个阶段的计算机网络主要通过电话线连接,联机检索受到地区的限制。

3)光盘检索系统(1985 年—20 世纪 90 年代)

光盘检索系统是利用光盘数据库作为信息资源数据建立起来的计算机检索系统,分为单机版和网络版。光盘是用激光束把信息记录在光介质上并能读出信息的一种高密度存储载体,根据存取信息方式的不同,光盘可分为只读光盘、一次写光盘、可擦写光盘。光盘具有存储密度高、容量大、易保存、读取迅速、操作简便、成本低等优点。光盘检索提高了检索效率,降低了检索费用。

4)网络检索系统(20 世纪 90 年代至今)

网络检索系统是指将物理位置相对分散的计算机及其外围设备,利用通信媒介互联起来,在网络软件的支持下,构成资源共享和数据交互的检索系统。这是目前发展最快、最受人们欢迎的信息检索系统,通过它,人们可不受时空限制检索各种类型、各种媒体的信息资料。网络检索系统的特点是信息资料丰富、检索方便、费用低廉。

2.2.2　检索工具概述

为了从大量信息中及时获取需要的信息,必须借助一定的检索工具。检索工具正是在人们解决庞大的信息和对信息的特定需求之间的矛盾中应运而生的,并且随着这种矛盾的逐步加深,检索工具的功能不断完善,应用领域不断拓展。

1. 检索工具的概念

检索工具是指用来存储、报道和查找信息的工具,具体来说,就是汇集各种信息并按照特定方法编排,以供查考的工具或系统。

检索工具具有存储和检索两方面的基本功能。存储功能指检索工具把汇集的有关信息,按照其特征记录下来,使之成为一条条信息线索,并将它们有序化,这就是信息存储过程。检索功能指检索工具提供一定的检索入口,使人们能够按照一定的检索方法,查找出所需信息或信息线索,这就是信息的检索过程。

检索工具与普通文献的最大区别在于它是一种工具,虽然具备一定的可读性,但它不是供人们阅读的,而是专供人们查找特定信息的。

2. 检索工具的类型

按照不同的划分标准,检索工具有不同的类型。

(1)检索工具按检索手段分为手工检索工具、计算机检索工具、网络检索工具。

①手工检索工具是指印刷型的检索工具书,它是传统的检索工具,是由人直接参与查找的。在计算机检索飞速发展的今天,手工检索工具仍起着一定的作用。

②计算机检索工具是指计算机检索系统中的各种数据库。数据库根据数据库所检信息的类型分为全文数据库、参考数据库、事实数据库三种。

③网络检索工具是指互联网上的信息检索工具,如搜索引擎、搜索目录、主题指南等。

(2)检索工具按照对收录文献的揭示方式可划分为目录、题录、文摘、索引、辞典、年鉴、百科全书等。

①目录。目录又称书目,是指著录一批相关文献,并按照一定次序编排而成的一种揭示

与报道文献的工具。目录通常以一个完整的出版或收藏单位(如文献的种或册)为基本的著录对象,著录项目包括文献名、著者、出版者等,例如国家书目、馆藏目录、联合目录、专题书目。除传统的印刷本的目录工具外,还有光盘版和网络版的目录数据库。

②题录。题录是以单篇文献为基本著录单位,描述文献的外表特征,快速报道文献信息的检索工具,著录项目包括篇名、作者、出处等。题录与目录的主要区别在于著录的对象不同:目录著录的对象是一个完整的出版物,即一种或一册文献;题录著录的对象则是整册书中的一个独立知识单元,即单篇文献。

③文摘。文摘是除描述文献外部特征之外,还用简练的语言揭示文献的主要内容,向读者报道最新研究成果的一种检索工具。由于具有题录和报道文献内容的双重功能,所以文摘的检索功能强于题录。根据对文献内容揭示和报道详细程度,文摘可分为指示性文摘和报道性文摘。指示性文摘主要是将文献的主题范围概略地指示给读者,一般不涉及原文献的具体事实、结论等内容,其字数一般在 100 字左右。报道性文摘是对文献原文信息的主要内容进行浓缩,介绍文献信息的内容,既高度概括,又更加有针对性,信息量更大、参考价值更高,一般 200～300 字,有时更多。

④索引。索引是指将特定范围内的某些重要文献中的有关事物的名称,如书名、刊名、人名、地名、篇名、字、词等有价值的知识单元分别摘录、注明页码,为读者提供文献线索的检索工具。

与目录相比,索引所著录的是某一出版物中的知识单元,如篇名、著者、字、词、句等,揭示的内容更深入、具体,目录则是以一个完整的出版物为著录对象;与题录相比,索引在揭示信息的广度和深度上要比题录专、深、具体,索引的功能主要是检索,常从属于某种出版物或文档,独立性差,题录则以报道为主,检索为辅,独立性强。

索引的类型是多种多样的,根据文献信息外表特征编制的索引有篇名索引、著者索引、号码索引、引文索引(如科学引文索引、社会科学引文索引)等,根据文献信息内容特征编制的索引有分类索引、主题索引、关键词索引。

⑤辞典。辞典是字典、词典的总称。字典是解释字的音、形、义及其用法的工具书,如《汉语大字典》《康熙字典》《新华字典》等都是著名的汉语字典。词典是说明词语的意义和用法的工具书。字典与词典之间有一定联系,即字典对某些复音词也进行解释,而词典则以单字为词头、对字的音、形、义也稍做说明。我国古代无字典、词典之分,通称为字书,如东汉许慎的《说文解字》,开启了部首检字的先河。他根据文字的形体创立了 540 个部首,将 9353 个字分别归入 540 个部,这些部又归并为 14 个大类。字典、词典都是重要的语言工具,是语言文字信息检索的重要工具书。

⑥年鉴。年鉴是以全面、系统、准确地记述上年度事物运动、发展状况为主要内容的资料性工具书,是汇集一年内的重要时事、文献和统计资料,按年度连续出版的工具书。年鉴具有资料权威、反应及时、连续出版、功能齐全的特点,属信息密集型工具书。利用年鉴可以了解国内外学科发展的最新信息、发生的重要事件,可以获得各行业的最新统计信息。总之,年鉴是非常重要的信息资源,对时事动态信息的检索,对统计信息的检索具有非常重要的作用,同时它还具有很强的可读性。

⑦百科全书。百科全书是概要记述人类一切知识门类或某一知识门类的工具书。百科全书在规模和内容上均超过其他类型的工具书。百科全书的主要作用是供人们查检必要的知识和事实资料,其完备性在于它几乎包容了各种工具书的成分,囊括了各方面的知识。高质量的百科全书的编纂成为衡量一个国家科学文化发展水平的标志之一。百科全书是记载人类一切门类或某一门类的知识,以词典形式编纂的系统完备的检索工具。它的最大特征是规模大,目前世界上的大型百科全书一般超过 30 卷,也有超过 100 卷的超大型百科全书。比较著名的百科全书有《不列颠百科全书》《美国百科全书》《中国大百科全书》等。

除以上几种外,常见的工具书还有手册、名录、表谱、图谱、类书、政书等。

(3)检索工具按收录范围分为综合性检索工具、专业性检索工具和单一性检索工具。

①综合性检索工具。综合性检索工具收录的文献是多学科领域的文献,如《科学引文索引》《科学文摘》《工程索引》《全国报刊索引》,都属于综合性检索工具,收录学科专业范围十分广泛。

②专业性检索工具。专业性检索工具收录范围仅限于某一学科、某一专业领域,如美国的《数学评论》《生物文摘》和《化学文摘》等。

③单一性检索工具。单一性检索工具收录的文献只限于某一特定类型的文献,如《中国专利年度索引》和《中华人民共和国国家标准目录》等,都是单一性检索工具。

2.2.3　检索工具的排检方法

检索工具之所以可以作为查检的对象使用,很大程度上取决于其结构和编排。从检索工具的编制来看,首先必须解决的问题是如何将庞大而各自独立的信息单元有序化,使之便于从不向的角度查询;从检索工具的使用来看,了解检索工具的编排结构是有效使用检索工具的前提。

检索工具的排检方法是指各类检索工具的编排与检索方法,对使用者来说是检索方法,对编者来说是编排方法。一般来说,检索工具的排检方法可分为以下五种。

1. 字顺排检法

字顺排检法又称字顺法,是指按照字形或读音的一定顺序编排工具书词目的方法。字典、词典、百科全书等常用这种方法。字顺法包括形序法和音序法。形序法是指根据汉字形体结构的特点进行排检的方法,常用的有部首法、笔画笔顺法、四角号码法。音序法是指根据字音顺序排列词目的方法,外文词典类工具书均按音序法编排。

2. 分类排检法

分类排检法是指按学科体系或事物性质分类编排的方法。我国古代典籍按"经、史、子、集"四分法进行编排,当代国内使用的《中国图书馆分类法》《中国科学院图书馆图书分类法》《中国人民大学图书馆图书分类法》,国际上使用的《国际十进分类法》等都是采用分类排检法进行编排的。

3. 主题排检法

主题排检法是指按主题汇集和编排资料的方法。现在大部分检索工具都可按主题进行检索,附有主题索引。

4. 时序排检法

时序排检法是指按时间的先后顺序编排信息资料的方法。采用这种方法编排的工具书主要有年表、历表、大事记、年鉴、年谱等。此法较好地反映了事物的发生、发展或人物生卒年月及生平事迹,线索清晰,检索方便。

5. 地序排检法

地序排检法是指按照地理区划或行政区划顺序编排信息资料的方法。按此法编排的工具书主要是地理方面的资料和地方文献,如地图集、地名录、地方志等。

2.3 信息检索语言

语言是人类最重要的交流工具,人与人之间传递和交流信息,要借助一定的语言来实现。同样,信息检索语言是信息标引人员和检索人员沟通的桥梁。这种信息交流,既可以通过自然语言来实现,也可以通过人工语言来实现。

2.3.1 检索语言的概念

检索语言是根据文献信息的加工、存储和检索的共同需要而编制的专门语言,是表达一系列概括文献信息内容和检索课题内容的概念及其相互关系的一种概念标识系统。

信息检索语言,特别是规范化的检索语言在信息加工、存储和检索过程中能够保证不同标引人员对信息内容表达的最大一致性,保证对信息的标引加工所采用的标识语言与信息提问时的语言保持最大的一致性。

2.3.2 检索语言的功能

检索语言是沟通信息存储与检索的桥梁,是标引人员和检索人员共同使用的语言,是检索系统的核心,其功能是保证不同标引人员表达文献的一致性;保证检索提问与文献标引的一致性;保证检索结果和检索要求的一致性。

2.3.3 检索语言的类型

检索语言的类型很多,根据不同的划分方法有不同的类型。

检索语言根据所描述的信息的特征可分为描述外部特征的检索语言和描述内容特征的检索语言,如图 2-2 所示。

检索语言按文献标识性质和原理可分为分类语言、主题语言、代码语言,如图 2-3 所示。

在信息检索语言中,主题语言与分类语言是常用且主要的检索语言,是构成信息检索语言的主体。

1) 分类语言

分类语言是一种用分类号和类名来表达各种主题概念的检索语言。分类语言有体系分类语言和分面分类语言两种。目前,最常用的是体系分类语言。分类语言的具体表现形式是分类法。

体系分类语言是一种能直接体现知识分类"等级制"概念的标识系统。它的特点是按学

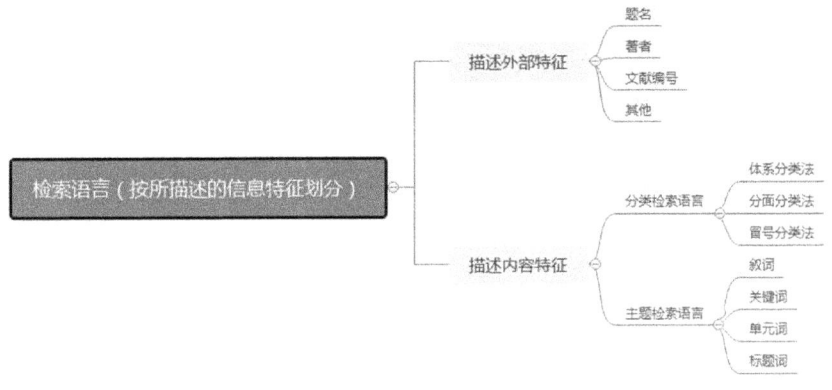

图 2-2　按照描述信息的特征划分的检索语言种类

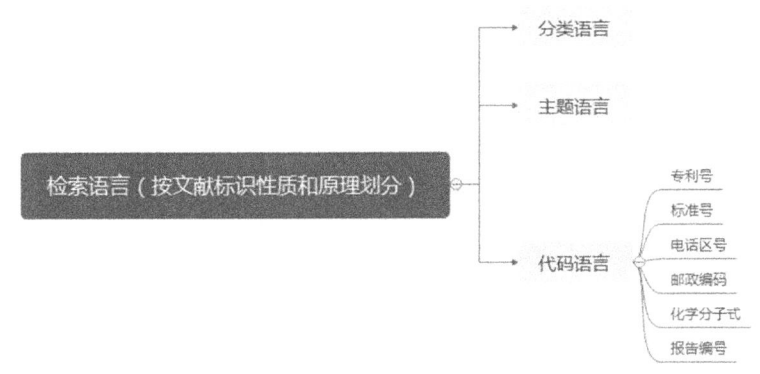

图 2-3　按照文献标识性质和原理划分的检索语言种类

科、专业集中文献,用等级来表示类目的从属性,用列举法来表示类目的完整性,在类目表上尽可能地把类目列举出来。这种分类法有利于藏书组织,便于人们从学科分类的角度进行信息检索。

分类语言是以学科和专业为标准对文献进行分类的,强调知识的系统性,所以从学科和专业的角度检索文献,具有较好的族性检索效果。同时它又将概念逐级划分,便于扩大和缩小检索范围。

国内外比较重要的分类法有国外的《杜威十进分类法》《国际十进分类法》《美国国会图书馆分类法》以及我国的《中国图书馆分类法》(简称《中图法》)、《中国科学院图书馆图书分类法》(简称《科图法》)、《中国人民大学图书馆图书分类法》(简称《人大法》)。此外,一些检索工具往往也有自己独特的分类体系,如标准分类法和专利分类法等。

《中国图书馆分类法》(原名《中国图书馆图书分类法》)是新中国成立后编制出版的一部具有代表性的大型综合性分类法,简称《中图法》,是我国应用最广泛的分类法,不仅应用于图书情报部门分类文献,而且在各类数据库乃至互联网上也得到了应用。

《中图法》分为五个基本部类:①马克思主义、列宁主义、毛泽东思想、邓小平理论;②哲学、宗教;③社会科学;④自然科学;⑤综合性图书。在基本部类的基础上,又划分为 22 个基本大类,作为分类法的一级类目,如表 2-2 所示。

表 2-2 《中国图书馆分类法》基本大类

部类		基本大类
第一部类	马克思主义、列宁主义、毛泽东思想、邓小平理论	A 马克思主义、列宁主义、毛泽东思想、邓小平理论
第二部类	哲学、宗教	B 哲学、宗教
第三部类	社会科学	C 社会科学总论
		D 政治、法律
		E 军事
		F 经济
		G 文化、科学、教育、体育
		H 语言、文字
		I 文学
		J 艺术
		K 历史、地理
第四部类	自然科学	N 自然科学总论
		O 数理科学和化学
		P 天文学、地球科学
		Q 生物科学
		R 医药、卫生
		S 农业科学
		T 工业技术
		U 交通运输
		V 航空、航天
		X 环境科学、安全科学
第五部类	综合性图书	Z 综合性图书

  《中图法》的标记符号包括基本标记符合和辅助标记符号两部分。基本标记符号采用汉语拼音字母与阿拉伯数字相结合的混合制标记制度，以一个大写字母表示一级类目，用字母顺序反映大类的序列，以字母后的数字表示大类下的类目划分的子类目，数字的位置尽可能使号码的级数代表类目的级数。数字的编号制度使用小数制，即先是顺序字母后的第一位数字大小顺序，然后顺序第二位数字，以下类推。分类号码的排列，严格按照小数制的排列方法。数字的设置，基本上遵循层累制的编制原则。这样层层类分，便形成了一个系统性很强的逐级展开的类目表，如图 2-4 所示。

  由于 T（工业技术）大类的内容复杂，并且下位类超过了 10 个，《中图法》采用双字母的二级类目，如图 2-5 所示。

  除应用字母和数字对类目进行标识外，为了进一步增强标记符号的表达能力，适应类号灵活组合的需要，《中国图书馆分类法法》还采用了其他一些特殊符号，作为辅助标记符号。

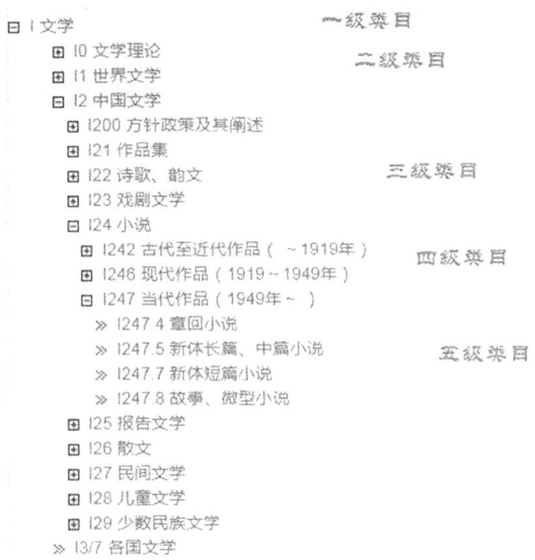

```
□ I 文学                              一级类目
  ⊞ I0 文学理论
  ⊞ I1 世界文学                       二级类目
  □ I2 中国文学
    ⊞ I200 方针政策及其阐述
    ⊞ I21 作品集
    ⊞ I22 诗歌、韵文                  三级类目
    ⊞ I23 戏剧文学
    □ I24 小说
      ⊞ I242 古代至近代作品（～1919年）    四级类目
      ⊞ I246 现代作品（1919～1949年）
      □ I247 当代作品（1949年～）
        ≫ I247.4 章回小说
        ≫ I247.5 新体长篇、中篇小说        五级类目
        ≫ I247.7 新体短篇小说
        ≫ I247.8 故事、微型小说
    ⊞ I25 报告文学
    ⊞ I26 散文
    ⊞ I27 民间文学
    ⊞ I28 儿童文学
    ⊞ I29 少数民族文学
  ≫ I3/7 各国文学
```

图 2-4　《中图法》层累制体系结构片段（以文学大类为例）

```
□ T 工业技术
    ⊞ TB 一般工业技术
    ⊞ TD 矿业工程
    ⊞ TE 石油、天然气工业
    ⊞ TF 冶金工业
    ⊞ TG 金属学与金属工艺
    ⊞ TH 机械、仪表工业
    ⊞ TJ 武器工业
    ⊞ TK 能源与动力工程
    ⊞ TL 原子能技术
    ⊞ TM 电工技术
    ⊞ TN 无线电电子学、电信技术
    ⊞ TP 自动化技术、计算机技术
    ⊞ TQ 化学工业
    ⊞ TS 轻工业、手工业
    ⊞ TU 建筑科学
    ⊞ TV 水利工程
```

图 2-5　《中图法》T 大类的下位类表

"."为间隔符号，如 I247.57。

"－"为总论复分符号，如 T－652。

"（）"为国家、地区区分符号，如 S688.1(53)。

"＝"为时代区分符号，如 TH711＝2。

""""为民族、种族区分符号，如 TU－882"214"。

"〈〉"为通用时间、地点和环境、人员区分符号，如 P457.13〈114〉。

"："为组配符号，如 C939:F27。

《中国图书馆分类法》的分类体系及其标记制度，还涉及很多复杂的专业知识，有兴趣的读者可以查看《＜中国图书馆分类法＞第五版使用手册》。

2)主题语言

主题语言是以词语作为概念标识,用自然语言词语或者受控的自然语言词语直接表达主题概念,按词语字顺排列主题概念,主要用参照系统显示概念之间关系的检索语言。主题语言的优点是不受学科体系的约束、专职性强、能满足特性检索的要求。主题语言包括标题词语言、单元词语言、叙词语言和关键词语言。

(1)标题词语言。

标题词语言是指用规范了的自然语言,即经过标准化处理的名词术语作为标识,来直接描述文献内容特征,并将全部标识依字顺排列的标识语言,属于先组式检索语言。如美国工程信息公司编制的《工程主题词表》(Subject Heading for Engineering),简称 SHE。SHE 已于 1993 年被《工程索引叙词表》(EI Thesaurus)取代。

(2)单元词语言。

单元词语言是指一个个最小、最基本的,其概念不可再分的词汇单位,能够用来描述文献所论及或涉及的事物主题的单词,未经过规范化处理的或只做少量规范化处理的自然语言。检索时,根据检索课题的需求,选取恰当的单元词进行组配检索。例如美国化工专利使用的《美国化学专利单元词索引》。

(3)叙词语言。

叙词语言由从自然语言中优选出来、经过规范化处理的作为标识的名词和名词性词组构成。叙词语言是在分类语言、标题词语言、单元词语言的基础上发展起来的一种新型的检索语言,现已成为主题语言的高级形式,特别适用于计算机文献检索。它吸收了体系分类语言的等级关系,编制了词族表;吸收了标题词语言的规范化处理方法和参照系统,做到了一词一义,发展了词与词之间的逻辑关系,编制了叙词表;吸收了单元词语言的组配原理,并取代了单元词语言;吸收了关键词语言的轮排方法,编制了各种叙词索引。因此,叙词语言在直观性、专指性、组配性、语义关联性、手检与机检的兼容性等方面,都比其他检索语言更完善和优越。

国内用叙词语言编制的叙词表很多,最常用的有《汉语主题词表》《化工汉语主题词表》《电子技术汉语主题词表》《国防科学技术主题词典》等。常见的国外叙词表有《INSPEC 叙词表》《工程索引叙词表》《工程与科学主题词表》《医学主题词表》、美国教育部教育资源信息中心的《ERIC 叙词表》等。

(4)关键词语言。

关键词语言指从文献的标题、正文或摘要中直接提取未经规范化处理的自由词汇作为标识语言。关键词属于自然语言,不受词表控制,可自由进行组配,以表达文献的内容特征,其最大的优点是适用于计算机自动抽取词汇进行标引,编制各种类型的关键词索引。随着科学技术的飞速发展,新理论、新观点、新技术层出不穷,检索词的控制已面临很多困难,而关键词语言则可以避免这些困难。此外,关键词是大众习惯使用且易于接受的自然语言中的词语,用户易于掌握。关键词未经规范化处理,既不能表达词间关系,也不显示属种和相关关系,易造成标引与检索之间的歧义和误差。

3)代码语言

代码语言是指对事物的某方面特征,用某种代码系统来表示和排列事物概念,从而提供检索的检索语言,例如化学分子式、邮政编码、固定电话区号、标准号、专利号等。

2.4　信息检索的一般方法和途径

2.4.1　检索方法

信息检索的方法很多,归纳起来主要有以下几种。

1. 浏览法

浏览法是科技人员获取信息的重要方法,具体来说就是科技人员对本专业或学科的核心期刊进行浏览、阅读的方法。该法的优点是能最快地获得最新信息;能直接阅读原文内容;基本上能了解本学科发展的动态和水平。该法的缺点是科技人员必须事先知道本学科的核心期刊;检索的范围不宽,漏检率较大。

2. 追溯法

追溯法是一种传统的查找文献的方法,就是当查到一篇参考价值较大的新文献后,以文献后面附的参考文献为线索,由近及远,进行逐一追踪的查找方法。此法的优点是不需要利用检索系统,查找方法简单;缺点是检索效率不高,漏检率较大。

3. 常用法

常用法也叫检索系统法,是使用检索系统查找文献的方法。这种方法又可分为顺查法、倒查法、抽查法、引文法等四种。

1)顺查法

顺查法即由远及近的查找法。如果已知某创造发明或研究成果最初产生的年代,现在需要了解它的全面发展情况,即可从最初年代开始,按时间的先后顺序,一年一年地往近期查找。此法的优点是查全率较高,缺点是费时、费力,工作量较大。

2)倒查法

倒查法即由近及远的查找法。此法多用于查找新课题或有新内容的老课题。在查找中一般注重查阅近期资料,不必一年一年地往前查到底,只需查到所需资料够用时为止,可节省不少时间,但漏检率较高。

3)抽查法

抽查法是利用学科发展波浪式的特点进行查找的方法。当该学科处在兴旺发展时期时,科技成果和发表的文献一般也很多。因此,只要针对发展高潮期进行抽查,就能获得较多的文献资料。

4. 综合法

综合法又称循环法,是交替使用追溯法和常用法来进行检索的综合检索方法,即利用检索系统查到一批文献资料,又利用这些文献资料所附的参考文献追溯查找,这样分期分段地交替进行,循环下去,直到满足检索要求。综合法的优点在于,当检索系统缺期、缺卷时,也能连续获得所需年限以内的文献资料。

2.4.2　检索途径

信息检索的途径一般有两大类:内在途径和外在途径。内在途径包括分类途径和主题

途径;外在途径包括著者途径、题名途径、号码途径和分子式途径等。

1. 内在途径

1)分类途径

分类途径是按照学科分类体系查找文献的途径,使用的检索语言是分类语言,使用的检索系统有分类目录、分类索引等。用分类途径检索的优点是它能把同一学科的文献集中在一起,便于族性检索;缺点是新兴学科、边缘学科在分类时往往难以处理,查找不便。另外,用分类途径时须了解学科分类体系,否则在将概念变换为分类号的过程中容易发生差错,造成漏检或误检。

2)主题途径

主题途径是按照文献的主题内容查找文献的途径,使用的检索语言是主题语言,使用的检索系统是主题索引、关键词索引、叙词索引等。这种途径以文字作检索标识,索引按照主题词或关键词的字顺排列,检索时就像查字典一样,不必考虑学科体系。用主题途径检索的优点是它用文字作检索标识,表达概念准确、灵活,能把同一主题内容的文献集中在一起,便于特性检索。

2. 外在途径

1)著者途径

著者途径是根据已知著者名称来查找文献的途径,使用的检索系统有著者目录、著者索引等。由于从事科学技术研究的科技人员多有所专长,发表的文献一般有连贯性和系统性,所以通过著者索引可检索到某著者对某一专题研究的主要文献。此途径的缺点是必须预先知道著者姓名,同时必须配合主题途径或分类途径使用,才能取得较好的检索效果。

2)题名途径

题名途径包括书名、刊名和篇名等途径,是根据书刊名称或文章的篇名所编成的索引或目录查找文献的途径,使用的检索系统有图书书名目录、期刊刊名目录、会议资料索引等。这类检索系统一般都按图书、期刊、资料的名称字顺编排,多用于查找馆藏图书、期刊和论文等。

3)号码途径

号码途径包括图书的 ISBN、报告号、标准号、专利号、登记号等途径,是根据特定号码符号等来查找文献的途径,使用的检索系统有书号系统、报告号索引、标准号索引、专利号索引、登记号索引等。

4)分子式途径

分子式途径是以化学物质的分子式作为检索标识来查找文献的途径,使用的检索系统是分子式索引,方法是从分子式索引中查出化学物质的准确名称,然后转查化学物质索引。该途径主要在美国《化学文摘》中使用。

外在途径还包括出版社途径、文献载体形态途径等。

2.5　信息检索技术

信息检索技术是指利用信息检索系统或者信息检索工具,检索有关信息而采用的一系列技术。由于计算机检索系统的普及和手工检索系统的边缘化,现在的信息检索技术主要是指基于计算机检索系统的检索技术。

　　根据信息的内容不同,信息检索技术可以分为文本检索技术、图像检索技术、音频检索技术、视频检索技术等。其中文本检索技术是目前比较成熟并得到广泛使用的技术,字段限制检索技术、布尔逻辑检索(boolean search)技术、截词检索技术、位置检索技术、加权检索技术、全文检索技术、向量空间检索技术、基于概率检索技术、基于逻辑模型检索技术、聚类检索技术等,都属于文本检索技术的范畴。

　　需要说明的是,目前比较流行的图像、音频、视频检索系统(如搜索引擎的图像检索、mp3 检索、视频检索等)实质上并不是基于内容的检索系统,而是基于文本的检索系统。基于文本的图像、音频、视频检索沿用了传统文本检索技术,从名称、图像尺寸、时长、压缩类型、责任者、年代等方面,对图像、音频、视频做出标引,以关键词形式进行提问查询。

　　根据面向的对象不同,信息检索技术可以分为面向用户的信息检索技术和面向系统开发人员的信息检索技术。现在主流的信息检索系统一方面利用先进的信息检索技术提高检索性能;另一方面通过可视化人机交互界面为用户提供友好、方便的操作平台。也就是说,对于检索系统开发人员来说,信息检索技术不断创新发展,日趋多样化;对于用户来说,友好的交互检索界面逐步实现了对传统检索语法的替代,面向用户的信息检索技术日趋简单化。

　　计算机检索技术是用户信息需求和文献信息集合之间的匹配比较技术。而在信息检索过程中,为了保证检索结果的快、全、准,仅靠一个检索词(关键词、主题词)组成的检索式进行检索,难以满足检索的需要,有时需要用各种运算符将若干个检索词(关键词、主题词)组成检索式进行检索。所以检索式就是用户需求与信息集合之间匹配的依据,信息检索技术的实质就是检索式的构造技术。

2.5.1　布尔逻辑检索

　　布尔逻辑检索是一种比较成熟的、较为流行的检索技术。检索信息时,利用布尔逻辑算符进行检索词的逻辑组配,是常用的一种检索技术,由英国数学家布尔(George Boole,1815—1864)提出,故称布尔算符。布尔逻辑算符有三种,即逻辑"与"(AND)、逻辑"或"(OR)和逻辑"非"(NOT)。布尔逻辑算符在检索表达式中,能把一些具有简单概念的检索单元组配成一个具有复杂概念的检索式,更加准确地表达用户的信息需求。

　　1. 逻辑"与"

　　逻辑"与"用"＊"或"AND"算符表示,是一种具有概念交叉或概念限定关系的组配,表示它所连接的两个检索词必须同时出现在检索结果中。例如检索式"A AND B",表示在某个数据库中检索既包含 A 也包含 B 的文献,检索结果如图 2-6 所示的阴影部分。

　　使用逻辑"与"组配技术,可以缩小了检索范围,增强检索的专指性,可提高检索信息的查准率。

　　2. 逻辑"或"

　　逻辑"或"用"＋"或"OR"算符表示,是一种具有概念并列关系的组配,表示它所连接的两个检索词中,在检索结果里出现任意一个即可。例如检索式"A OR B"或者"A＋B",表示在某个数据库中检索含检索词 A 或者检索词 B 的文献,如图 2-7所示的阴影部分。

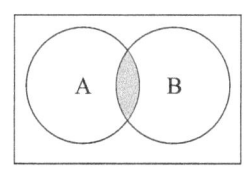

图 2-6　逻辑"与"的示意图

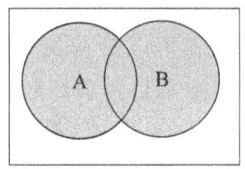

图 2-7　逻辑"或"的示意图

逻辑"或"可使检索范围扩大,提高检索信息的查全率。使用逻辑"或"相当于增加检索主题的同义词,同时还能起去重的作用。

3. 逻辑"非"

逻辑"非"用"－"或"NOT"算符表示,是一种具有概念排除关系的组配。例如"A NOT B"或者"A－B",表示在某个数据库中检索含检索词 A 但不含检索词 B 的文献,如图 2-8 所示的阴影部分。

使用逻辑"非"可排除不需要的概念,能提高检索信息的查准率,但也易将相关的信息剔除,影响检索信息的查全率。因此,使用逻辑"非"检索技术时要慎重。

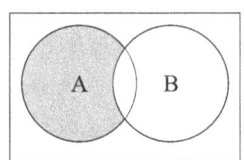

图 2-8　逻辑"非"的示意图

布尔逻辑算符的运算次序:对于一个复杂的逻辑检索式,检索系统的处理是从左向右进行的。在有括号的情况下,先执行括号内的逻辑运算;有多层括号时,先执行最内层括号中的运算,逐层向外进行。在没有括号的情况下,AND、OR、NOT 的运算顺序,在不同的系统中有不同的规定。

例如 DIALOG 系统中依次为 NOT＞AND＞OR,即先算括号内的逻辑关系,再依次算"非""与""或"关系。"－"优先级最高,"＊"次之,"＋"最低。例如要查找研究唐宋诗歌的文献,可以用"(唐＋宋)＊诗""唐＊诗＋宋＊诗",而不能用"唐＋宋＊诗"。"唐＋宋＊诗"查找的是含"唐"的文献或者同时含"宋"和"诗"的文献,这样就会把涉及的唐代、唐姓的文献都找出来。检索时应注意了解各机检系统的规定,避免逻辑运算次序处理不当而获得错误的检索结果。

2.5.2　位置算符

位置算符也称词位检索、邻近检索,表示两个或多个检索词之间的位置关系。

1.（W）与（nW）算符

W 是 with 的缩写,(W)表示在此算符两侧的检索词必须按照输入时的前后顺序排列,而且所连接的词与词之间可以有一个空格、一个标点符号、一个连接字符,不得有任何其他单词或字母。例如"information(W)retrieval"可以检索出含诸如"information retrieval"和"information-retrieval"等词汇组合的文献。

(nW)由(w)引申而来,表示在两个检索词之间可以插入 n 个词,但两个检索词的位置关系不可颠倒。例如输入"computer（1W）retrieval"可检索到含"computer information retrieval""computer document retrieval"等词汇组合的文献。

2.（N）与（nN）算符

N 是 near 的缩写,（N）表示在此算符两侧的检索词必须紧密相连,但词序可颠倒。例如输入"information（N）retrieval"可检索到含"information retrieval"和"retrieval information"词汇组合的文献。

（nN）由（N）引申而来,区别在于两个检索词之间可以插入 n 个词。例如"information（1N）retrieval"可检索到含"information retrieval""information resources retrieval""retrieval information""retrieval resources information"等词汇组合的文献。

3.（S）算符

S 是 subfield 的缩写,（S）表示其两侧的检索词必须出现在同一子字段中,即一个句子或短语中,词序不限。

4.（F）算符

F 是 field 的缩写,（F）表示其两侧的检索词必须出现在同一字段中,如篇名字段、文摘字段等,词序不限,并且夹在检索词中间的词量不限。如果一句话中间有逗号、顿号或者分号,那么,这些标点符号前后就是同一段落。

2.5.3　截词检索

截词检索是指利用某个单词的词干部分或局部进行的检索。当用截断的词的一个局部进行检索时,认为凡是满足这个词局部中的所有字符（串）的文献,都为命中的文献。因此截词检索具有扩大检索范围,提高查全率的作用。按截词的位置来分,通常有前截词、中截词、后截词、前后截词 4 种类型。

不同的检索系统对于截词符有不同的规定,有的用"?",也有的用"*""!""♯""$"等。

1. 前截词

前截词即后方一致,就是将截词符放在截词的前边,表示前边截断了一些字符,只检索与截词符后面一致的信息。例如输入"? ware",就可以查找到"software""hardware"等根为"ware"的信息。

2. 中截词

中截断即前后一致,也就是将截词符放在截词的中间,表示中间截断了一些字符,检索和截词符前后一致的信息。例如输入"colo? r",就可以查找到"colour""color"等信息。

3. 后截词

后截词即前方一致,就是将截词符放在截词的后边,表示后边截断了一些字符,只检索和截词符前面一致的信息。例如输入"com?",就可以查找到"computer""computerized"等以"corn"开头的词。

4. 前后截词

前后截词即中间一致,是指截词符出现在字符串的开头和结尾,允许字符串在开头和结尾可以是任意字符（也可以没有字符）,实际上前后截词允许指定的字符串可以出现在检索结果词的任何位置。例如输入"? computer?",就可以检索到"minicomputer""microcomputers"等信息。

在扩大中文检索范围时,也可采用截词技术。只知道作者的姓氏而忘了名字时,可在姓氏后面加"?"作姓氏截词,如徐? 表示检索所有"徐"姓作者的文献。从以上各例可知,使用截词检索具有隐含的布尔逻辑"或"运算的功能,可简化检索过程。

2.5.4 字段限制检索

字段限制检索是限定检索词在数据库记录中某个字段范围内的一种检索方法,是提高检索效率的措施之一。

例如,中国知网检索系统基本字段有:SU＝主题,TKA＝篇关摘,TI＝题名,KY＝关键词,AB＝摘要,FT＝全文,AU＝作者,FI＝第一作者,RP＝通讯作者,AF＝作者单位,JN＝期刊名称,RF＝被引文献,RT＝更新时间,YE＝期刊年,FU＝基金,CLC＝中图分类号,SN＝ISSN,CN＝CN 号,CF＝被引频次。

2.5.5 自然语言检索

自然语言检索是一种直接采用自然语言中的字、词、句进行提问的检索,同一般口语一样,不需要很高的专业检索水平,如"怎样医治牙疼?""什么是信息?"这种基于自然语言的检索方式,又称为智能检索。这种检索适用于不太熟悉检索技术的用户。比如我们常用的网络搜索引擎百度、谷歌等,就支持自然语言检索。

2.5.6 模糊检索

模糊检索也称概念检索,是指检索系统不仅能检索出包含指定的检索词的信息,还能将与检索词主题概念相同的信息检索出来。当输入一个只表达所要查检信息概念的检索词或词语,系统即可反馈一串与此内容相近的词或词语。

如输入"上海大学",不仅能检索出上海大学,还能检索出所有在上海的大学。

再如,输入"英语听力"不仅能检索出题名为英语听力的文献,还能检索出英语四六级听力方面的文献,即能自动实现查找将"英语"和"听力"分开,但又同时出现的文献。

2.5.7 加权检索

加权检索是某些检索系统中提供的一种定量检索技术。加权检索同布尔逻辑检索、截词检索等一样,也是文献检索的一个基本检索手段,但与它们不同的是,加权检索的侧重点不在于判定检索词或字符串是不是在数据库中存在、与别的检索词或字符串是什么关系,而在于判定检索词或字符串在满足检索逻辑后对文献命中与否的影响程度。

加权检索是指根据检索词对检索课题的重要程度,事先指定不同的权值,检索时,系统先查找这些检索词在数据库记录中是否存在,并计算存在的检索词的权值总和,在用户指定的临界值(称阈值)之上者作为命中记录被收集。临界值可视命中记录的多寡灵活地进行调整,临界值越高,命中记录越少。

2.6 信息检索的策略与技巧

检索策略是为实现检索目标而制订的全盘计划或方案,指导整个检索过程。检索策略直接关系到检索结果的成败,要想制订高水平的检索策略,用户不仅要对检索系统十分了解,还需要对检索课题进行深入的分析、选择合适的数据库、确定检索词、编制检索表达式,并能灵活运用各种检索方法和技巧,根据情况修改检索策略。

2.6.1　分析检索课题

分析检索课题是信息检索中最重要的一步,也是检索效率高和检索成功的关键。不同类型的检索课题,信息需求的范围和程度也不尽相同。在科技查新中需要全面地收集某一主题的信息,在查全率上有很高的要求。在学习中为解决某一特定问题的检索课题,大部分时候检索出适当的信息即可满足要求。因此,在正式检索前,需要对检索课题进行认真、细致、全面的分析,具体包括以下几个方面。

(1)明确检索课题所涉及的主要内容、研究方法、理论、技术及相关问题,从而形成主题概念,并尽可能多地列出表达检索概念的自然语言词语的同义词和近义词。

(2)明确检索目的,了解检索课题对查全、查准、查新方面有无具体要求。查全:需要关于课题的系统全面的信息。查准:需要关于课题的具体、准确的信息。查新:需要关于课题的最新信息。

(3)明确课题所需要的信息类型,以及在时间范围、语种等方面的要求。课题类型不同,所需信息的类型也不同。是查文献还是查事实数据、是需要全文资料还是文摘信息、是查国内的资料还是各国有关这个课题的全面的资料等,与限定检索范围、选择检索工具有很大的关系。

2.6.2　选择数据库

在明确课题检索目的、检索范围和要求后,就要根据需要选择合适的数据库。数据库的类型不同决定了它适用于不同的检索对象和满足不同的检索需求,因此,在选择数据库时,要从以下几个方面考虑。

(1)数据库的学科范围,收录的文献类型、年代范围与检索需求是否相符。

(2)数据库的检索功能、检索途径是否满足检索需求。

(3)数据库使用的难易程度及检索人员对数据库的熟悉程度等。

2.6.3　编制检索表达式

在计算机检索过程中,检索提问与存储标识之间的匹配是由计算机自动完成的。因此,在确定好检索词后,检索人员就需编制一个既能表达检索课题需求,又能被计算机识别的检索表达式。检索表达式利用信息检索技术中的逻辑算符、位置算符、截词算符及系统规定的其他组配连接符号将检索词连接起来,从而确定检索词之间的关系。检索表达式是检索策略的具体体现,是检索策略中的关键环节。检索表达式编制得是否合理,将直接影响查全率和查准率。

在编制检索表达式前,要弄清所使用的数据库或其他检索工具的检索功能和检索运算符的含义,不同的数据库所使用的检索运算符是不一样的,例如截词符,在 EI Compendex 中用"*"表示,在 OCLC 中用"+"表示,在 DIALOG 中用"?"表示。

例如查找课题"社会保障制度研究"的相关信息,该课题要求检索出建立和实施社会保障制度的有关信息和研究动态,下列主题词可选作检索词:社会保障、社会救济、失业保险、社会保险、养老保险、医疗保险。

确定的检索策略为

社会保障＋社会救济＋失业保险＋社会保险＋养老保险＋医疗保险

"建立""实施""研究"等比较泛指的一类词语一般不宜作为检索词。只有在检出的信息比较多时,才在检索表达式中加以限制。否则,一开始在检索表达式中就限制得过多,会适得其反,得不到理想的检索效果。

2.6.4 确定检索词

检索词是指检索人员根据检索课题涉及的专业内容所提出的、能够全面确切表达主题概念的词语,它是构成检索策略的基本元素,检索词的选择是否恰当,直接影响检索效果。

确定检索词时,应注意以下几点。

(1)要对检索课题的主题概念进行分析,从中找出主要概念,发掘隐含概念,排除次要概念、宽泛概念和重复概念,力求这些概念能反映课题的主要内容。例如在进行"知识产权保护"课题的分析中,"知识产权"应该是课题的主要概念,还隐含了"著作权"和"版权"等概念。又如"新型能源的发展前景研究"中的"研究"是一个很宽泛的概念,可将其排除,"发展"和"前景"属于重复概念,两者可留其一。

(2)检索词的数量和专指度应合适,根据检索需要,灵活使用同义词、近义词、上位词和下位词。如果检索出的信息量很少,查全率很低,在选择检索词时要尽量考虑用上位概念或同义词、近义词,例如检索"火车",可从上位词"交通工具"着手,检索"新冠肺炎",可增加同义词"COVID-19"进行检索。如果检索出的信息量太多,查准率低,应提高检索词的专指度,用下位类专指度较强的词或特定概念的词进行检索,避免用普通词和概念宽泛的词。

(3)在选择检索词时要优先选用规范化主题词作为检索词,从而获得最佳的检索效果。许多检索工具都附有主题词表,应从中选择与检索课题相关的词汇进行检索;当检索工具无主题词表或词表中无合适的主题词可选时,可选用关键词或自由词配合检索。

2.6.5 调整检索策略

将检索表达式输入检索系统,计算机进行匹配运算后输出检索结果。有时检索结果能满足检索课题要求,达到检索目的;有时检索结果不能满足课题要求,如输出的信息量太多,并且无关的信息过多,或者输出的信息量太少等,这时就需要调整检索策略,修改检索表达式,直至获得满意的结果。

检索结果信息量过多,需要缩小检索范围,提高检索查准率,可采取以下办法:

(1)加强检索词的专指度,采用规范的主题词或下位词作为检索词;

(2)调整运算符,由松变严,用"AND""NOT"等限制或排除某些概念;

(3)从检索年代、语种和文献类型上进行限制;

(4)将检索词限定在一定的字段中,例如由限定在全文或摘要字段中改为限定在篇名、关键词、主题词字段中进行检索;

(5)在检索结果中进行二次检索。

检索结果信息量过少,需对课题进行重新分析,判断所选择的数据库是否正确,如数据

库的选择没有问题,则需要扩大检索范围,提高检索查全率,可采取以下办法:

(1)降低检索词的专指度,从词表中选择上位词,增加检索词的同义词、近义词、同一词的多种形式(如缩写和全称、元素和元素符号),并用"OR"与原检索词连接后进行检索;

(2)取消某些过严的限制符"AND""NOT",使用运算符"OR"或截词符"?""＊"等进行扩展检索;

(3)增加检索年限,减少在语种、文献类型上的限制;

(4)扩大检索词出现的可检字段范围,例如由只限定在篇名或关键词字段扩大为在摘要或全文中进行检索;

(5)改精确检索为模糊检索。

2.7 信息检索效果评价

2.7.1 检索效果概述

检索效果是指利用检索系统(或工具)进行检索服务时所获得的有效结果。计算机检索效果如何,直接反映检索系统的性能,也是检索人对检索技能的掌握和应用的综合测定。

检索效果包括技术效果和经济效果:技术效果是由检索系统完成其功能的能力确定的,主要指系统的性能和可操作性等,也就是满足用户的信息需要时所能达到的满意程度;经济效果是由完成这些功能的价值确定的,主要指检索系统服务的成本和时间,是否省钱省力。

检索效果的评价,目的是准确地掌握系统的各种功能、特点及其使用方法,找出影响检索效果的各种因素,以便有的放矢,改进系统的性能,改进检索策略,提高系统的服务质量,更好地满足用户信息检索的需求。

2.7.2 检索效果的主要评价指标

评价检索系统效果的指标,主要包括质量、费用和时间三方面的标准。质量标准主要有查全率、查准率、漏检率、误检率等;费用标准主要是指用户为检索课题所投入的费用;时间标准是指花费的时间,包括检索准备时间、检索过程时间、获取文献时间等。查全率和查准率是判定检索效果的主要评价指标。

检索时,将文献分为两部分:一部分是被检出文献(相关文献 a ＋不相关文献 b),也就是与检索策略相匹配的部分;另一部分是未检出文献(相关文献 c ＋不相关文献 d),即与检索策略不相匹配的部分。

查全率和查准率的具体表示如下:

$$查全率 = \frac{检出的相关文献数}{系统中相关文献总数} \times 100\% = \frac{a}{a+c} \times 100\%$$

例如,在某系统数据库中共有相关文献 35 篇,而只检索出来 26 篇,那么查全率就等于 74％。

$$查准率 = \frac{检出的相关文献数}{检出的文献总数} \times 100\% = \frac{a}{a+b} \times 100\%$$

在实际检索中,由于种种原因,总会出现一些误差,即漏检和误检,从而影响检索效果。

$$漏检率 = \frac{未检出的相关文献数}{系统中相关文献总数} \times 100\% = \frac{c}{a+c} \times 100\%$$

$$误检率 = \frac{检出的不相关文献数}{检出的文献总数} \times 100\% = \frac{b}{a+b} \times 100\%$$

因此,检索效率的高低,不仅与检索系统服务性能的优劣有关,还与用户的检索技能有关。随着科学技术的不断进步与发展、文献信息检索系统自动化程度的提高、计算机信息检索的普及、用户检索技能的提高,检索效果也将会随之提高。

2.7.3 影响检索效果的因素

影响检索效果的因素主要来自两个方面:一是检索系统本身;二是检索人员的检索水平。就检索系统而言,影响检索效果的因素包括四个方面:

(1)收录的文献信息不全或收录内容不太适合检索课题;

(2)标引不详或前后标引不一致;

(3)词表结构不完善、词间关系不准确、索引词缺乏控制和专指性,不能准确表达文献信息主题和检索要求;

(4)检索结果输出格式不理想、界面不友好、影响使用等。

对于检索系统的问题,只能采取选择其他更适合更优秀的检索系统的办法来解决。

对于检索人员来说,无论是手工检索还是计算机检索,都需要人来操作,人的因素占支配和主导地位。在手工检索中,主要是靠人的大脑进行判断和选择;在计算机检索中,检索策略的制订和优化是需要人来完成的。检索人员的知识水平、业务能力、工作经验及检索技能的熟练程度等与检索效果是密切相关的。

例如全面准确地表达检索要求、准确地选择检索工具,并制订合理的检索策略,都取决于检索人员的检索水平和能力。因此,要想取得好的检索效果,必须提高检索人员的检索水平。

总之,在实际的检索工作中,必须合理地选择检索系统,熟练掌握其使用方法,根据检索课题的情况制订有效的检索策略,选择适当的检索方法,这些都有助于提高检索效果。

第3章　网络信息检索

3.1　网络信息检索概述

网络信息资源是指借助网络可以利用的各种信息资源,简称网络资源。这些资源是以数字化形式、多媒体形式,存储在网络计算机磁介质、光介质以及各类通信介质上的,并通过计算机网络通信方式进行传递的信息内容的集合。

3.1.1　网络信息资源的特点

与传统的信息资源相比,网络信息资源在数量、结构、分布和传播的范围、载体形态、传递手段等方面都显示出新的特点。

1. 数量巨大,来源广泛

互联网各个部门、各个领域的各种信息资源为一体,可在网上供任何人共享使用,任何人可在网上发布信息,传播观点。因此网络信息资源数量巨大,呈爆炸性增长。

2. 内容丰富,信息质量参差不齐

网络信息资源包罗万象,覆盖各个学科领域。网络信息的发布有很大的自由度和随意性,缺乏必要的过滤、质量控制和管理机制,正式出版物和非正式信息交织在一起,既有高水平的研究成果,又有许多涂鸦之作和虚假信息。

3. 类型齐全,形式多样

网络信息资源包括各种不同层次的信息,既有原始论文、电子报刊等一次文献,又有文摘、题录、索引、综述、评论等二、三次文献,还有网上会议、聊天等零次文献。此外,信息类型也十分齐全,有文本、表格、图形、声音、图像、程序软件、超文本、多媒体等多种形式。

4. 分散无序,缺乏组织

网络信息资源广泛分布在世界各地的服务器上,由于服务器有不同的操作系统、数字结构、字符集、处理方式,网络信息资源缺乏统一的标准和规范。许多信息只是时间序列的堆积,缺乏组织加工,处于无序状态。而且,网络信息资源的更迭、消亡无法预测,因此影响人们对信息资源的进一步开发利用。

5. 传播速度快,范围广,交互性强

信息在网络中的流动非常迅速,电子流取代纸张,加上无线电技术和卫星通信技术的充分运用,上传到网上的任何信息资源,都只需要短短数秒就能传递到世界的每一个角落。随着网络的普及化,网络信息资源的传播范围将越来越广。与传统的媒介相比,网络信息的流动是双向、互动的。

6.动态不稳定,信息污染严重

网络信息资源的地址、链接和内容经常处于变化之中,信息源存在状态的无序性和不稳定性使信息的更迭、消亡无法预测,这些都给用户选择、利用网络信息带来了障碍。信息过剩、贬值使大量网上信息成为垃圾信息。此外网络信息提供者成分复杂,使信息传播难以控制,虚假信息、无用信息比重加大。

3.1.2 网络信息资源的类型

1.按网络信息资源的性质和加工深度划分

1)一次信息资源

一次信息资源即原始信息,是指网络上出现的反映最原始的科研、思想、过程、成果以及对原始信息进行分析、综合、评价、总结的信息资源,如科研网站、企业网站、电子期刊、电子图书、统计资料等。用户可以直接利用一次信息资源中的具体内容为自己服务。

2)二次信息资源

二次信息资源也就是检索指引,通过对网络上的一次信息进行搜集、整理、加工,把大量的信息按主题或学科集中起来,形成相关信息的集合,向用户指明信息的出处,帮助用户有效地利用一次信息,如目录搜索引擎的分类指南、学科网络信息资源导航、各类索引数据库等。

3)三次信息资源

三次信息资源指借助二次信息对大量的一次信息进行搜集、分析、加工、整理得到的信息资源,如网络上存在的电子字典、词典等。

2.按发布范围划分

1)正式出版物信息

正式出版物信息是指由正式出版机构或出版商发行的,受到一定知识产权保护、信息质量可靠、多数必须购买才可使用的收费信息资源,包括各种网络数据库、大部分电子期刊、电子图书等。我国用户使用较多的 SDOS、EBSCO 等英文数据库以及万方数据库、重庆维普数据库、中国期刊网等中文数据库,Apabi 电子图书、超星电子图书等都属于收费的正式出版物信息。也有部分正式出版物信息不用付费就可以自由使用,如大部分的图书馆目录、部分网上电子报刊等。

2)半正式出版物信息

半正式出版物信息又称灰色信息,是指受到一定的知识产权保护但没有纳入正式出版物系统的信息,完全面向用户开放免费使用,如各企业、政府机构和国际组织、学术团体、教育研究机构、行业协会等网站所提供的尚未正式出版的信息。其他一些资源,如图书馆、教育机构、政府机关的一些特色制作(特色数据库、教学课件等),在一定的范围内分不同层次发行,不完全向用户开放,也属于半正式出版物。

3)非正式出版物信息

非正式出版物信息是指那些随意性强、流动性较大、质量和可信度难以保证的动态信息,不受任何的知识产权保护,如 BBS、新闻组、网络论坛、电子邮件等信息。

3.按主题划分

网络信息资源按主题划分比较复杂,对具体信息的划分也没有统一的标准,因而不同网站对信息主题的划分也各有特点,但总体来讲大同小异,总结起来有以下几类信息。

1)新闻

互联网改变了人们获取新闻信息的方式,互联网在同一时间向全世界传播最新发生的新闻,人们可以不受限制地获取世界上任何地区的新闻。各类门户网站和新闻网站是人们获取新闻的主要途径,如我国的互联网三大门户网站网易、新浪与搜狐,凤凰卫视、大洋网等新闻网站可以浏览国内、国际政治、体育、娱乐、财经、教育、军事等领域的新闻。

2)政府信息

政府信息包括政府预算、政府资助项目、政府基金信息、各类政府公告、政府网站上的标准、专利、统计资料、法律和知识产权等。

3)商业信息

商业信息是互联网上非常重要也非常庞大的网络信息资源,它包括金融、股票、证券市场、贸易、房地产、商品广告、公司名录、天气预报等。

4)科学技术与教育

科学技术与教育包括科学技术信息、数学、物理、化学、天文学、航天与航空、农业、生物学、医疗卫生、环境保护、地质科学、计算机科学,以及高校网站、教育机构、教育网站上的各类信息资源。

5)参考工具书和书目期刊索引

参考工具书和书目期刊索引主要包括字典、词典、百科全书、指南、索引等。

6)娱乐

娱乐包括音乐、明星、动漫、游戏、笑话、旅游等。

4. 按网站的域名性质划分

互联网上的每一个网页和资源都具有唯一的 URL 地址,即统一资源定位器(uniform resource locator,URL)。这种地址可以是本地磁盘,也可以是局域网上的某一台计算机,更多的是互联网上的站点。

URL 地址的书写形式为“协议:/IP 地址(或域名):[端口]/路径/文件名”。例如,URL 地址 http://lib. hncj. edu. cn/info/1156/2645. htm,是一个使用超文本传输协议提供超文本信息服务的资源,其计算机域名为 hncj. edu. cn,从域名可以看出,这是中国教育科研网上的一台计算机,访问的超文本文件(文件类型为. htm)是位于该计算机的 lib 目录下的文件。所以,我们可以通过网络地址中的域名,初步判断信息来源。

域名一般由 2～5 段字符组成,采用层次结构,每一层构成一个子域名(sub-domain),各子域名之间以圆点分隔,最右边的子域是顶级域名(top-level domain),由右至左层次逐级降低,最左边的子域是主机名,域名格式:主机名. 三级域名. 二级域名. 顶级域名。

顶级域名分为两大类:一是按组织管理的层次结构划分,所产生的组织型域名,表示机构性质,称为“一般最高域”,如表 3-1 所示;二是以国别地理区域为依据划分,所产生的地理型域名,表示地址位置。地理型域名使用世界各国和地区的简称,如表 3-2 所示。由于互联网起源于美国,所以美国通常不使用国家代码作为顶级域名。

表 3-1　常用域名与机构性质对照表

域名	机构性质	域名	机构性质
com	公司组织等商业机构	edu	教育机构
ac	学术机构	gov	政府机构
net	网络机构	mil	军事机构
org	非营利组织		

表 3-2　常用域名与地理位置对照表

域名	地理位置	域名	地理位置
cn	中国	hk	中国香港
tw	中国台湾	us	美国
ca	加拿大	uk	英国
jp	日本	de	德国
fr	法国	it	意大利
ru	俄罗斯	kr	韩国

例如,河南城建学院的域名 www.hncj.edu.cn 表示这台主机在中国(cn)这个顶级域名之下,属于教育科研网(edu)这个子域,hncj 表明这是河南城建学院内的一台主机,而 www 则是它的主机名(说明它是一台 Web 服务器)。

另外,用户通过工业和信息化部政务服务平台的 ICP/IP 地址/域名信息备案管理系统(https://beian.miit.gov.cn/♯/Integrated/index)可查询网站真伪。

3.1.3　网络信息检索的一般方法

随着网络技术的发展,网络信息检索的方法也不断进步,不同的信息需求在网络信息检索方法的选择上也不尽相同。网络信息检索的方法主要有以下几种。

1. 浏览

浏览是最原始的网络信息检索方法,也是比较常用的检索方式。在没有明确需求的情况下,浏览是比较合适的选择,偶然打开一个网站,然后顺着相关链接从一个网页转向另一个网页,从一个网站转向另一个网站,在漫无目的的检索过程中也许会有意外的发现。这种方法目的性不强,具有不可预见性和偶然性。

2. 借助网络导航检索

网络导航是基于分类体系的目录型检索系统,也是较为常用的信息检索方法。用户登录网络导航网站,通过点击具体的网址链接查找自己感兴趣的内容,也可以点击分类列表进行更为具体的选择,如搜狐、新浪网站的导航。这种基于人工著录的网络导航也有其局限性:人工著录的速度很难跟上网络信息增长的速度,资源收录的范围不够全面,更新的频率较慢,新颖性、及时性不够,受资源著录者个人的影响较大。但是,随着网络技术的发展和普及,网络导航层出不穷,最早的如"hao123",还有更优秀的网络导航系统不断涌现,如快搜、龙喵网等。

3. 利用搜索引擎检索

利用搜索引擎进行网络信息检索是目前常用的检索方式。在浏览器中输入搜索引擎网站地址打开网站首页,在网站首页的检索框中输入检索词,搜索引擎很快就可以返回检索结果列表,通过点击检索结果列表中的超链接就可以进入相关网站找到所需要的信息。这种方式的优点是简单易学、省时省力、检索速度快、检索范围广。搜索引擎对信息的自动标引,使检索的相关度和准确性很难控制,检索质量相差较大。

4. 通过专业资源系统检索

随着网络信息资源建设的发展,专业化程度越来越高,特别是一些专业的 ICP 的出现,网络中出现大量的专业资源系统。这些专业资源系统一般专注于某一特定领域或者某一特定类型的资源建设,在人工参与的前提下,通过专业的平台实现信息资源的存储、管理、维护和更新,并在互联网上借助一个具体的网页为用户提供查询服务,被我们称为数据库、数据资源库、信息资源库、知识库等。其中既有收费的,如 CNKI、维普资源信息系统、万方数据资源系统等;也有免费的,如视频分享网站优酷、机票信息查询平台携程网、购物网站淘宝、百科网站互动百科等。这类专业资源系统存储有大量受控的信息资源,拥有自己独立的检索平台,检索快速、准确、高效,并能获取高质量的目标信息。不过使用这些系统的前提是要知道这些系统的存在,并记住这些网址,或者通过搜索引擎、网络导航找到这些网站,还要掌握这些系统各自的检索方法,一般来说,这些系统的检索并不复杂,根据交互界面能很快掌握。

3.2　搜索引擎

3.2.1　搜索引擎概述

搜索引擎是伴随因特网的发展及网络信息资源激增而诞生和发展起来的。搜索引擎通过网络搜索软件或网络登录等方式,将大量互联网网站的页面收集到本地,经过加工处理而建库,从而能够对用户提出的各种查询做出响应,并为用户提供检索服务。

搜索引擎起源于 1990 年,由加拿大蒙特利尔的麦吉尔大学的三个学生发明。1993 年,第一个 Web 搜索引擎出现,它只收集网址,并没有索引文件内容,却为搜索引擎的快速发展提供了动力。之后,WebCrawler、Lycos、Yahoo!、Infoseek、Excite、HotBot 等搜索引擎相继出现,标志着搜索引擎进入快速发展时期,对互联网的扩张产生了极大的促进作用。这一时期,各搜索引擎主要追求数据库的规模和检索的速度。1998 年 9 月,Google 的出现是搜索引擎发展过程中一个重要的里程碑,从此搜索引擎在追求存储规模和检索速度的同时,更注重检索质量。2000 年以后,搜索引擎进入全面发展时期,特定领域的专业型搜索引擎大量出现,传统搜索引擎也开始在专业、精确、深度三个方向突出自己的特色。这个时期也是我国搜索引擎蓬勃发展的时期。2001 年 10 月 22 日正式发布的百度目前已经成为全球最大的中文搜索引擎。之后,搜狗、必应、即刻、360 好搜相继上线,掀起了搜索引擎市场竞争的新高潮。

搜索引擎已经成为非常重要的网络服务工具,搜索引擎站点被誉为"网络门户",成为人们获取网络信息资源的主要检索工具和手段,也几乎成了网络信息检索工具的代名词。

3.2.2 搜索引擎的原理

搜索引擎基本上由搜索器、索引器、检索器和用户接口四部分组成。

1. 搜索器

搜索器即通常所说的"蜘蛛(spider)""机器人(robot)""爬行者(webcrawler)"等,搜索器的功能是在互联网中漫游,发现和搜集信息。为了提高搜索引擎收录信息的规模和质量,搜索引擎不但要不停地运行以尽可能多、尽可能快地抓取互联网上的新信息,而且还要尽可能频繁地更新已经收集过的旧信息以避免链接失效。但是,网络信息资源规模庞大且更新速度很快,功能再强大的搜索器也不可能搜集到互联网上所有的信息,因此搜索器在抓取网页时要采用一定的搜索策略。

2. 索引器

索引器又被称为目录或数据库,索引器的功能是理解搜索器所搜索的信息,从中抽取出索引项,用于表示文档以及生成文档的索引表。

3. 检索器

检索器是根据用户的查询要求在索引库中快速匹配文档,对将要输出的结果进行排序,并实现某种用户相关性的反馈机制。

4. 用户接口

用户接口供用户输入查询,显示匹配结果。用户接口的主要目的是方便用户使用搜索引擎,高效率、多方式地从搜索引擎中得到有效的信息。用户接口的设计和实现使用人机交互的理论和方法,以充分适应人类的思维习惯。用户接口可以分为简单接口和复杂接口两种。简单接口只提供用户输入检索词的文本框;复杂接口可以让用户对查询进行限制,如逻辑运算、临近检索、域名范围、出现位置(如标题、内容)、信息时间、长度等。

搜索引擎的工作原理如图 3-1 所示。首先由搜索器,即机器人程序,从互联网上收集信息站点的信息;再由索引器对该网页上的特征或全文做索引,建立本地数据库;用户在检索时,通过搜索引擎的用户接口访问索引数据库;检索器根据用户的查询条件快速检出文档,并对将要输出的结果进行排序和相关性处理;最后通过用户接口将检索结果反馈给用户。

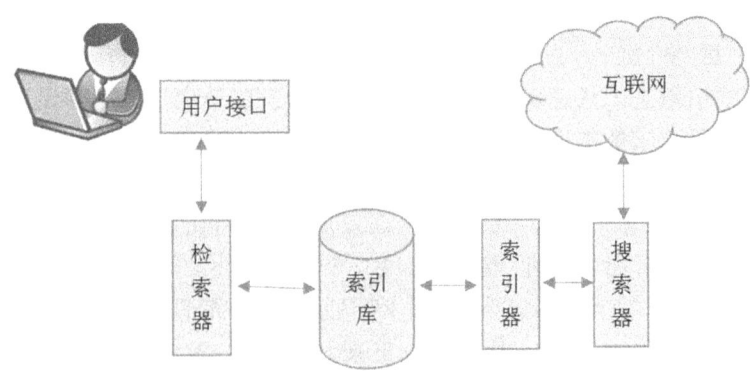

图 3-1　搜索引擎的工作原理

3.2.3 搜索引擎的分类

按照不同的标准,可以把搜索引擎分为不同的类别。

1. 按照检索范围划分

搜索引擎按照检索范围划分可以分为综合搜索引擎和垂直搜索引擎。

1)综合搜索引擎

综合搜索引擎又叫通用搜索引擎。综合搜索引擎是指在资源收录的范围、类型等方面没有做明确限制的搜索引擎。这类搜索引擎的收录范围包括整个互联网,资源类型涉及网页、视频、音频、图像、文件等常见资源类型。比较知名的综合搜索引擎有 Google、百度、Yahoo!、必应、搜狗等。

综合搜索引擎的缺点:信息量大、深度不够、查询不够精准。

2)垂直搜索引擎

垂直搜索引擎又叫专业搜索引擎。垂直搜索引擎是专门针对某一个行业的专业搜索引擎,是综合搜索引擎的细分和延伸,对网页库中的某类专门信息进行处理、整合。垂直搜索引擎定向分字段,抽取出需要的数据进行处理后再以某种形式返回给用户。百度学术、谷歌学术等都是垂直搜索引擎,另外,12306、淘宝、去哪儿、搜房等都是属于这一类的网站。

垂直搜索引擎的优点:保证信息的收录齐全、更新及时、检出结果重复率低、相关性强、查准率高。

2. 按照工作机制划分

1)独立搜索引擎

独立搜索引擎是指独立拥有搜索器、索引器、索引库、检索器、用户接口,工作不依赖其他搜索引擎的搜索引擎,比较常见的独立搜索引擎有 Google、百度等。"独立",是相对于元搜索引擎(meta search engine)和集成搜索引擎而言的。

2)元搜索引擎

元搜索引擎是多个独立搜索引擎的集合,指通过一个统一的用户界面帮助用户在多个搜索引擎中实现检索,并对检索结果进行优化处理的搜索引擎。"元"意为"总的""超越",元搜索引擎是对多个独立搜索引擎的整合、调用、控制和优化利用,即对搜索引擎进行搜索的搜索引擎。著名的元搜索引擎有 InfoSpace、Dogpile、Vivisimo 等(元搜索引擎列表),中文元搜索引擎中具代表性的有搜星搜索引擎、360 搜索引擎等。

尽管元搜索引擎具有独立搜索引擎不具备的优势,但其搜索结果不仅受制于自身的搜索技术,更受制于为其提供搜索结果的源搜索引擎,其发展和应用并不乐观。

3. 按照提供的服务方式划分

搜索引擎按照提供的服务方式划分,可分为全文搜索和目录搜索。

3.2.4 常见搜索引擎

1. 百度

百度公司于 1999 年底成立于美国硅谷,2000 年 1 月回国发展,起名源于"众里寻他千百度",创始人是李彦宏和徐勇。创建初期,百度主要是为搜狐、新浪等门户网站提供搜索引擎后台支持服务。2001 年 8 月,发布百度搜索引擎 Beta 版,从后台服务转为独立提供搜索服务,并在中国首创了竞价排名商业模式,是国内最大的商业化全文搜索引擎,其搜索引擎主页如图 3-2 所示。

图 3-2　百度搜索引擎主页

百度是中国互联网用户最常用的搜索引擎,也是全球最大的中文搜索引擎,截至 2010 年收录中文网页已超过 200 亿个,并且每天以千万级的速度增长。目前,百度除了普通的网页搜索外,在垂直搜索方面也推出了相关产品,如 mp3 搜索、视频搜索、图片搜索、法律搜索等;另外,百度在知识库、网络社区、电子商务、即时通信等非搜索领域也推出了相关产品,如百度百科、百度知道、百度贴吧等。

百度支持布尔逻辑运算、限定字段检索,可将检索范围限定在指定的网站、标题、URL 和文档类型。

百度提供简单检索和高级检索两种检索方式。简单检索的步骤简单、操作方便。百度的高级检索体现在三个方面:一是通过高级语法在基本搜索框中实现高级搜索;二是通过百度的高级检索页面实现高级检索;三是通过百度的垂直搜索实现高级检索。

百度的检索结果页面主要包括标题、摘要、百度快照、相关搜索、检索时间、结果总数等信息。相对 Google、Yahoo!、Bing 等国外搜索引擎来说,百度在中文搜索技术上具有优势。和其他中文搜索引擎相比,百度在索引库规模、检索效率、更新时间、响应时间等方面均处于领先地位。

2. Google

Google 的域名为 http://www.google.com,中文名为谷歌,中文版的域名为 http://www.google.com.hk,其搜索引擎主页如图 3-3 所示。

图 3-3　Google 搜索引擎主页

Google 公司于 1998 年 9 月由拉里·佩奇和谢尔盖·布林创建,1999 年下半年正式推出 Google 搜索引擎。2003 年 2 月,Google 收购了 Pyra 实验室,其后相继为 Yahoo!、美国在线、CNN 提供搜索技术支持。Google 一词源自 googol(指 10 的 100 次幂),代表可以从互联网上获得海量资源。2006 年 4 月 12 日,Google 中国正式更名为谷歌。

和百度一样,Google 除普通网页搜索外,还有音乐搜索、视频搜索、图片搜索、地图搜索、购物搜索等垂直搜索服务,另有学术搜索、图书搜索、生活搜索、特色搜索、新闻搜索、字典搜索、移动搜索等服务。Google 还涉足在线文件、在线日历、在线翻译等在线服务。另外,Google 还推出 SketchUp3D 绘图软件、Picasa 照片管理软件、输入法等软件。

Google 是目前全球最大的搜索引擎。据 Alexa(http://www.alexa.com/)统计(统计时间为 2010-01-07),在全球网站流量排行中,Google 高居第一位。2004 年高峰时,Google 处理互联网中 80% 的搜索请求。

3. 搜狗

搜狗的域名为 http://www.sogou.com,其搜索引擎主页如图 3-4 所示。

图 3-4　搜狗搜索引擎主页

搜狗公司于 2004 年 8 月 3 日推出搜索引擎,主要经营搜狐的搜索业务,延伸搜狐的产品线。搜狗以搜索技术为核心,致力于中文互联网信息的深度挖掘。在运营搜索引擎业务的同时,搜狗也推出输入法、浏览器、免费邮箱、企业邮箱等业务。

2013 年 9 月 16 日,搜狐、搜狗和腾讯联合宣布达成战略合作,将腾讯旗下的搜搜业务打包并入搜狐旗下的搜狗。搜搜与搜狗实质性合并后,搜搜基本名存实亡,虽然可以通过搜搜原来的入口进行搜索,但其搜索结果由搜狗提供。

搜狗网页搜索 3.0 提供按时间排序功能,能够帮助用户更快地找到想要的信息。搜狗的最大特点是可以进行微信搜索和知乎搜索,深受广大用户喜爱。另外,搜狗提供手机 app 客户端。

4. 360 搜索

360 搜索(https://www.so.com/),属于元搜索引擎,是搜索引擎的一种,通过一个统一的用户界面帮助用户在多个搜索引擎中选择和利用合适的(甚至同时利用若干个)搜索引擎来实现检索操作,是对分布于网络的多种检索工具的全局控制,360 搜索属于全文搜索引擎,是奇虎 360 公司开发的基于机器学习技术的第三代搜索引擎,具备"自学习、自进化"能力,能发现用户最需要的搜索结果。有专家认为 360 搜索大部分的流量仍来自百度、Google等搜索引擎。360 搜索引擎主页如图 3-5 所示。

图 3-5　360 搜索引擎主页

　　2012 年 8 月 16 日,奇虎 360 公司推出综合搜索,2012 年 9 月 21 日,360 综合搜索正式启用独立域名 so。2015 年 1 月 6 日 360 总裁齐向东正式推出独立品牌好搜搜索。2016 年 2月,360 再次宣布将好搜搜索重新更名为 360 搜索,域名重新切换为更易输入的"so.com"。

　　2017 年 3 月 31 日,360 搜索正式宣布与微软旗下搜索引擎 Bing 达成技术合作,上线360 英文搜索(en.so.com)。360 英文搜索将为国内 4 亿用户提供英文资讯、图片以及汉英词典翻译等内容,满足日益增强的对于海外信息的需要。360 英文搜索拥有优质英文内容首屏聚合展现、双引擎智能纠错、中文＋拼音输入识别等特色功能,更符合中国互联网用户的使用习惯,让搜索海外资讯更便捷、更智能。

5. Bing

Bing 的域名为 http://www.bing.com,中文名为必应,其搜索引擎主页如图 3-6 所示。

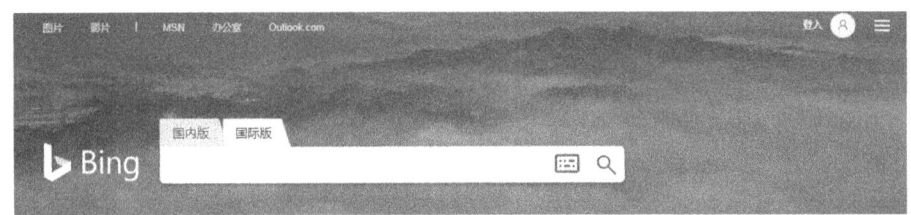

图 3-6　Bing 搜索引擎主页

　　Bing 是微软公司推出的用以取代 Live Search 的搜索引擎,于 2009 年 5 月 28 日发布,简体中文版于 2009 年 6 月 1 日开放访问。其后,微软推出了 Bing 的移动版本,手机和其他移动设备用户可登录 m.bing.com 享受移动搜索服务。微软方面声称,此款搜索引擎以全新姿态面世,将带来新革命。Bing 的名称取自一位百岁老人的姓氏,中文名称必应有"有求必应"的寓意。Bing 简体中文版除提供网页搜索外,还提供图片搜索、视频搜索、资讯搜索、地图搜索等垂直搜索服务,Bing 英文版中还有旅游、历史、购物等垂直搜索服务。Bing 界面柔和,首页由不断更新的图片做背景。对于某些检索词,Bing 会对检索结果进行分类。

6. 微信搜索

微信搜索分为两部分,一部分是微信内的搜索,另一部分是搜狗推出的微信搜索功能。

　　(1)微信内的搜索,可以搜索朋友圈、文件、图片、资讯、音乐、表情、小程序、购物联系人、群、公众号、公众号文章、聊天记录、附近的餐厅,以及收藏的内容。

　　(2)搜狗于 2014 年 6 月 9 日正式上线微信搜索功能,通过该功能能搜索微信公众号以及公众号的内容。

　　微信搜索可以让公众账号资源被分类检索到,对碎片化的信息进行梳理,一定程度上帮助微信从封闭走向开放,让微信公众号中的内容可以得到更广泛的传播。微信搜索的优点是用户体验较好、专指性比较强。

3.2.5　搜索引擎的检索功能

　　一般来说,搜索引擎界面简洁、操作简单,很容易入门,这也是搜索引擎能快速普及的一个重要因素。不过,为了提高检索的质量和效率,多数搜索引擎除了能进行简单检索之外,还可以通过高级检索语法或者高级检索界面实现高级检索。以百度为例,其引擎的简单检索和高级检索语法,基本上涵盖了其他搜索引擎的简单检索和高级检索,只是略有不同。

1. 简单检索

　　多数搜索引擎界面简洁,比较醒目的是检索框,用户只需要在检索框内输入检索词就可以得到检索结果列表,如图 3-7 所示。通过检索结果列表的链接,进入目标页面,点击标题,可以直接打开结果网页,也就是说这个标题的超链接为结果网页的 URL,标题内容即为结果网页标题。有些检索结果并不是网页,而是某种类型的文件,检索结果标题中一般会以具体的文件后缀名标示,如图 3-7 中第三条检索结果标题所示,"2020 年高校毕业生就业形势分析"右边的".ppt"表示此检索结果为以 ppt 为后缀名的文件,即 PowerPoint 文件。

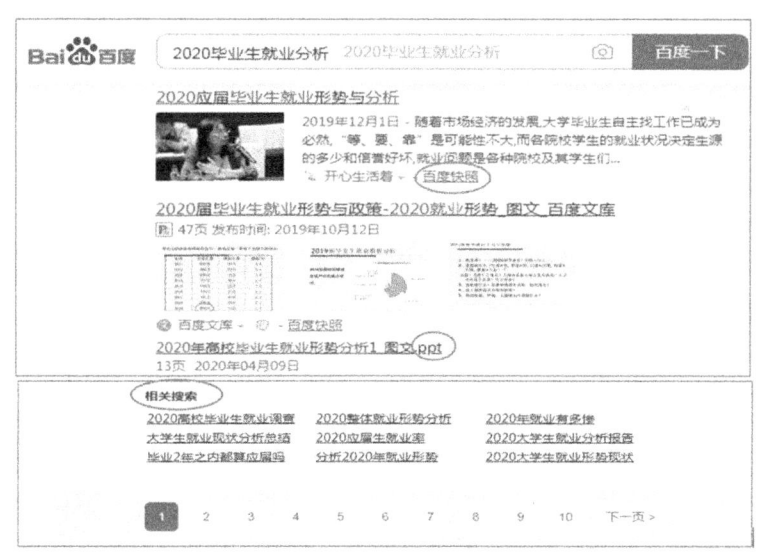

图 3-7　百度检索结果界面

　　1) 快照

　　当无法打开某个搜索结果,或者打开速度特别慢时,用户可以使用快照。不同的搜索引擎,对快照的提法不同,如百度叫"百度快照"、Google 叫"网页快照"、搜狗叫"搜狗快照"。快照是搜索引擎对搜索到的网页的本地备份。当用户点击快照时,文本信息直接从搜索引擎提取,图片、音乐等非文本信息还是要从原网页调用。即使原网页无法连接,用户也可以获取原网页的文本信息,因为搜索引擎快照的更新滞后于原网页的更新。

2）相关搜索

搜索结果不佳,有时候是因为选择的查询词不是很妥当,可以通过参考别人的查询词,来获得一些启发。搜索引擎相关搜索排放在搜索结果页的下方,按搜索热门度排序。

3）拼音提示

如果只知道某个词的发音,却不知道怎么写,或者嫌某个词拼写输入太麻烦,该怎么办?百度拼音提示能解决问题。只要输入查询词的汉语拼音,百度就能把最符合要求的对应汉字提示出来。拼音提示显示在搜索框中。

4）错别字提示

由于汉字输入法的局限性,我们在搜索时经常会输入一些错别字,导致搜索结果不佳。搜索引擎会给出错别字纠正提示。错别字提示显示在搜索结果上方。

5）翻译

随便输入一个英语单词或者句子,或者输入一个汉语短语、句子,就可以得到高质量的翻译结果。在页面下方有重点词汇的翻译。

6）支持繁简中文、中外文查询

在百度搜索引擎中无论用户输入的是繁体字还是简体字,都能正常使用搜索引擎。Google 可以在多种语言之间进行切换。

7）计算器和度量衡转换

只需在搜索框内输入计算式,回车即可得到计算式的结果,如果要搜的是含数学计算式的网页,而不是做数学计算,点击搜索结果上的表达式链接,就可以达到目的。在百度的搜索框中,也可以做度量衡转换。

2. 高级检索语法

搜索引擎的高级检索功能一般通过高级检索界面和高级检索语法实现。

1）逻辑"与"

在使用搜索引擎检索的过程中,有时候要求检索结果中出现两个或两个以上的检索词,也就是说,检索词之间是信息检索技术中的布尔逻辑"与"的关系,多数搜索引擎通过在检索词之间使用空格来实现这个功能。

语法格式为检索词1　检索词2。

例如通过百度搜索引擎检索"信息检索"与"文献管理",检索表达式如图 3-8 所示,两个检索词之间空一格表示逻辑"与"。

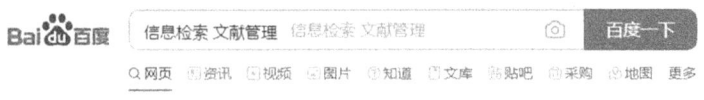

图 3-8　百度搜索引擎逻辑"与"表达式

2）逻辑"或"

如果要求检索结果至少出现给定检索词中的一个,也就是检索词之间的关系是布尔逻辑"或"的关系,在搜索引擎的检索框中输入相关检索词,并且在检索词之间用竖线符号"|"连接。

语法格式为检索词1|检索词2。

例如通过百度搜索引擎检索"新冠肺炎"与"COVID-19",检索表达式如图3-9所示,两个词之间用"|"表示逻辑"或"。

图3-9 百度搜索引擎逻辑"或"表达式

3)逻辑"非"

在使用搜索引擎检索时,如果发现检索结果中,有某一类网页并不是自己想要的,并且这些网页都包含特定的关键词,在这种情况下可以考虑使用逻辑"非"语法,除去所有包含特定关键词的网页。

语法格式为检索词1－检索词2。

注意,在使用减号时,前一个检索词和减号之间必须有空格,否则,减号会被当成连字符处理而失去逻辑"非"语法功能,减号和后一个检索词之间,有无空格均可。

例如搜索"官场"不包含作者是刘震云的信息,检索表达式如图3-10所示,两个词之间除了用"－"以外,在减号之前,要空一格。如果减号前不加空格,检索结果就不是剔除"刘震云"的结果,而是包含很多"刘震云"的结果。

图3-10 百度搜索引擎逻辑"非"表达式

4)精确检索匹配

如果输入的查询词很长,百度在经过分析后,给出的搜索结果中的查询词可能是拆分的,如果对这种情况不满意,可以尝试让百度不拆分查询词,给查询词加双引号。

书名号是百度特有的查询语法,在其他搜索引擎中书名号会被忽略。书名号的意义有二:一是书名号括起来的内容不会被拆分,二是可用来检索一些通俗和常见的电影或小说。

例如检索1998年教育部颁布的《普通高等学校本科专业目录和专业介绍》,检索表达式如图3-11所示,把检索的内容,用双引号或者书名号括起来进行检索,结果相同。对于长句子的检索,搜索引擎默认首先从精确检索开始查找,如果找不到,才会对长句进行拆分,这时如果不想被拆分,可以使用精确检索语法,给检索条件加上双引号或者书名号。

注意,其他搜索引擎只支持双引号,而且有些只支持半角双引号。

5)专业文档搜索——filetype

在互联网中,很多有价值的信息资源并非以普通网页的形式存在,而是以文件的形式存在,文件的格式也多种多样。百度支持对Office文档(包括Word、Excel、PPT)、Adobe PDF文档、RTF文档和txt文档的全文搜索。要搜索这类文档,很简单,在普通的查询词后面,加一个"filetype:"限定文档类型。"filetype:"后可以跟以下文件格式:DOC、XLS、PPT、PDF、RTF、ALL。其中,ALL表示搜索前面所有五种文件类型。

语法格式为检索词 filetype:文件类型。

图 3-11　百度搜索引擎精确检索的两种方法

例如查找高等数学方面的课件,在检索框中输入"高等数学 filetype:ppt",检索式如图 3-12 所示。

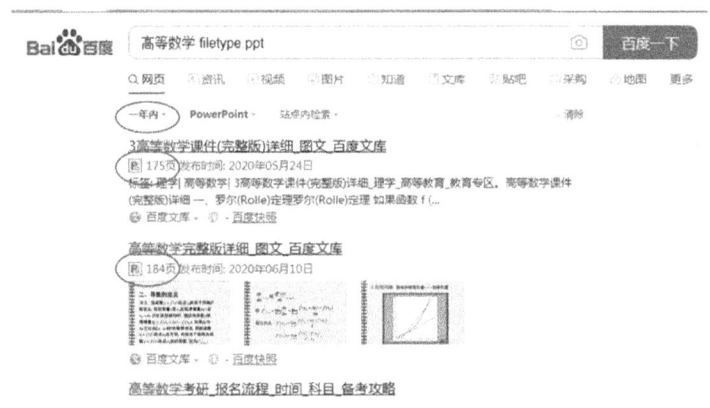

图 3-12　百度搜索引擎专业文档搜索

目前搜狗支持文件的格式与百度相同,而 Google 除支持上述五种文件格式外,还支持 PS(photoshop 文件格式)、SWF(Macromedia 的 flash 文件格式)、DWF(Autodesk 的图形文件格式)、KML(基于 XML 描述和保存地理信息、可以被 GoogleEarth 和 GoogleMaps 识别并显示的 Keyhole 标记语言)、KMZ(压缩过的 KML 文件格式)。目前,主流搜索引擎都可以通过 filetype 语法实现精确检索。

注意,在 Google 搜索中,检索语法格式中,所有的"冒号"都是半角状态,也就是英文格式状态下才有效。

6)检索范围限制在网页标题中

网页标题通常是对网页内容提纲挈领式的归纳,网页标题中的关键词与网页内容有较强的相关性。把检索范围限定在网页标题中,可能会得到更好的检索效果。

语法格式为 intitle:检索词。

例如检索标题中含"大学生自主创业"内容的网页,其检索格式为 intitle:大学生自主创业,如图 3-13 所示。

目前,Google 中,可以通过 intitle 语法实现把检索范围限定在网页标题中这个功能。另外,在 Google 中,allintitle 语法也有类似的功能,区别在于 intitle 仅把其后的检索词作为位置限制的内容,而 allintitle 把所有的检索词作为位置限制的内容。

图 3-13　百度搜索引擎标题限制语法

7)搜索范围限定在指定网站中

如果希望在某个站点或者某一类站点中检索,可以通过限定检索的站点范围来提高检索效率。

语法格式为检索词 site:站点地址。

注意:检索词与 site 之间要有空格;site 后的冒号,除百度可以用全角或半角之外,其他搜索引擎都要求为半角;冒号后的地址不要带"http://www",地址可以是域名(如 sohu. com、edu. cn)、ip 地址(如 202.115.193.225)、子域名(如 learning. sohu. com/)或 ip 地址下的子目录(如 lib. sicnu. edu. cn/zydh/或者 202.115.193.225/zydh/)。

例如在河南城建学院校园网上下载河南省高校国家助学贷款审批表,检索表达式为河南省高校国家助学贷款审批表 site:hncj. edu. cn,如图 3-14 所示。

edu. cn 是中国教育网的域名,教育网内各大学网站都是此域名下的二级域名,因此通过"site:hncj. edu. cn",就能把检索的范围限制在教育网内指定的高校。

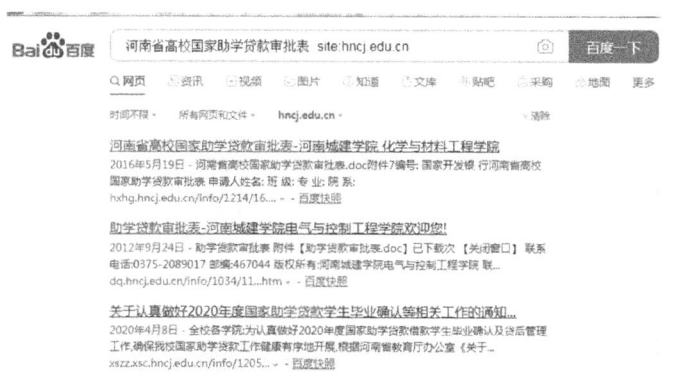

图 3-14　百度搜索引擎网站限制语法

8)搜索范围限定在 URL 中

URL 是互联网上标准的资源地址。网页 URL 中的某些信息,常常带有某种价值含义。这些信息都是由字母和数字构成的,常常具有一定的意义,在命名时,大多采用英文单词、汉语拼音、日期或相关组合等形式。如果对搜索结果的 URL 做某种限定,就可以获得意想不到的效果,这个功能通过 inurl 语法实现。

语法格式为 inurl:检索词。

例如"一级建造师考试 inurl:zhinan"和"一级建造师考试指南"是有差别的:前者是查找与"一级建造师考试"有关的网址链接中同时包含"zhinan"的结果;而后者是查找"一级建造师考试指南"的网页,如图 3-15 所示。

inurl 语法一般应用于查找系列网页内容,效果较好。

图 3-15　百度搜索引擎 inurl 语法检索与简单检索的对比

3. 高级检索界面

如果对百度的各种查询语法不熟悉,可以使用百度集成的高级检索界面,做各种搜索查询。百度高级检索界面的进入方式有三种:①百度主页搜索框输入"百度高级搜索",选择结果中的链接进入;②在百度首页右上角的"设置"里面,选择"高级搜索"进入;③直接输入百度高级检索界面的网址(https://www.baidu.com/gaoji/advanced.html)进入。

相对于百度搜索引擎首页的简单检索而言,高级检索界面(见图 3-16)提供更为丰富的检索功能。相对高级检索语法而言,高级检索界面提供可视化的功能选项,不用记复杂的检索语法规则,因此对用户,尤其是对刚入门的用户来说,通过搜索引擎的高级检索界面检索是提高检索效率的合适选择。

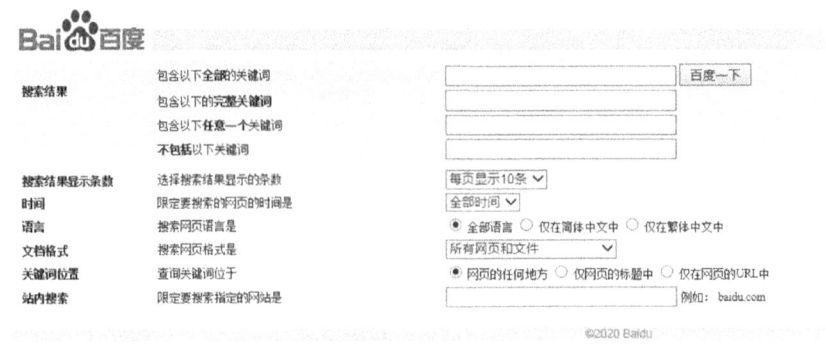

图 3-16　百度高级检索界面

百度高级检索界面的相关功能,在表 3-3 中有详细的解释。

表 3-3　百度高级检索界面功能释义

检索框	释义
包含以下全部的关键词	检索框中关键词之间,实现布尔逻辑"与"的功能
包含以下的完整关键词	要求检索框中的内容不能被拆分,实现精确匹配,相当于双引号、书名号的功能
包含以下任意一个关键词	相当于关键词直接加竖线"|",实现布尔逻辑"或"的功能
不包含以下关键词	相当于检索词前面加减号"—",实现布尔逻辑"非"的功能
选择搜索结果显示的条数	每页对结果显示数的限制
限定要搜索的网页的时间是	实现网页时间限制检索功能,通过下拉组合框的选择列表,可以限制网页的时间。注意,这里的时间是网页的检索时间,并不是网页的创建时间
搜索网页的语言是	实现检索结果语言限制的功能,百度中可以在全部语言、简体中文、繁体中文三项中选择
搜索网页格式是	实现专业文档搜索,相当于 filetype 语法
查询关键词位于	实现位置限制检索的功能,相当于 intitle 和 inurl 语法
限定要搜索指定的网站是	实现网站限制检索的功能,相当于 site 语法

　　Google 高级检索界面中同样提供布尔逻辑、精确匹配、语种限制、时间限制、结果显示限制、文档格式限制、位置限制、来源限制等功能,与百度略有不同,如图 3-17 所示。

图 3-17　Google 高级检索界面

　　Google 高级搜索界面相关的功能,在表 3-4 中有详细的解释。

表 3-4　Google 高级检索界面功能释义

检索框	释义
以下所有字词	检索框中关键词之间,实现布尔逻辑"与"的功能
与以下字词完全匹配	要求检索框中的内容不能被拆分,实现精确匹配,相当于双引号、书名号的功能
以下任意字词	相当于关键词直接加竖线"|",实现布尔逻辑"或"的功能
不含以下任意字词	相当于检索词前面加减号"－",实现布尔逻辑"非"的功能
数字范围	对结果数量的范围限制
限定要搜索的网页的时间	实现网页时间限制检索功能,通过下拉组合框的选择列表,可以限制网页的时间。注意,这里的时间是网页的检索时间,并不是网页的创建时间
语言	Google 支持 40 多个国家的语言检索,可在这里限制检索结果的语言范围
地区	支持世界地区范围的限制检索
最后更新时间	可以限制一定时间范围内的更新网页内容
网站和域名	实现网站限制检索的功能,相当于 site 语法
字词出现位置	实现位置限制检索的功能,相当于 intitle 和 inurl 语法
安全搜索	限制安全程度和过滤色情内容
文件类型	实现专业文档搜索,相当于 filetype 语法
使用权限	用于选择权限设置的网页内容

作为全球最大的搜索引擎,Google 以其简洁的首页、快速的响应、高质量的结果成为搜索引擎领域的标杆和后来者追赶的对象。

不难看出,与百度高级检索界面相比,Google 高级检索界面同样能很方便地实现高级检索语法的功能,而且 Google 的高级检索界面功能更多,可以进行地区、语言、安全、使用权限等限制。另外,Google 在特定文件类型检索和特定网站内检索两个功能上提供了排除选项,提高了检索的灵活性。

3.2.6　图片搜索

多数搜索引擎都具备图片搜索、音乐搜索、视频搜索等功能。其中,图片搜索,被广泛地应用到学术研究中。例如利用实验仪器、设备完成的图片是否准确等,都可以通过搜索相关的图片进行对比分析。

例如想了解用分光光度仪做出的科研图片是什么样子,可以在《自然》杂志上搜索发布的文章图片,如图 3-18 所示。

通过图片搜索工具,可以进行图片大小、颜色、使用权限、类型和网页更新时间的限定。

1. Google 图片搜索

Google 图片搜索含大量的图片分类,可限定图片内容类型、颜色、大小、文件类型等,也可以上传图片搜索图片或用语音搜索图片,有内容过滤功能,能够去除许多儿童不宜的图片。

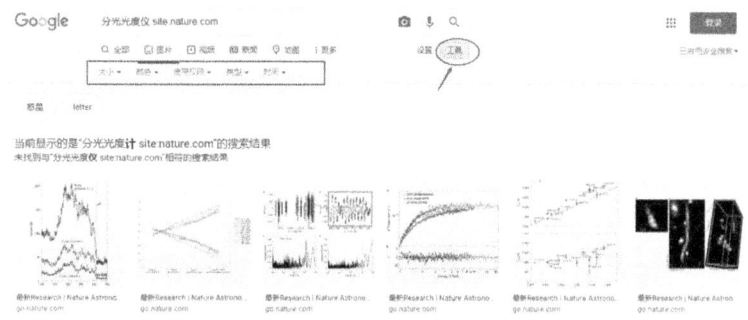

图 3-18　图片搜索用途展示

Google 图片搜索的网址为 http：//images. google. com. hk，如图 3-19 所示。

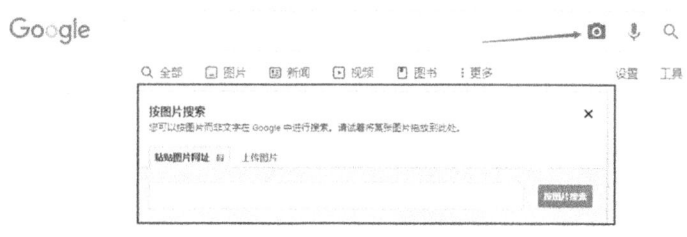

图 3-19　Google 图片搜索

2. 百度图片搜索

百度图片搜索号称世界上最大的中文图片搜索引擎，能从数十亿中文网页中提取各类图片。到目前为止，百度图片搜索引擎可检索图片近亿张，能从中文新闻网页中实时提取新闻图片，可根据图片大小和格式进行高级搜索，具有以图搜图的功能。

百度搜图片的方法如图 3-20 所示。百度图片搜索的网址为 http：//image. baidu. com，如图 3-21 所示。

图 3-20　百度搜图片的方法

3. 百度识图

百度识图可以通过上传图片、粘贴图片网址等方式查询目标图片的高清大图、相似美图；通过猜词了解和认知图片内容（如花卉、宠物、名人等），查询图片来源；拥有全网检索的

图 3-21　百度图片搜索

人脸技术,可以找到最相似的人脸;可以拍照上传,以图搜图。

百度识图的网址为 stu.baidu.com,如图 3-22 所示。

图 3-22　百度识图

4. 搜狗图片搜索

搜狗图片搜索已经和搜搜合并,开辟了美女、搞笑、壁纸、明星等栏目,搜索时可以自行设定图片的尺寸、类型和颜色。搜狗图片搜索更具特色的是以图搜图的功能,上传图片即可搜索相关信息,堪称"人肉搜索"的利器。搜狗图片搜索可搜索聊天表情和头像。

搜狗图片搜索的网址为 image.sogou.com,如图 3-23 所示。

图 3-23　搜狗图片搜索

5. Bing 图片搜索

Bing 图片搜索以关键词进行搜索,可以对图片的尺寸、颜色、类型、版式、人物、日期等进行选择。

Bing 图片搜索的网址为 cn. bing. com/images，如图 3-24 所示。

图 3-24　Bing 图片搜索

6. 360 图片搜索

360 图片搜索是中文图片搜索引擎的后起之秀，同样也具备上传图片识图的功能。此外，360 对图片搜索做了分类，用户可以通过图片分类浏览不同类别的图片。

360 图片搜索的网址为 image. so. com，如图 3-25 所示。

图 3-25　360 图片搜索

除了以上介绍的图片搜索引擎以外，还有很多其他图片搜索引擎，比如 TinEye(http://tineye.com/)，也提供以图识图功能。

3.2.7　学术搜索

学术搜索引擎就是搜索学术资源的引擎，资源以学术论文、国际会议、权威期刊、学者为主，随着新一代搜索引擎的快速发展，学术搜索引擎正朝着个性化、智能化、数据挖掘分析、学术圈等方向发展。

下面介绍几个较为常用的学术搜索引擎。

1. 百度学术搜索

百度学术搜索的网址为 https://xueshu. baidu. com，如图 3-26 所示。

图 3-26　百度学术搜索

百度学术搜索是一个提供海量中英文文献检索的学术资源搜索平台，涵盖了各类学术

期刊、学位论文和会议论文等,旨在为国内外学者提供科研帮助。百度学术搜索无广告,页面简洁大方,保持了百度搜索一贯的简单风格。百度学术搜索可检索到收费和免费的学术论文,并能通过时间、标题、关键字、摘要、作者、出版物、文献类型、被引用次数等细化指标,提高检索的精准性。值得注意的是,百度学术只提供检索结果的题录信息、原文出处、获得渠道和链接,不直接提供全文。

2. Google 学术搜索

Google 学术搜索的网址为 https://scholar.google.com,如图 3-27 所示。

图 3-27   Google 学术搜索

Google 学术搜索是一项免费服务,可以快速寻找学术资料,如专家评审文献、论文、书籍、预印本、摘要以及技术报告。Google 学术搜索在索引中涵盖了来自多方面的信息,信息来源包括万方数据资源系统、维普资讯、大学的学术期刊、公开的学术期刊、中国大学的论文以及网上可以搜索到的各类文章。用户通过搜索"谷歌学术镜像"获得谷歌学术平台的使用权限,方便国内用户搜索全球的学术科研信息。

3. 语义学者

语义学者(semantic scholar)的网址为 https://www.semanticscholar.org/,如图 3-28 所示。

图 3-28   语义学者

语义学者是免费学术搜索引擎,创建于 2015 年,是由微软创始人之一的保罗·艾伦(Paul Allen)参与创立的,是一个致力于解决信息超载的学术文献搜索引擎。它利用人工智能(AI)技术帮助用户从海量的学术文献中筛选有用信息,解决信息超载的问题。其检索结果来自期刊、学术会议资料或者学术机构的文献。语义学者几乎已覆盖所有的学科领域。为了提升检索的效率,除了利用作者、出版商标注的关键词这种常用的方式外,语义学者将机器学习的技术应用在信息筛选上,例如用计算机视觉等技术搜索论文发布的会议名称、论文发布的时间,从论文中筛选出关键词句等,这让搜索结果更加丰富。对于科学研究人员来说,语义学者最大的好处是有更多信息筛选的角度,包括论文的影响力、媒体报道(Twitter

数据)、作者等,另外它直接提供图表预览,能方便研究人员的筛选工作。总之,语义学者要做的就是让学术信息更容易被发现,节省研究人员的时间,帮助他们做出决断并促成新的发现,从而在学术领域发挥更大的作用。

4. 微软学术搜索

微软学术搜索(microsoft academic search)的网址为 https://academic.microsoft.com/,如图 3-29 所示。

图 3-29　微软学术搜索

微软学术搜索是微软研究院开发的免费学术搜索引擎。它为研究员、学生、图书馆馆员和其他用户查找学术论文、国际会议、权威期刊、作者和研究领域等提供了一个更智能、新颖的搜索平台,也是对象级别垂直搜索、命名实体的提取和消歧、数据可视化等许多研究思路的试验平台。

5. OALib

OALib 的网址为 https://www.oalib.com/,如图 3-30 所示。

图 3-30　OALib

OALib 是基于开放存取的元数据库的搜索引擎,OALib 提供的开源论文超过三百万篇,涵盖所有学科,所有文章均可免费下载。OALib Journal 是一个同行评审的学术期刊,覆盖科学、科技、医学以及人文社科等领域。所有发表在 OALib Journal 上的文章都存放在OALib 上。

6. 搜狗学术搜索

搜狗学术搜索的网址为 https://scholar.sogou.com/。

搜狗学术搜索提供权威学术内容,满足国内各领域专业研究用户的学术搜索需求。在引入微软必应学术知识图谱技术后,搜狗学术构建了以论文为核心的知识图谱卡片,包含学术文献、学术人物、学术期刊和学术会议等不同类型的内容,并支持时间、作者、领域、期刊及会议多维度的筛选,以及引用下载等实用功能,帮助用户便捷地查询全球英文学术资料。

7. 360 学术搜索

360 学术搜索的网址为 https://xueshu.so.com。

360 学术搜索汇聚海量中英文学术期刊、论文,提供方便的学术搜索服务。

8. PubMed 文献数据库

PubMed 文献数据库的网址为 http://pubmed.cn。

PubMed 文献数据库是医学、生命科学领域的数据库,旨在组织、分享科研领域信息,为用户提供文献检索、图片检索、影响因子查询、免费全文下载、国家自然科学基金统计分析等服务。

9. Bing 学术搜索

Bing 学术搜索的网址为 https://cn.bing.com/academic/? FORM＝Z9LH2。

Bing 学术搜索提供优质的海外文献检索服务。

除此之外,超星发现、读秀学术搜索、百链外文学术搜索,以及 CNKI、万方、维普等综合搜索界面,都是学术搜索引擎,也叫垂直搜索引擎。

3.2.8 linggle10^{12} 语料库

linggle10^{12} 语料库的网址为 https://www.linggle.com/,如图 3-31 所示。

linggle10^{12} 语料库是一个语料搜索引擎,英文写作、翻译摘要都能用到它,还可以用它来学英语。例如 present a method 后面是接 for、to、of,还是 that 呢? 可以在 linggle10^{12} 语料库的搜索框中,输入"present a method_"检索,那么在其搜索引擎的数据库中,对比分析的结果就一目了然,present a method for 用法所占的比例最大。其原理就是大规模搜索互联网上的英文资料,形成语料库,基于这个语料库统计各种搭配的占比,然后通过一个语料搜索引擎提供搜索服务。

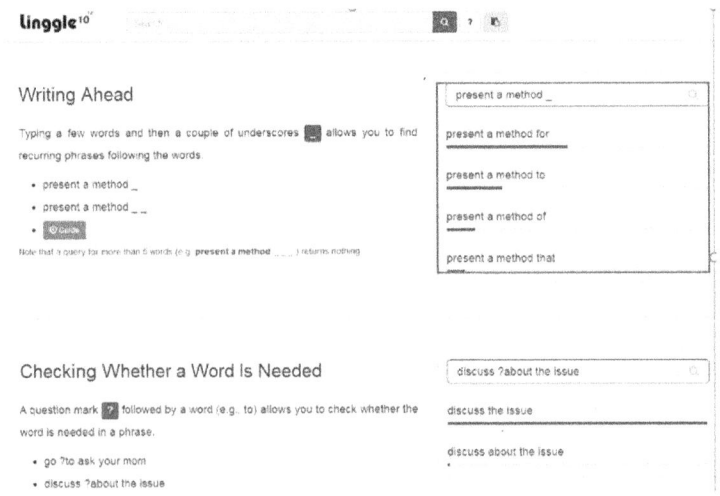

图 3-31　linggle10^{12} 语料库

总之,linggle10^{12} 语料库是一个语料搜索引擎,它可以通过精确的统计数据,告诉我们合适的英文词语搭配,引导我们做出正确的选择。

3.2.9　搜索引擎的发展趋势

1. 智能化发展

随着人工智能技术的大幅度升温,人工智能技术必将运用于搜索引擎技术,实现网络搜索的智能化,智能化发展已成为当代搜索引擎技术发展的新方向。目前,已经出现了一系列智能化搜索技术,如以自然语言直接进行数据搜索、基于云服务开展的云搜索技术、智能化判断用户搜索意图并据此向用户推送相关信息等新技术已经进入我们的日常网络生活。可以预见,"人工智能＋搜索引擎"必将引领 AI 时代的搜索引擎技术走向。

2. 个性化发展

搜索引擎技术日益成熟,它不仅可以跟踪用户的搜索痕迹、检索历史,把握每个用户的信息偏好和搜索习惯,还可以根据每个用户的特殊需求与偏好,为其提供个性化的搜索服务,提高搜索的准确度,使其获得更好的用户体验。同时,各搜索引擎公司还建立了特色的搜索体系,以满足各行各业用户的不同搜索需求。

3. 一站化发展

由于网络资源的多样化,各式各样的数据类型充斥着整个互联网,如文字、语音、视频、图片、GIF 图片等,如何利用一次查询来获得各类相关数据资源,成为搜索引擎技术发展的新方向,这就是一站式搜索。在这个方面,搜索引擎技术还面临着许多关键技术难题,除了文字,其他数据资源识别准确度不高,与搜索关键词之间的匹配度问题难以解决。因此,一站式搜索将成为以后搜索引擎技术研发的一大热点。

4. 移动搜索迅猛发展

随着手机终端用户量的剧增,以手机用户为代表的移动搜索流量已经大大超过了 PC 端。《中国互联网发展报告 2020》显示,截至 2019 年年底,我国移动互联网用户规模达 13.19 亿人,占全球网民总规模的 32.17％。移动搜索还处于初步发展阶段,但它具有不容小觑的发展潜力和无限的商机,将占有更多的市场份额,必将主宰未来的搜索引擎市场。

5. 地理位置感知搜索

目前,很多手机已经有 GPS 的应用了,这是基于地理位置感知的搜索,而且可以通过陀螺仪等设备感知用户的朝向,基于这种信息,可以为用户提供准确的地理位置服务以及相关搜索服务。目前,此类应用已经应用很广,比如手机地图 app。

6. 跨语言搜索

将中文查询翻译为英文查询,目前主流的方法有 3 种:机器翻译、双语词典查询和双语语料挖掘。对于一个全球性的搜索引擎来说,具备跨语言搜索功能是必然的发展趋势,而其基本的技术路线一般会采用查询翻译和网页的机器翻译这两种技术手段。

7. 多媒体搜索

目前,搜索引擎的查询还是基于文字的,即使是图片和视频搜索也是基于文本方式的。那么未来的多媒体搜索技术则会弥补这一缺失。多媒体形式除了文字,还包括图片、音频、视频。多媒体搜索比纯文本搜索要复杂许多,一般多媒体搜索包含 4 个主要步骤:多媒体特征提取、多媒体数据流分割、多媒体数据分类和多媒体数据搜索引擎。

8. 情境搜索

情境搜索是融合了多项技术的产品,上面介绍的个性化搜索、地理位置感知搜索等都是

支持情境搜索的,目前 Google 在大力提倡这一概念。情境搜索就是能够感知人所处的环境,针对"此时、此地、此人"来建立模型,试图理解用户查询的目的,根本目标还是要理解人的信息需求。比如某个用户在苹果专卖店附近发出"苹果"这个搜索请求,基于地点感知及用户的个性化模型,搜索引擎就有可能认为这个查询是针对苹果公司的产品,而非对水果的需求。

总之,搜索引擎技术是网络化生活的开端,灵活选用搜索方式,把握搜索引擎的时代热点,是我们提高信息素养、迎接信息化挑战的现实选择。

3.3　网络导航

随着网络信息数量、类型的巨幅增长,网络信息导航不断涌现。网络导航使网络信息资源由杂乱、无序变得系统、有序,不仅有利于各类用户的信息查询,而且大大节约了用户的时间和精力等。所以,人们获取网络信息的方式,除了利用网络搜索引擎主动搜索以外,还可以利用网络导航查找。

网络导航内容广泛,形式多样,用户比较熟悉的有"好123"网络,这是比较早的网络导航网站。随着互联网技术的发展,出现了很多优秀的网络资源导航系统。

3.3.1　虫部落快搜

虫部落快搜的网址为 https://search.chongbuluo.com/。

互联网上有很多优质的搜索平台,但我们能记住的非常有限。虫部落快搜是一个搜索类的导航网站,里面收录了一百多个实用的搜索平台,无须记住网站名称,也无须拷贝网址,只需登录快搜,即可使用,如图 3-32 所示。虫部落快搜里面不仅包含强大的搜索工具,而且还有小众的垂直搜索系统。

图 3-32　虫部落快搜网页

点击不同类型搜索,网页左侧呈现不同搜索工具,例如点击"学术搜索"后网页左侧呈现学术搜索工具,点击"电子书搜索"呈现电子书搜索工具,点击"图片搜索"呈现图片搜索工具,如图 3-33 所示。

图 3-33　虫部落快搜不同文献类型搜索工具呈现界面组合

3.3.2　龙喵网

龙喵网的网址为 https://ailongmiao.com/。

龙喵网是一个简洁实用的网址导航。主页的检索框可在百度、Google、微信、音乐、知乎、"B 站"、图片、地图等不同类型中进行选择搜索。主页上有 8 个网址板块,这八个版块包括购物、影视、生活、软件、前端、设计、运营、自学。每个板块列出了 9 个常用网站,其实每个版块不仅仅有 9 个网站链接,鼠标放在任意版块,版块会凸起,并且会出现"更多"选项,如图 3-34 所示。

例如,选择"设计"版块,可以看见列出的 9 个常用网站,点击"更多",可以看到有关设计类的资源,如图 3-35 所示。

类似的网络导航还有很多。选择一个适合自己的网络导航设为浏览器首页,不仅能节约时间,还能发挥网络的更大作用,为自己的工作、学习提供帮助。

图 3-34　龙喵网主页鼠标放在设计版块呈现"更多"选项示图

图 3-35　龙喵网"设计"版块的更多选项工具

第4章　网络专项资源检索

4.1　政府网站与事实数据搜索

搜索引擎并不是万能的,它只能抓取网络上公开发布的内容,所以很多时候,我们还是需要借助专门的网站获得准确可靠的事实和数据信息。

4.1.1　政府网站

政府网站上的信息资源,是不可忽视的资源宝库。在政府网站或者政府直接主管的网站上有很多有价值的信息,特别是政府网站旗下的各种专业化、结构化的检索系统,里面有大量优质、权威的信息资源。

1. 国家统计局数据查询系统

登录国家统计局网站主页(http://www.stats.gov.cn/),在二级目录"统计数据"栏有"数据查询"三级类目,点开可以查询我国行业指标、数量等统计数据,如图4-1所示。

图4-1　国家统计局数据查询系统

各省、市统计局的网站也可查询各省、市的统计数据、统计年鉴。当然,国外的官方统计数据,也可以通过国外的官方网站进行查询,例如要查美国的统计数据,可以进入美国经济分析局官方网站查询。

2. 中国执行信息公开网

中国执行信息公开网的网址为http://zxgk.court.gov.cn。

中国执行信息公开网是最高人民法院旗下网站,可进行被执行人查询、失信被执行人查询、限制消费人员查询等,如图4-2所示。中国执行信息公开网为了解一个合作伙伴、结婚前了解对方的真实情况提供了查询平台。对方是否涉及官司,可点击中国执行信息公开网的二级类目下的"执行法律文书",进入中国裁判文书网查询,如图4-3所示。

图 4-2 中国执行信息公开网

图 4-3 中国裁判文书网

3. 国家药品监督管理局

国家药品监督管理局的网址为 http://www.nmpa.gov.cn/。

国家药品监督管理局官方网站可进行药品真伪、保健品说明书、医疗器械生产厂家、化妆品真伪、药品广告等信息的查询,如图 4-4 所示。

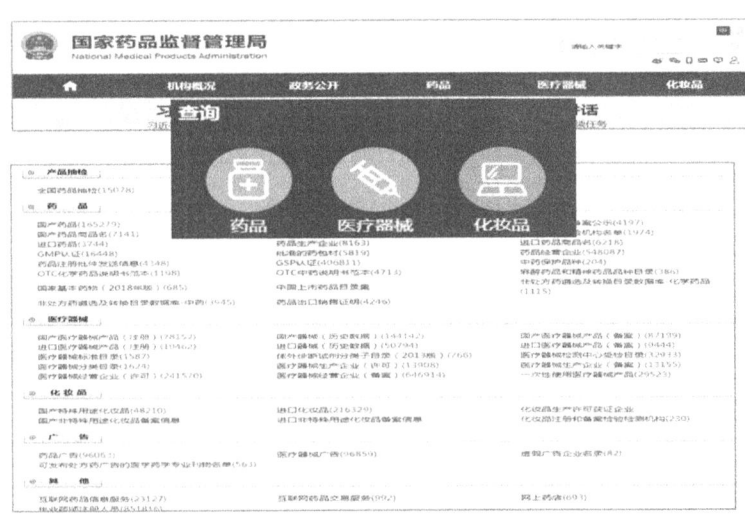

图 4-4 国家药品监督管理局查询系统

4．国家政务服务平台

国家政务服务平台的网址为 http：//gjzwfw.www.gov.cn/。

国家政务服务平台可进行国内外学位、学历、学籍的真假查询,英语四、六级成绩查询,计算机等级考试成绩查询,本科专业查询,各地疫情等级查询等,如图 4-5 所示。

图 4-5　国家政务服务平台

5．国家企业信用信息公示系统

国家企业信用信息公示系统的网址为 http：//www.gsxt.gov.cn/index.html。

国家企业信用信息公示系统可查询企业的注册资本、法人代表,股东高管是否被处罚过,是否存在抵押、质押等相关信息,而且在我国注册过的所有公司的信息都能查到,如图 4-6 所示。

图 4-6　国家企业信用信息公示系统

6．中华人民共和国国家卫生健康委员会

中华人民共和国国家卫生健康委员会的网址为 http：//www.nhc.gov.cn/wjw/index.shtml。

中华人民共和国国家卫生健康委员会的官方网站可查询医院的等级、有没有从事某项医疗项目的资格,以及医生和护士真假等信息,如图4-7所示。

图4-7　中华人民共和国国家卫生健康委员会查询系统

7. 中华人民共和国民政部

中华人民共和国民政部的网址为 http://www.mca.gov.cn/。

中华人民共和国民政部的官方网站可以进行社会团体、组织、慈善机构等的真伪查询,如图4-8所示。

图4-8　中华人民共和国民政部查询系统

4.1.2　世界银行数据查询

世界银行数据查询的网址为 https://data.worldbank.org.cn/。

世界银行提供免费、开放的数据查询。数据库有英语、汉语、法语、西班牙语、阿拉伯语五种语言检索界面供用户选择,如图4-9所示。

在世界银行主页的中间位置,可以看到数据,即统计数据,可直接选择要查询国家的数

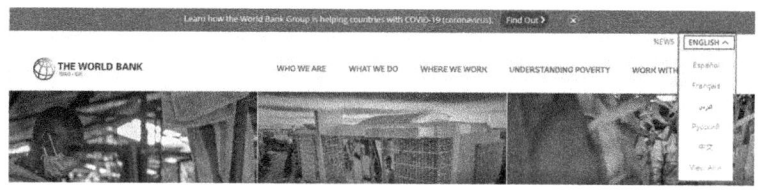

图 4-9　世界银行主页

据,也可点击右边的"查看更多数据"进行查询,如图 4-10 所示。

图 4-10　世界银行公开数据查询

当搜索一个国家的数据时,我们可以看到检索结果呈现的这个国家的 GDP、人口总数、人力资源等信息,并可下载数据,如图 4-11 所示。

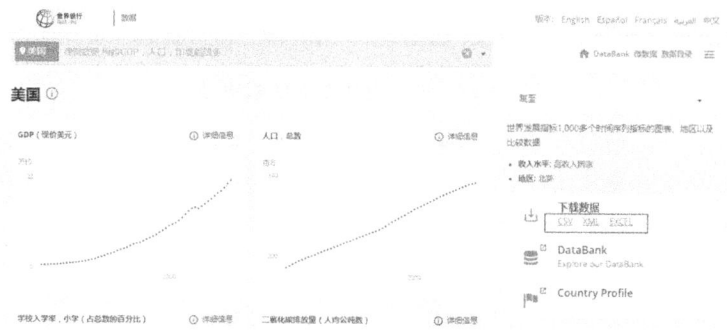

图 4-11　搜索任意国家的统计数据

如果直接在一个国家后面再输入一个或两个国家,可以直接进行多个国家的统计数据对比分析,如图 4-12 所示。

世界银行的开放数据涉及多个数据平台和数据产品,点击图 4-12 右上角的"DataBank""微数据"和"数据目录"即可看到。数据目录是一个搜索平台,可以查询世界银行提供的数据集,也就是打包的数据,在世界银行数据目录中,名气比较大的数据集是世界发展指标,它是有关全球发展和消除贫困的相关高质量国际可比的统计数据的汇编。该数据集包含 217 个经济体和 40 多个国家、地区的 1600 个时间序列指标,其中许多指标的数据可以追溯到 50 年前,如图 4-13 所示。

"DataBank"的意思是数据银行,是一种数据分析和可视化工具,包含很多时间序列数

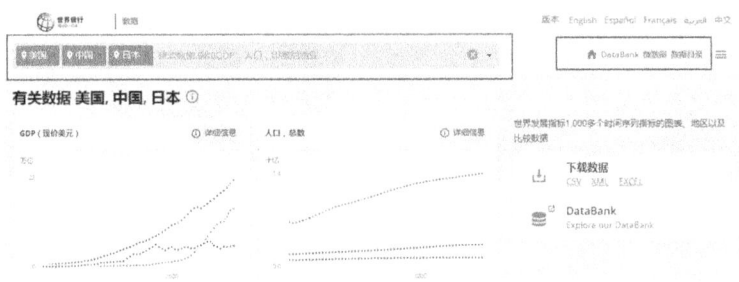

图 4-12　多个国家的统计数据对比分析

图 4-13　世界发展指标检索页面

据,通过这个在线工具,可以创建自己的查询、可以生成图表、可以轻松保存插入,非常实用;微数据也是一个数据查询平台,主要提供针对家庭商业机构或其他机构的抽样调查数据。数据银行和微数据页面如图 4-14 所示。

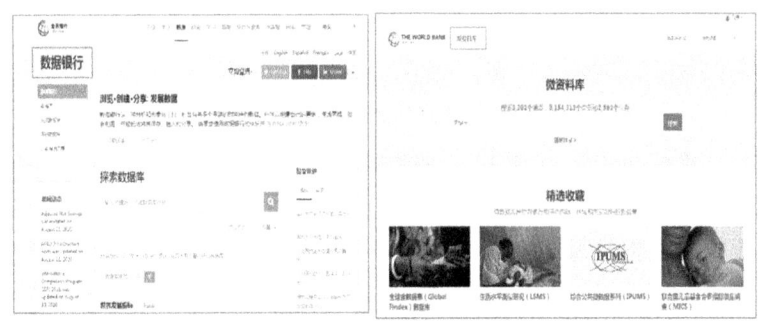

图 4-14　数据银行和微数据页面

　　总之,世界银行的开放数据是一个体系,包括多个数据产品、数据工具和数据查询系统,并且世界银行提供的开放数据都可以免费获取。在世界银行的数据开放平台上可以获取WDI,也就是世界发展指标,可以打包下载,也可以在线浏览。除了数据集,世界银行还提供多种数据分析工具。

4.1.3　美国数据查询

美国数据查询的网址为 https://www.data.gov/。

美国数据查询是美国政府数据开放平台,如图 4-15 所示。美国政府通过这个平台整合政府各部门的数据,按照一定的规范向公众免费开放,目前已经开放了 25 万多个数据集在这个平台上,我们可以通过关键词进行一站式搜索,也可以通过平台提供的分类导航检索数据。

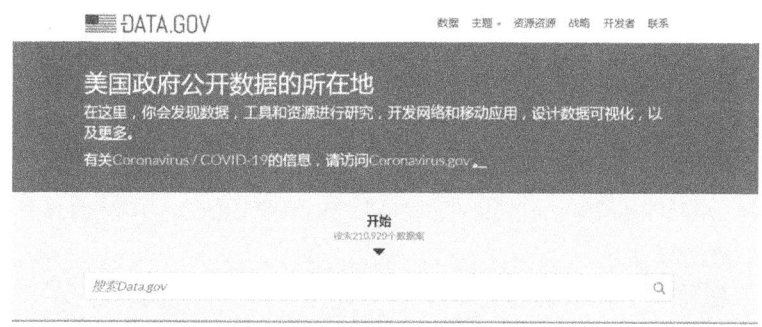

图 4-15　美国数据查询主页

以查询美国税率为例,众所周知,美国的税率非常复杂,但在美国数据查询可以查到美国 50 个州的税率,如图 4-16 所示。

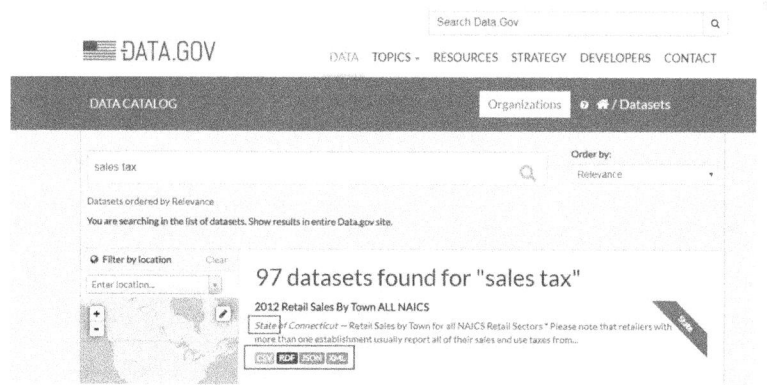

图 4-16　美国税率查询

检索结果提供 CSV、XLSX、JSON、PDF、XML 四种格式的下载。

除了美国开放政府数据外,还有很多国际组织也在进行数据开放。这些开放数据,不仅权威而且可以免费下载使用。

4.1.4　中国互联网络信息中心

中国互联网络信息中心的网址为 http://www.cnnic.net.cn/。

中国互联网络信息中心,简称 CNNIC,是经国家主管部门批准,于 1997 年 6 月 3 日组建的管理和服务机构,行使国家互联网络信息中心的职责,为我国互联网络用户提供服务,使我国互联网络健康、有序发展。中国互联网络信息中心定期发布中国互联网发展研究报告,如图4-17所示。中国互联网络信息中心发布的统计数据权威、可靠,是获得中国互联网数据的重要来源。

图 4-17　中国互联网络信息中心主页

4.1.5　网络词典、年鉴、百科全书、指南

网络词典、年鉴、百科全书、指南很多,以下列出一些常用的,供读者使用,如表 4-1 所示。

表 4-1　网络词典、年鉴、百科全书、指南

名称	网址	备注
朗文当代高级英语在线词典	http://www.ldoceonline.com	提供词性、解释、说明和例句
剑桥在线词典	https://dictionary.cambridge.org	提供解释说明和例句
中国社会科学年鉴	http://www.yearbook.cn	是中国社会科学方面的成果年鉴
《大英百科全书》	http://www.britannica.com	1994 年发布,是互联网上的第一部百科全书
世界各国的百科全书	http://www.countryreports.org	收集各国的商业、旅游、学校、国家概况等信息
文学百科全书	http://www.litencyc.com	内容包括传记、文学作品、文学术语等
维基百科(中文版)	https://zh.wikipedia.org/wiki/	是目前世界上最大的自由百科全书网站
百度百科	https://baike.baidu.com/	是中国最大的自由百科网站
中国搜索引擎指南	http://www.sowang.com/	提供各类搜索引擎及学习利用中文搜索引擎的指导

4.2　北 大 法 宝

4.2.1　资源概述

北大法宝是由北京大学法律人工智能实验室与北大英华科技有限公司联合推出的一款智能型法律信息检索系统,1985 年诞生于北京大学法律系,经过 30 多年不断改进和完善,是目前最成熟、专业、先进的法律信息全方位检索系统之一,其主页如图 4-18 所示,包括"法律法规""司法案例""法学期刊"等十多个模块,全面涵盖各种类型的法律信息,满足法律工作者的检索需求,是法律人必备的法宝。

图 4-18　北大法宝主页

1. 法律法规库

法律法规库收录 1949 年至今我国的法律、行政法规、司法解释、部门规章、党内法规、地方法规、地方规章及中央和各地方的规范性文件、立法计划、港澳台法律等,其中中央法规发布后一个工作日就能更新到此,地方法规则实现 7 个工作日内更新,帮助用户及时了解最新的法律法规动态。

2. 司法案例库

司法案例库除完整地收录了中国裁判文书网的全部案例外,还收录了两高指导性案例、两高公报案例、各级法院发文带有"几大"或者"典型"的案例、法院审委会确定的"参阅案例"、高院出版社出版的各系列案例选集,以及援引指导性案例的应用案例。按照法院关于案例指导工作的有关规定,指导性案例应当参照最高院的其他案例,上级法院、本级法院和本案法判案例意见也有借鉴意义。因此,司法案例库按照参照级别进行价值划分,有利于用户在近 1 亿篇案例中高效地找到有参考价值的类案。

为了在类案搜索过程中提高效率,司法案例库中建立了一个叫作裁判规则的子库,这个子库将高院对具体案件请示的复函定义为法律法规类裁判规则,将具体案件中的裁判要点

归纳为壁垒裁判规则,从而增加立案的检索维度,提高立案检索的效率。

3.法学期刊库

法学期刊库收录了我国全部的法学核心期刊、部分非核心期刊和集刊等200多种刊物,各刊内容覆盖创刊发行至今的所有文献,同时根据文章内容对其进行细致整理,满足用户一站式查询需求。

4.律所实务库

律所实务库收录了众多知名律师事务所的所刊、全国优秀律师事务所获奖刊物和优秀文章,根据所属律所、刊物类别、专业领域、学科类别等分类导航,方便用户根据不同需求导航浏览,解读法律的同时,还为机关或企业用户发现律师提供帮助,对在校学生了解法律起到重要作用。

5.专题参考库

专题参考检索系统,从审判及律师实务出发,内容涵盖物权、合同、担保、侵权、交通事故、婚姻家庭、知识产权、公司、房地产等十余个专题,为从事法律实务工作的人士提供更专业的信息,满足专业人员对审判、律师实践工作经验的学习,例如裁判精要与规则、适用法官裁判、智慧系列丛书、银行风险与规避法律适用全书、最高人民法院专家法官阐释民商裁判疑难问题、企业常用合同范本、法学在线的推荐文章等。

6.中国法律的英文译本库

中国法律的英文译本库除了收录法律法规的英文译本,还收录了指导性案例、公报案例、国际条约的英文译本,国内刊物的英文版和国内法律新闻的英文版等。依托北大新闻网20年的建站经验,法宝的英文库是目前国内更新速度最快的在线法律译本库,检索系统中所有内容均由北京大学法律翻译研究中心译制,北京大学法律翻译研究中心是致力于法律翻译理论研究和法律实务的专业机构,翻译及时,质量可靠。

7.检察文书库

检察文书库收录了12309中国检察网公开的全部法律文书和案件信息。包括法律文书和案件信息两个子库,收录了各级人民检察院陆续公布的检察法律文书和重要案件信息,涉及反贪、反渎、侦监、公诉、申诉、民刑、死刑复核、铁路检察、刑事执行等九大类案件,目前数据总量为4 166 952。检察文书库除对数据进行精细整理外,还将检察文书与裁判文书、专题参考等进行关联,具有更好的集聚效应,为用户提供更加便捷的专业信息服务。

8.行政处罚库

行政处罚库收录中央及除港、澳、台外31个省、直辖市、自治区的行政处罚信息,目前数据量已达百万级,并持续更新中,设置包括主题分类、处罚种类、执法级别、处罚机关、处罚对象在内的七个聚类维度,类型涉及疫情防控、市场监管、知识产权、环境保护等24个执法领域,使用户能够快速、准确地检索到所需信息。行政处罚库除对数据进行精细整理外,还将行政处罚决定书与处罚依据进行关联,为执法案件的公开、执法案例的借鉴、执法尺度的统一,提供更加便捷的专业信息查询服务。

以上是北大法宝的八个通用产品数据库,此外,北大法宝还有法考系统和法宝视频库等。

4.2.2　使用方法

1. 使用指南

进入北大法宝主页,点击右上"使用指南"查看,如图 4-19 所示。

图 4-19　"使用指南"位置界面

2. 特色功能

点击"特色功能"查看具体检索使用方法。

3. 检索方式

目前,平台支持多种检索方式,包括全库检索,标题检索,全文检索,结果中检索,高级检索,定位检索,逻辑运算符号,词间间隔,精确、模糊检索,检索条件清除、保存、分享等,如图 4-20 所示。

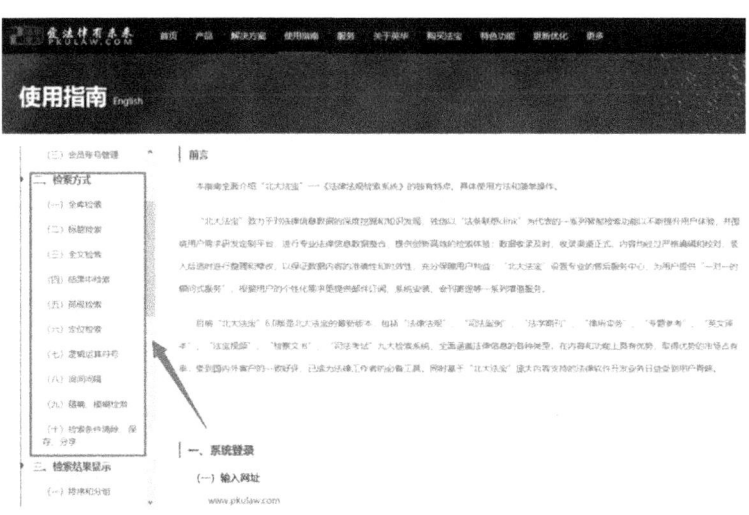

图 4-20　"使用指南"界面

全库是指北大法宝当前线上所有库别,包含法律法规、司法案例、法学期刊、律所实务、检察文书、行政处罚等一级栏目及其下设的二级栏目。全库检索是用户输入检索关键词后,即可完成在全库范围内与用户输入关键词相关的所有数据的检索。目前仅标题检索和全文

检索支持全库检索功能。

标题检索、全文检索、发文字号检索支持精确和模糊检索方式选择,如图 4-21 所示。法宝检索系统默认为精确检索。

高级检索为通用页面,可在不同数据库之间切换。高级检索框之间为逻辑"与"关系,如图 4-22 所示。

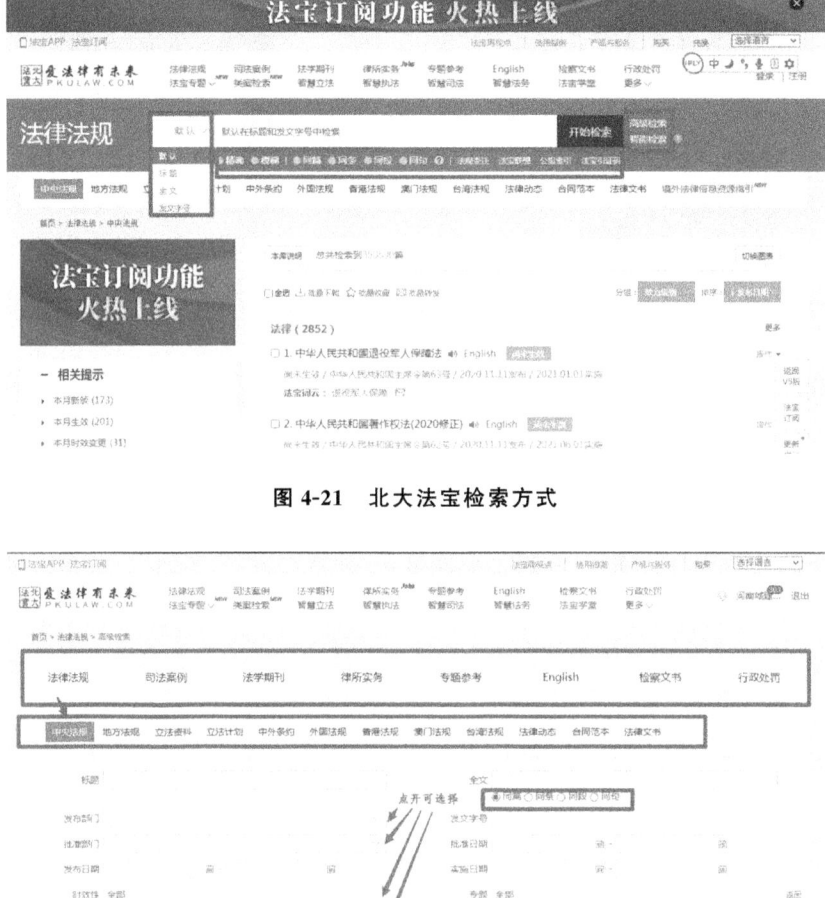

图 4-21 北大法宝检索方式

图 4-22 北大法宝高级检索界面

智能检索是北大法宝采用自然语言处理(NLP)和深度学习等人工智能技术推出的智能化新一代搜索引擎,在提供快速检索、相关度排序等功能的基础上,可智能推送篇、条、段、句相关内容语义分析检索结果。智能检索有篇分析、条分析、段分析、句分析 4 种分析类型。

司法案例库中除可使用标题、全文、案件字号检索外,还可按照案由、法院、法官、律所、律师、当事人、核心问题、审理经过、诉讼请求、辩方观点、争议焦点、本院查明、本院认为、裁判依据、裁判结果等吉进行检索。

北大法宝可进行检索结果的聚类、分组和排序,例如检索"盗窃案",如图 4-23 所示。北大法宝支持全文下载、收藏和分享功能,并且支持微信扫码手机阅读功能。

图 4-23　北大法宝检索结果的聚类、分组和排序

4. 法宝联想与本法变迁

　　法宝联想是指北大法宝在各子库之间创建立体化知识体系，使一次检索可获得结果相关的其他法律信息的功能；本法变迁是指北大法宝梳理的法律颁布、生效、变更、修改等的版本历史记录。例如检索"专利法"，点击其中检索结果标题，可见法宝联想与本法变迁，如图 4-24 所示。

图 4-24　法宝联想与本法变迁

5. 法宝之窗

　　法宝之窗是指在正文阅览页对法条所涉的法规标题、发布部门、时效性、法规类别、法条详情、法宝联想等内容弹窗提示的功能，如图 4-25 所示。

第二十三条 授予专利权的外观设计,应当不属于现有设计;也没有任何单位或者个人就同样的外观设计在申请日以前向国务院专利行政部门提出过申请,并记载在申请日以后公告的专利文件中。

授予专利权的外观设计与现有设计或者现有设计特征的组合相比,应当具有明显区别。

授予专利权的外观设计不得与他人在申请日以前已经取得的合法权利相冲突。

本法所称现有设计,是指申请日以前在国内外为公众所知的设计。

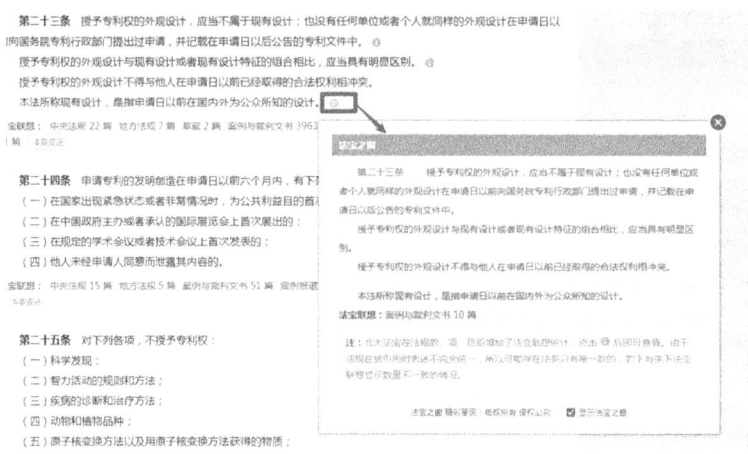

第二十四条 申请专利的发明创造在申请日以前六个月内,有下列情形之一的,不丧失新颖性:

(一)在国家出现紧急状态或者非常情况时,为公共利益目的首次披露的;

(二)在中国政府主办或者承认的国际展览会上首次展出的;

(三)在规定的学术会议或者技术会议上首次发表的;

(四)他人未经申请人同意而泄露其内容的。

第二十五条 对下列各项,不授予专利权:

(一)科学发现;

(二)智力活动的规则和方法;

(三)疾病的诊断和治疗方法;

(四)动物和植物品种;

(五)原子核变换方法以及用原子核变换方法获得的物质。

图 4-25 法宝之窗

4.3 求医问药

日常生活中难免求医问药。身体不舒服怎么办?"魏则西事件",让我们记忆犹新。搜索引擎是"莆田系"一样的重灾区。离开搜索引擎,我们可以先尝试以下办法。

4.3.1 医学微视

医学微视的网址为 https://www.mvyxws.com/,如图 4-26 所示。

图 4-26 医学微视主页

医学微视号称"中国医学科普微视频百科全书"，是一个专注医学知识的微视频网站，不仅专业而且通俗易懂，具有官方背景，没有广告，目的是提高公民的医学素养，是我们获取医学知识的好地方。主页下方有医学学科分类，用户可以按类进行查看。

4.3.2　药智数据

药智数据的网址为 https://db.yaozh.com/，如图 4-27 所示。

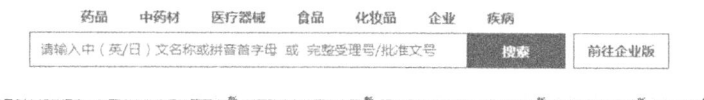

图 4-27　药智数据主页

药智数据是中国主流医药数据库之一，拥有药品研发、生产检验、合理用药、市场信息、中药材、医疗器械、食品安全、化妆品等板块 100 余个数据库，是研发企业、投资机构和重庆康洲大数据有限公司联合研发的全国最大的医药数据库，可在线查询和下载药品标准、药品说明书、中国药典、红光外谱图、基本药物目录、医保目录、药材标准、药材辞典、国外药典、临床合理用药、医药市场信息、医疗器械、保健品、化妆品等一系列信息。其中，中药材这个菜单下，还有中成药处方数据库、中药材基本信息库、中药材图谱、中华草本数据库等数据库，点击药品研发，可以看到药品注册、受理、全球药品研发，药品转让信息等十几个数据库。

药智数据是一个商业平台，但其中大部分功能都是免费的，只有个别高级功能需要付费，但免费功能基本可以满足我们日常的需要。另外，药智数据还有 app 可以使用。

4.3.3　学术数据库

学术数据库，也叫知识库，就是我们平时做科研、写论文常用的数据库，比如 CNKI（https://www.cnki.net/）、万方（http://www.wanfangdata.com.cn/index.html）、超星学术发现（https://www.chaoxing.com/）等。与搜索引擎相比，学术数据库也许更靠谱，因为医学学术论文有不少是临床治疗经验的总结。通过 CNKI、超星发现等学术数据库不仅可以找到这些学术文献，而且可以通过这些数据库提供的大数据分组功能发现更多的信息，比如哪些医生是这个领域的权威，哪些医院更擅长治疗某个疾病。在分组浏览中选择作者分组，排名比较靠前的应该是与我们检索词相关的领域的权威。同样的原理，我们还可以通过机构分组找到这个领域的高产机构及其发文量，这个机构应该就是比较擅长治疗此病的医院和团队。

关于学术数据库的使用方法，我们后面还有详细的介绍，在此不再赘述，但是大家应该知道，求医问药同样离不开知识库的使用。

如果不想看到搜索结果中的广告，可以安装一个浏览器插件，即"广告终结者"，可有效清除检索结果中的部分广告内容，以免陷入误区。

4.4 官方学术资源平台

4.4.1 测绘专业学术网站

(1)中国测绘网的网址为 https://www.cehui8.com/。

(2)中国测绘学会的网址为 http://www.csgpc.org/。

(3)国际地球科学资源网的网址为 http://www.ciesin.org/。

(4)中科院遥感与数字地球研究所的网址为 http://www.radi.cas.cn/index_65411.html。

4.4.2 土木专业学术网站

(1)中华人民共和国住房和城乡建设部的网址为 http://www.mohurd.gov.cn/。

(2)土木工程网的网址为 http://www.civilcn.com/。

(3)中国建筑金属结构网的网址为 http://www.ccmsa.com.cn/。

(4)美国土木工程师协会的网址为 http://www.asce.org/。

(5)美国土木工程师协会地学研究所的网址为 http://www.geoinstitute.org/。

(6)中国建筑学会的网址为 http://www.chinaasc.org/。

(7)中国建筑的网址为 http://www.cscec.com.cn/。

4.4.3 电气专业学术网站

(1)国家电网的网址为 http://www.sgcc.com.cn/。

(2)电力系统自动化的网址为 http://www.aeps-info.com/aeps/home。

(3)电网技术的网址为 http://www.dwjs.com.cn/CN/1000-3673/home.shtml。

(4)电工之家的网址为 https://www.dgzj.com/zidonghua/。

(5)中国电机工程学会的网址为 http://www.csee.org.cn/。

(6)中国家电网的网址为 http://www.cheaa.com/。

(7)中国电力出版社的网址为 http://www.cepp.sgcc.com.cn/。

(8)中国电力百科网的网址为 https://www.ceppedu.com/。

(9)美国电气电子工程协会的网址为 https://www.ieee.org/。

4.4.4 环境科学专业学术网站

(1)中华人民共和国生态环境部的网址为 http://www.mee.gov.cn/。

(2)联合国环境规划署的网址为 http://www.unep.org/。

(3)美国环境工程学术委员会(AAEE)的网址为 http://www.aaee.net/。

(4)生态环境部宣传教育中心的网址为 http://www.chinaeol.net/。

(5)中国环境影响评价网的网址为 http://www.china-eia.com。

4.4.5 财会金融专业学术网站

(1)中国会计网的网址为 http://www.canet.com.cn/。

（2）中国会计视野的网址为 http://cpa.esnai.com。

（3）中国注册会计师协会的网址为 http://www.cicpa.org.cn/。

（4）中国经济信息网的网址为 http://www.cei.gov.cn。

（5）和讯网的网址为 http://www.hexun.com。

第 5 章　图书资源检索

5.1　图书资源概述

5.1.1　图书的概念

图书是指对某一领域的知识进行系统阐述或对已有研究成果、技术、经验等进行归纳、概括的一种比较系统、完整而又成熟的文献类型,是记录和保存知识、表达思想、传播信息的最古老和最主要的文献信息源。

联合国教科文组织对图书的定义:由出版社(商)出版的不包括封面和封底在内 49 页以上的印刷品,具有特定的书名和著者名,编有国际标准书号(ISBN 号),有定价并取得版权保护的出版物。

ISBN 号是专门为识别图书等文献而设计的国际编号。ISO 于 1972 年颁布了 ISBN 国际标准,并在西柏林普鲁士图书馆设立了实施该标准的管理机构——国际 ISBN 中心。2007 年 1 月 1 日前,ISBN 由 10 位数字组成,分为 4 段:组号(国家、地区、语言的代号),出版者号,书序号和检验码。2007 年 1 月 1 日起,实行新版 ISBN,新版 ISBN 由 13 位数字组成,分为 5 段,即在原来的 10 位数字前加上 3 位 EAN(欧洲商品编号)图书产品代码"978"。

图书是以传播知识为目的,用文字或其他信息符号记录于一定形式材料之上的著作物;图书是人类社会实践的产物,是一种特定的、不断发展着的知识传播工具。

"图书"一词最早出现于《史记·萧相国世家》,刘邦攻入咸阳时,"何独先入收秦丞相御史律令图书藏之……汉王所以具知天下阨塞,户口多少,强弱之处,民所疾苦者,以何具得秦图书也"。这里的"图书"指的是地图和文书档案,它和我们今天所说的图书是有区别的。图书的发展经历了几个不同的历史阶段,载体不断变化。造纸术发明后,纸张逐渐成为书写文字最理想的载体。20 世纪末期,出现了电子图书,与印刷型图书相比,电子图书具有成本低、环保、便于查看检索和携带等特点,受到人们广泛的喜爱和关注。

直到今天,图书仍有广义和狭义之分。对于"图书馆"和"图书情报工作"等概念来说,"图书"是广义的,泛指各种类型的读物。

5.1.2　图书的类型、特点和用途

1.图书的类型

图书的类型多种多样,按不同的区分方法,可以区分出不同种类。

(1)按照用途区分,图书可分为普通图书和工具书两种类型。普通图书的功能主要是提供阅读,包括专著、教科书、科普与通俗读物、文艺作品等;工具书的功能主要是提供事实和

数据检索,是系统汇集某方面的资料,按特定方法加以编排,以供需要时查考用的文献,包括书目、索引、文摘、字典、词典、百科全书、年鉴、手册、类书、表谱、图录等。

(2)按照学科区分,图书可分为社会科学图书和自然科学图书。

(3)按照语种划分,图书可分为中文图书和外文图书。

(4)按照制作形式区分,图书可分为写本书、抄本书、印本书等。

(5)按照著作方式划分,图书可分为专著、编著、译书、汇编、文集等。

(6)按照装帧形式划分,图书可分为蝴蝶装、包背装、线装、简装、精装等。

(7)按照出版卷帙划分,图书可分为单卷书、多卷书等。

(8)按照刊行情况划分,图书可分为单行本、丛书、抽印本等。

(9)按照制版方式划分,图书可分为刻印本、排印本、照排本、影印本等。

(10)按照版次和修订情况划分,图书可分为初版书、重版书、修订本图书等。

2. 图书的特点

(1)图书的内容系统、全面、成熟、可靠。

(2)图书的出版周期较长,内容更新较慢。

(3)图书区别于其他文献的重要特征是有 ISBN(international standard book number)号,也是图书与图书不同的重要依据。每一种图书都有唯一的 ISBN 号。

3. 图书的用途

(1)是学习新学科、新知识的重要途径。

(2)是获得各种数据、事实的重要来源。

(3)是提高人文素养的重要资源。

5.2　书目信息检索

书目是图书馆目录的简称。现在广义上的书目不局限于图书馆,它是对一批相关文献(如图书、期刊、报纸、学位论文等)进行著录,并按一定次序编排而成的一种揭示与报道文献信息的工具。它能够宣传图书、方便读者查阅、指导阅读,同时目录信息也反映了一定历史时期科学文化的发展概貌。目前,大部分图书馆都是通过联机公共目录(OPAC)为读者提供图书检索服务。读者可通过 OPAC 检索、利用馆藏,实现纸质图书的借阅。纸质图书与电子图书相比,具有不可替代的阅读体验,更利于深阅读。

5.2.1　联机公共目录检索

联机公共目录检索系统(online public access catalogues,简称 OPAC)是一个基于网络的书目检索系统,依托互联网提供图书馆书目信息的检索服务。它起源于 20 世纪 70 年代美国一些大学图书馆和公共图书馆。目前 OPAC 作为图书馆自动化集成系统的重要组成部分,是图书馆面向读者提供书目查询的重要窗口。OPAC 提供的服务与功能已成为衡量图书馆业务水平的重要指标。

1. 中国国家图书馆联机公共目录查询系统

中国国家图书馆是我国国家总书库,全面收藏了我国的正式出版物,是世界上收藏中文文献最多的图书馆。系统提供的检索方式有简单检索、多字段检索(高级检索)、多库检索、组合检索、通用命令语言检索和分类浏览,如图 5-1 所示。

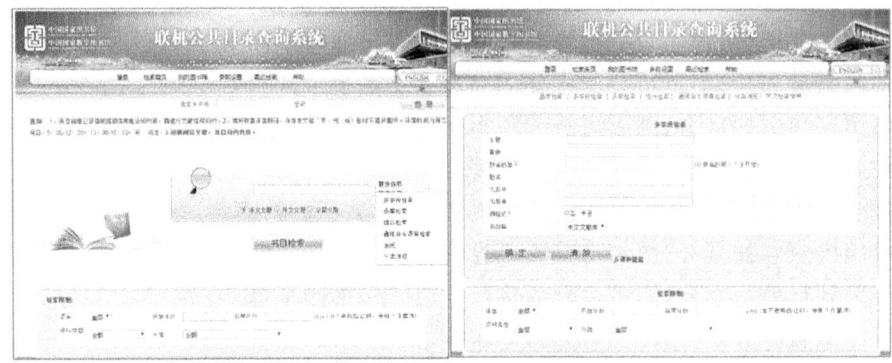

图 5-1 中国国家图书馆联机公共目录查询系统

2. 中国高等教育文献保障系统联合目录公共检索系统

中国高等教育文献保障系统(China academic library & information system,简称 CALIS)是经国务院批准的我国高等教育"211 工程""九五""十五"总体规划中三个公共服务体系之一。CALIS 的宗旨是建设以中国高等教育数字图书馆为核心的教育文献联合保障体系,实现信息资源共建、共知、共享,以发挥最大的社会效益和经济效益,为中国的高等教育服务。CALIS 的中心设在北京大学,集合了全国 800 多所高校图书馆馆藏的联合目录数据库,也是国内最大的实时联机联合目录。其中的数据按文献类型划分,可分为图书、连续出版物、古籍 3 个子库;按语种划分,可分为中文、英文、日文、俄文 4 个子库。书目内容囊括了教育部颁发的关于高校学科建设的全部。

CALIS 提供简单检索、高级检索和古籍四部类目浏览三种检索方式,如图 5-2 所示。

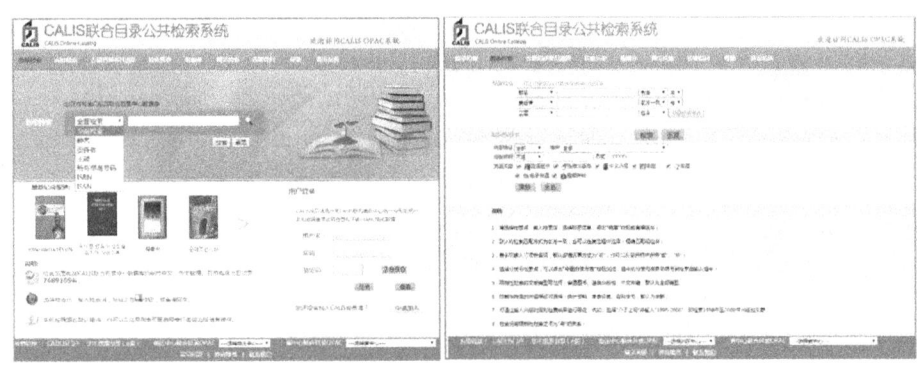

图 5-2 中国高等教育文献保障系统书目查询系统

3. 世界联合书目数据库

世界联合书目数据库(OCLC)是一个全球性的图书馆合作机制,致力于为成员和图书馆社区提供大量共享的技术服务、原创性研究和社区项目。目前,OCLC 成员遍布全世界 100 多个国家,由上万个成员图书馆组成。

FirstSearch 是 OCLC 的一个大型的、多学科的联机信息检索服务系统,提供 80 多个数据库的检索服务,其内容覆盖人文、社会科学和科学技术的各个学科领域。

WorldCat 是 FirstSearch 的重要数据库之一,它是由 OCLC 组织世界上一万多个图书馆参加的联合编目数据库。WorldCat 既包括国会图书馆、大英图书馆等国家级图书馆和世界知名大学图书馆的馆藏,也包括一些小的公共图书馆、博物馆的馆藏。它目前收录了包括470 多种语言的一亿七千多万条记录,每个记录均附有馆藏地址,基本上反映了世界范围内的图书馆所拥有的图书和其他资料。

4. 妙思文献管理集成系统书目查询

以河南城建学院图书馆为例,进入方式是在图书馆主页点击"馆藏书目查询"。

妙思文献管理集成系统书目查询系统提供题名检索、作者检索、分类引导、简单检索和组合检索,如图 5-3 所示。其中,在组合检索中提供 ISBN 书号查询。

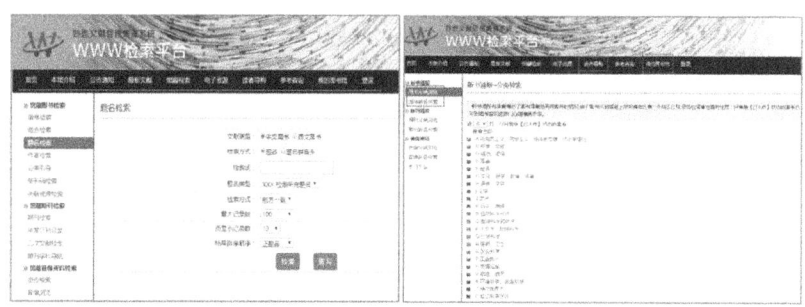

图 5-3　妙思文献管理系统书目查询界面

系统中的"最新文献"是指新入馆图书的查询,也就是"新书通报"。入馆时间可在 12 个月内任选,可按类浏览新书信息,也可以按题名进行新书查询。

在妙思文献管理集成系统中,"我的图书馆"栏目,提供个人借阅信息查询和个人所借图书的续借功能。查询时,用户需要用自己的一卡通号码,也就是借书证号码登录,初始密码是身份证后六位。

系统还提供导购功能,可以把自己想看的图书,特别是新书,通过导购功能提交给图书馆购买。填写导购信息时,一定要将图书的 ISBN 号填写上。如果填写的书单不能提交,说明馆藏有相同的图书存在,所以提交导购前,一定要先查询馆藏情况。

妙思文献管理集成系统除了可以进行馆藏图书信息的查询以外,还可进行馆藏纸质期刊和过刊的检索服务。

5.2.2　网店销售书目检索

网上书店与传统的实体书店相比,具有图书更新快、销售范围广、对新书的报道及时等特点。我们可以利用网上书店的目录系统查询图书信息。通过网上书店还能买到二手图书,对于绝版图书的查询和购买,是个不错的选择。

1. 亚马逊网上书店

亚马逊网上书店的网址为 http://www.amazon.com。

亚马逊网上书店(见图 5-4)是互联网上最早的、销量最大的书店,所售商品的种类分为books(图书)、Kindle ebooks(Kindle 电子书)、textbooks(教科书)、children's books(儿童图书)、magazines(杂志)。对于大多数的图书,亚马逊网上书店都提供图书预览,用户可以在线查看图书的部分内容。

图 5-4　亚马逊网上书店中国主页

亚马逊公司(Amazon),是美国最大的一家网络电子商务公司,除了销售图书,亚马逊还销售电子产品、汽车、服装等。

2. 当当网上书店

当当网上书店的网址为 http://book.dangdang.com/。

当当网上书店(见图 5-5)是综合性中文网上购物商城,由国内著名出版机构科文公司、美国老虎基金、美国 IDG 集团、卢森堡剑桥集团、亚洲创业投资基金(原名软银中国创业基金)共同投资成立,1999 年 11 月正式开通,是全球最大的中文网上书店。

图 5-5　当当网上书店主页

另外,在京东、淘宝等网购平台都能查到图书的信息。

5.3 随书光盘检索

随着文献载体的发展,传统图书出版也发生了很大变化。许多图书在出版纸质印刷品的同时,会随书附带一些学习或实例解说用的光盘。光盘作为图书的附件,针对图书内容进行生动形象的说明和解释,它们是附加在图书中的以光盘为媒介的电子阅读物。检索、利用随书光盘,可以更加方便快捷地掌握图书内容。

5.3.1 博云非书资料管理系统

博云非书资料管理系统由杭州麦达电子有限公司自主开发,集信息加工、资源发布、文件浏览于一体,满足用户对随书光盘的需求,如图 5-6 所示。目前在全国,博云非书资料管理系统的用户有 400 多家。

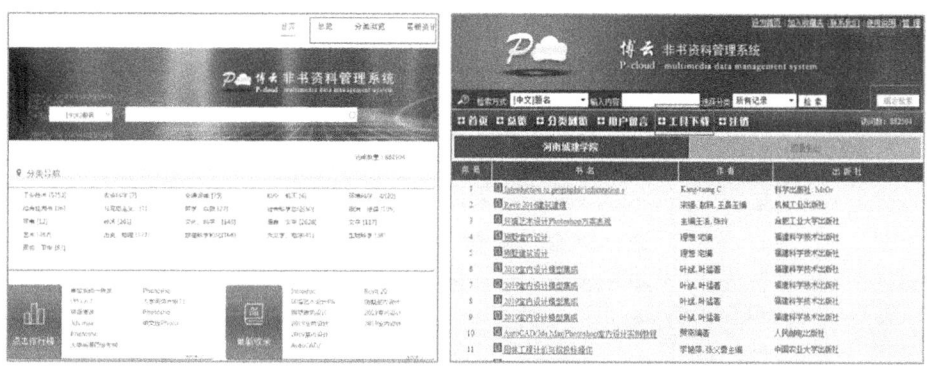

图 5-6 博云非书资料管理系统界面

博云非书资料管理系统提供给读者的基础功能有资源的查找、资源信息的阅读、请求光盘资源、相关工具下载。

1. 资源的查找

本系统提供了四种资源查找方法:

①通过单字段检索或多字段组合检索查找资源;

②通过分类浏览查找资源;

③通过点击排行查找热门资源;

④通过最新收录查找最新资源。

2. 阅读工具的下载、安装

单击博云系统页面操作栏中的 工具下载 ,进入工具下载页面。计算机安装好虚拟光驱后,会在电脑的桌面上出现一个"博云-网碟"图标。

3. 资源信息的阅读

查找到资源,点击下载,下载完成后,双击文件,可通过博云-网碟虚拟光驱远程加载资源,从而实现资源信息的在线阅读,如图 5-7 所示。

在系统已经安装了虚拟光驱的条件下,如果选择在线浏览的方式打开资源,电脑自动将资源加载在默认的 Z 盘符上,如图 5-8 所示。

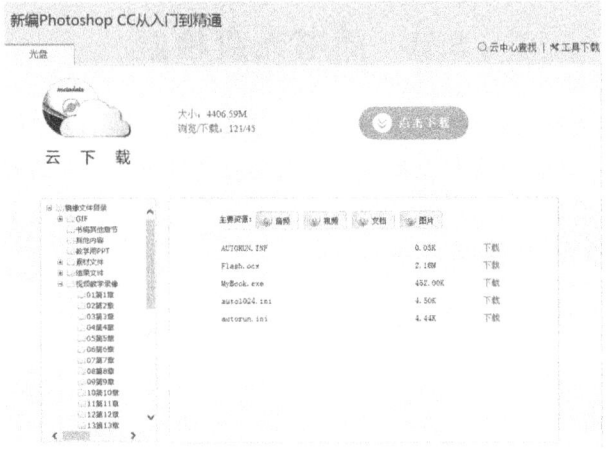

图 5-7　资源下载界面

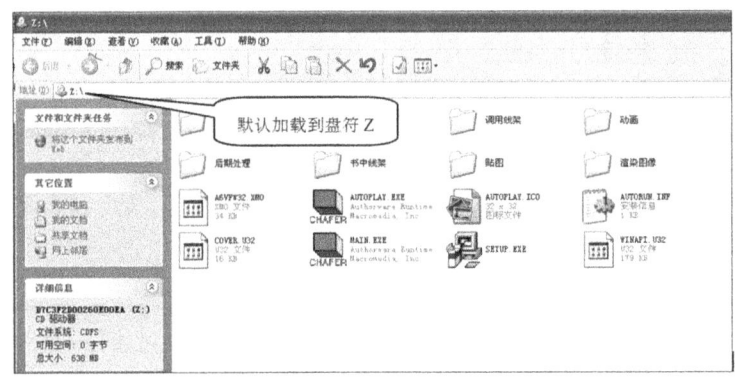

图 5-8　自动加载在 Z 盘上的光盘资源文件

5.3.2　畅想之星随书资源数据库

畅想之星随书资源数据库的网址为 http://www.bj.cxstar.cn/bookcd/index/index.do。

畅想之星随书资源数据库是由江苏畅想之星信息技术有限公司重建的随书光盘检索系统,如图 5-9 所示。

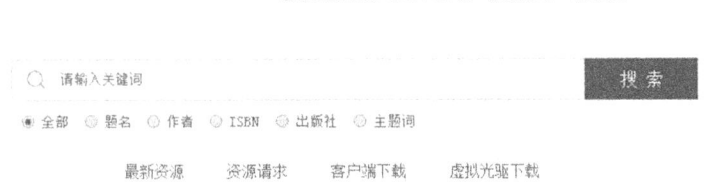

图 5-9　畅想之星随书资源数据库主页

畅想之星随书资源数据库,目前收录了 12 万余种随书光盘。数据库提供图书封面、目录、电子书等资源数据。读者通过 PC 端、移动端,可完成数据资源的检索、下载、纠错、请求,电子书在线阅读等。数据库的主要功能有资源的分类浏览、资源总览、资源检索、对各种资源的直接利用(收看、收听、阅读、下载、请求光盘资源等)。读者还可通过手机微信,扫描检索结果右边的二维码,用手机阅读光盘资源。

使用数据库主要注意以下几个方面内容。

(1)数据库提供题名、作者、ISBN 等字段的选择检索。

(2)下载光盘时,如果文件超过 4G,系统建议使用客户端下载,如图 5-10 所示。客户端下载即为云下载,可断点续存。普通下载无须安装客户端,可直接下载。

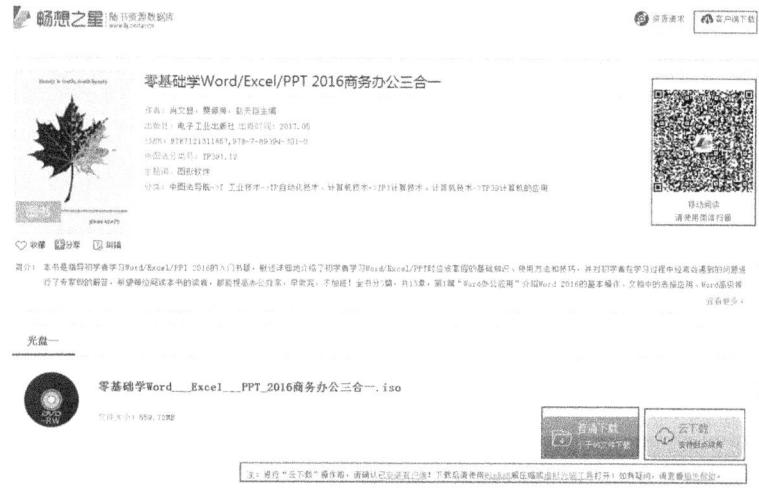

图 5-10　畅想之星随书光盘检索结果下载页面

(3)系统提供最新光盘浏览。最新光盘浏览方式包括图书出版时间、光盘制作时间和题名顺序排列方式,默认是制作时间降序排列,如图 5-11 所示。

图 5-11　最新资源按出版时间降序方式排列截图

（4）光盘请求。当数据库中没有所需光盘时，可填写提交光盘请求。数据库在收到光盘请求的第二个工作日进行处理，若处理完毕则直接把资料详细信息页面地址发送到读者邮箱。

（5）在使用时，有不清楚的地方，可以查看系统的"帮助中心"。

5.4 电子图书的检索

5.4.1 超星数字图书馆

超星数字图书馆（http://www.chaoxing.com）是国家"863"计划中国数字图书馆示范工程项目，由北京世纪超星信息技术发展有限责任公司联合国内几十家大型图书馆开发的数字图书馆，于 2000 年 1 月在互联网上正式开通，如图 5-12 所示。超星数字图书馆是目前全球最大的中文数字图书馆，其数字图书资源内容覆盖所有学科，尤以档案文献、历史文献、社会科学经典文献等类别收藏齐全。第一次使用超星数字图书馆须下载并安装超星阅读器（SSReader）。

图 5-12 超星数字图书馆镜像站点检索主页

下面，我们以镜像站点的使用方法为例，介绍超星电子图书的检索方法。

1. 分类浏览

在主页面左边"全部图书分类目录"下按《中图法》列出 22 个大类，逐级点击分类进入下级子类目。同时页面右侧显示该分类下图书的详细信息，包括书名、作者、出版日期、主题词、图书简介等。点击书名即可自动启动超星阅读器阅读图书。

2. 快速检索

快速检索提供书名、作者、主题词三种检索途径。如果一次检索的范围太大，需要进一步缩小检索范围，可以点击"在结果中检索"进行二次检索。

3.高级检索

高级检索提供了五组固定检索字段选择项,五组检索条件之间的关系默认是"并且"(逻辑"与")的关系,如图 5-13 所示。

图 5-13　超星数字图书馆高级检索界面

另外,还可以指定出版年代范围和搜索结果显示条目数量。检索结果的显示可以按照出版日期或书名的升序或降序排列。

5.4.2　方正阿帕比数字图书馆

方正阿帕比数字图书馆(http://www.apabi.cn/)由北京北大方正电子有限公司制作,内容涉及人文社科、自然科学领域所有的学科门类。方正阿帕比数字图书采用 CEB 格式,使用 Apabi Reader 阅读。所以,使用前必须安装 Apabi Reader 阅读器。该软件可以阅读CEB、PDF、HTML、XEB 或 TXT 等多种格式的电子图书和文件。方正阿帕比数字图书为全文电子化的图书,可输入任意知识点或全文中的任意单词进行检索,并且图文清晰。

方正阿帕比数字图书馆提供一框式简单检索(见图 5-14)和高级检索(见图 5-15)两种检索界面。

图 5-14　方正阿帕比数字图书馆简单检索界面

5.4.3　读秀知识库

读秀知识库的网址为 www.duxiu.com。

读秀知识库是北京超星集团旗下的产品,它是由海量图书全文数据组成的全球最大的中文文献资源服务平台,其以 300 多万种中文图书、10 亿页全文资料为基础,集文献搜索、试读、传递为一体,是一个可以对文献资源及其全文内容进行深度检索并提供文献传递服务的

图 5-15　方正阿帕比数字图书馆高级检索界面

平台。读秀知识库不仅可以实现对电子图书的搜索及阅读,还可以实现对本馆馆藏及其他高校图书馆馆藏的搜索;同时读秀知识库还可以对电子期刊、学位论文、报纸、会议论文、专利、标准、视频等资料文献进行搜索阅读。有了读秀,你就等于有了一个理想的超大型的数字图书馆系统。读秀检索方式主要有以下几种。

1. 简单检索

如图 5-16 所示,简单检索提供全部字段、书名、作者、主题词、丛书名、目次六种检索途径,在搜索框输入检索词,然后点击"中文搜索",即可在图书数据资源中进行查找。如果希望获得外文资源,可点击"外文搜索",直接跳转到超星的"百链外文"数据库检索外文文献。

图 5-16　读秀知识库简单检索界面

2. 高级检索

用户可以通过图书的书名、作者、主题词、出版社、ISBN、分类、中图分类号、年代等来准确地定位图书,如图 5-17 所示。

图 5-17　读秀知识库高级检索界面

3. 专业检索

在文本框中输入需要查找的任意词的布尔逻辑组合，进行搜索，可使搜索的范围更精确。

4. 分类导航

分类导航提供《中图法》中的 22 个大类和数学类目，逐级点击分类进入下级子分类，同时页面右侧显示该分类下图书的详细信息，会发现，左侧一列显示的是比较新的书，如图 5-18 所示。

图 5-18　读秀数学类目下的结果展示页面

点击检索结果的书名或者封面，可以看到图书的详细信息，如图 5-19 所示，包括书名、作者、页数、封面、出版地、出版社、出版时间、ISBN、中图分类号、内容提要等详细信息。可以直接试读部分内容，也可以通过"本馆电子全文"链接进行阅读；对无法直接下载全文的图书，可以通过"图书馆文献传递"来获取。

图 5-19   读秀搜索结果界面

5.4.4   Springer Ebooks

德国的 Springer 是世界著名的科技出版公司,其通过 Springer Link 系统提供电子期刊和电子图书的在线服务,具体学科包括建筑和设计、行为科学、生物医学和生命科学、商业和经济、化学和材料科学、计算机科学、地球和环境科学、工程学、人文社会科学和法律、数学和统计学、医学、物理和天文学、计算机职业技术与专业计算机应用等,如图 5-20 所示。Springer 数据库提供的个性化功能,读者注册后即可使用,功能相当于有的数据库的 Alert功能(定制提醒功能)。

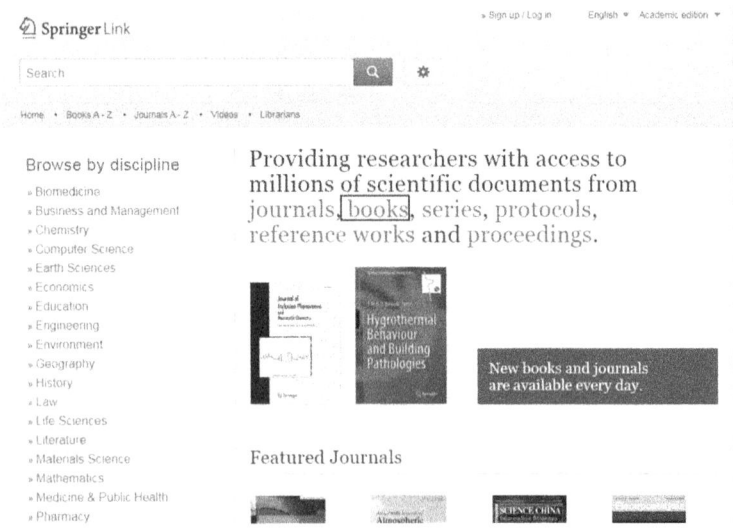

图 5-20   Springer 数据库主页

Springer Ebooks 利用 PDF(portable document format,即便携式文档格式)和 HTML(hypertext markup language,即超文本标记语言)数据格式的可移植性、可检索性和易访问性,让科研人员轻松搜索到相关信息。除保证纸质刊物的原样得以完美呈现外,还附加了在线环境的所有优点,拥有强大的检索能力。

5.4.5　中国建筑数字图书馆

中国建筑数字图书馆的网址为 http://dlib.cabplink.com/book/catBooks/1/1.shtml。

中国建筑数字图书馆是中国建筑工业出版社打造的建筑行业服务平台,平台收录建工社自 1979 年至今出版的 8000 余种高质量电子图书,实时更新,提供专业数字内容的浏览、搜索、试读服务,系统分类引导性较好、搜索快,能够便捷地为用户找到所需书籍,如图 5-21 所示。

图 5-21　中国建筑数字图书馆

中国建筑数字图书馆的特点:

①浏览器直接打开,无须下载阅读器,使用便捷;

②海量资源,版权保护,可满足有深度阅读需求的读者;

③支持全文检索,支持终端设备,提供良好的阅读体验;

④鼓励用户通过多种社交手段分享新知识。

5.4.6　书生之家数字图书馆

书生之家数字图书馆的网址为 http://www.sursen.com/。

书生之家数字图书馆由北京书生数字技术有限公司于 2000 年创办,目前可提供 100 多万种图书全文在线阅读,图书内容涉及各学科领域,较侧重教材教参与考试类、文学艺术类、经济金融与工商管理类图书。数据库访问需要权限,购买后才可使用。使用前,需要下载专业的全息数字化阅读器。

书生之家数字图书馆系统提供分类检索、字段(书名、丛书名、出版机构、作者、ISBN、提要、主题)检索、目次检索、组合检索、全文检索、二次检索等多种检索功能。其全文检索功能可实现对所有图书的内容的检索。

5.4.7　畅想之星电子书平台

畅想之星电子书平台的网址为 https://www.cxstar.com/。

畅想之星电子书平台是由北京畅想之星信息技术有限公司研发,由畅想之星联合出版社共同打造的馆配电子书平台,提供最新出版的中文正版电子书,如图 5-22 所示。目前已经入驻的出版社和文化公司有 350 家左右,电子书数量 40 万余种,图书种类涵盖《中图法》

22 个大类。和书生之家一样,阅读全文需要权限。目前,平台所有的电子书均可免费试读正文前 10 页,读者通过试读可向图书馆荐购此种电子图书。

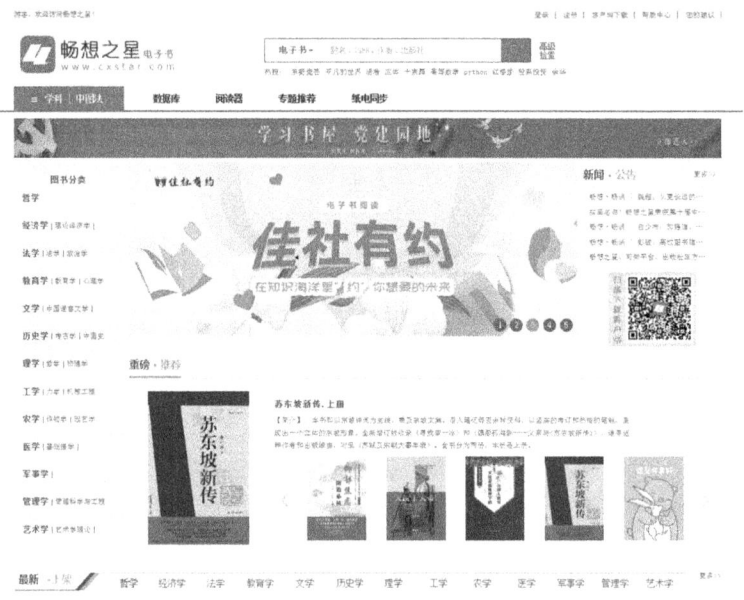

图 5-22　畅想之星电子书平台主页

5.5　网上免费电子图书的检索

随着社会的发展,电子图书逐渐普及,除了利用上述专业资源系统可以检索并下载电子图书外,在网上也可以查找并下载一些免费的电子图书,但是并非所有的图书都可以在网上免费下载,下载电子书需要图书责任者的允许,制作传播电子图书不能违反著作权法。一般而言,经典图书、畅销书和计算机类的书籍中,免费的电子版比较多。

5.5.1　电子图书搜索引擎

1. 鸠摩搜索——专搜电子图书的搜索引擎

鸠摩搜索的网址为 https://www.jiumodiary.com/,如图 5-23 所示。

鸠摩搜索是一个专搜免费电子书的垂直搜索引擎,其搜索的结果主要来自百度网盘、新浪微盘等平台。鸠摩搜索可以找到 PDF、mobi、epub 等多种格式的电子书,鸠摩搜索也会在喜马拉雅、豆瓣、"B 站"等平台查找与所搜图书相关的内容,如喜马拉雅上的有声书朗读,"B 站"上此书学习的视频教程。鸠摩搜索虽然好用,但要注意知识产权,合理使用。

2. Google 电子图书搜索

Google 电子图书搜索的网址为 https://books.google.com/,如图 5-24 所示。

Google 电子图书搜索,是专门搜索电子图书的搜索引擎,能搜到图书的基本信息,如果遇到没有版权限制的书,可以阅读全文;如果是在保护期限内的只能看到图书的内容介绍等信息。每一种图书都会列出其获取的链接地址,这些链接的内容可能是书店,也可能是图书馆。

图 5-23　鸠摩搜索主页

图 5-24　谷歌图书搜索主页

3. eBookee

eBookee 的网址为 http://www.ebookee.ws/。

eBookee 是免费电子图书的搜索引擎(见图 5-25),收录了各种电子图书和下载链接,可以按学科进行分类查找,也可以直接搜索。

图 5-25　eBookee 主页

4. 亚马逊电子图书搜索

亚马逊电子图书搜索的网址为 http://www.kindreader.com。

亚马逊电子图书搜索引擎是个专门搜索 Kindle 电子书籍的搜索引擎,如图 5-26 所示。

图 5-26　亚马逊电子图书搜索引擎

5. 书单网搜索

书单网搜索的网址为 https://www.shudan.vip/。

书单网搜索引擎仅提供精确检索,不支持布尔逻辑检索,如图 5-27 所示。

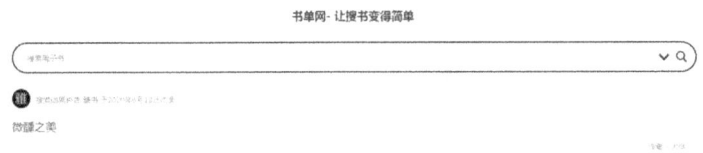

图 5-27　书单网搜索主页

5.5.2　可免费获得电子图书的网站

1. 中国国家数字图书馆

中国国家数字图书馆的网址为 http://mylib.nlc.cn/web/guest。

用户通过读者门户(见图 5-28)界面的左上角注册,可以访问国家图书的数字资源,除了电子图书,还有期刊、标准等文献。其中,电子图书种类丰富,有工具书、古籍、外文图书等。

例如,在工具书中选择中国大百科全书数据库进行一些概念名词解释的搜索,如图 5-29 所示。

值得注意的是,网络注册用户的使用权限没有持有读者卡的用户的使用权限高,所以,读者如果去北京,可以持身份证办理一张借书证,也就是读者卡,这样无论将来在哪里,都能使用国家图书馆的电子资源数据库。

2. 世界数字图书馆

世界数字图书馆的网址为 http://www.wdl.org/zh/。

世界数字图书馆(the world digital library)网站于 2009 年 4 月 21 日,由教科文组织及 32 个合作的公共团体共同成立,由全球规模最大的图书馆美国国会图书馆主导开发,如图 5-30 所示。参与这项计划的馆藏与技术合作的国家,包括巴西、英国、中国、埃及、法国、日

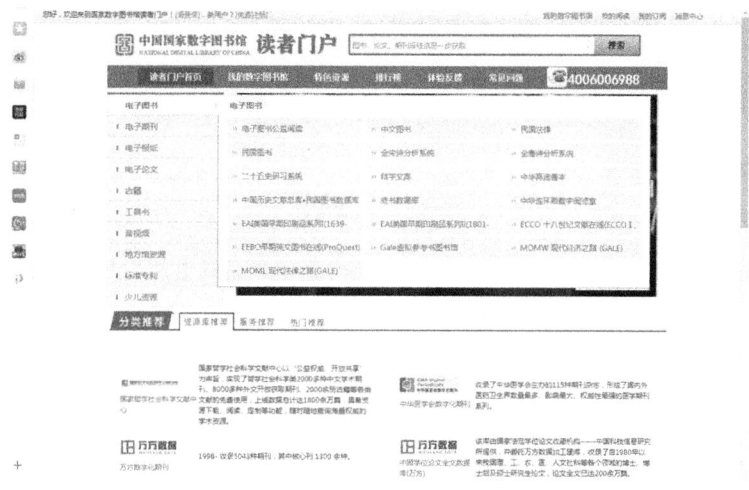

图 5-28 国家数字图书馆读者门户

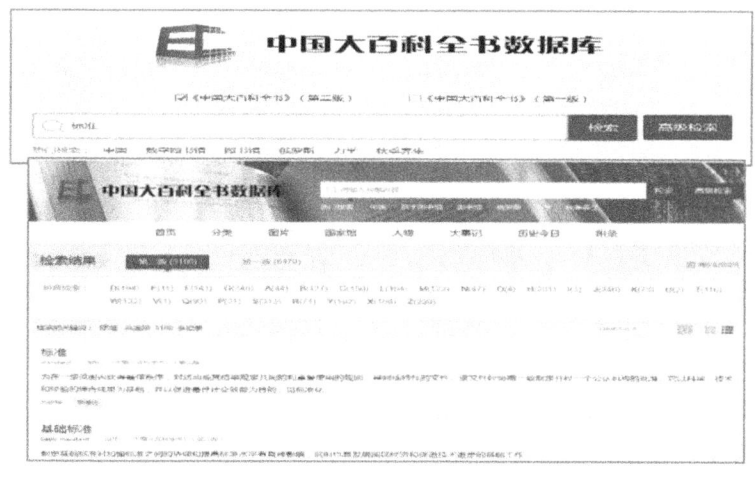

图 5-29 中国数字图书馆工具书中国大百科全书数据库搜索示例及结果

本、俄罗斯、沙特阿拉伯及美国等,他们将无价的文化素材数字化,让读者在网络上即可获得。

世界数字图书馆为全球读者免费提供对珍贵图书、地图、手抄本、影片与照片等使用的服务。世界数字图书馆馆藏包罗万象,从图书到档案都有,使用者可利用 7 种语言搜寻,包含阿拉伯文、中文、英文、法文、葡萄牙文、俄文与西班牙文。

3. 大学数字图书馆国际合作计划

大学数字图书馆国际合作计划的网址为 http://cadal.edu.cn/,如图 5-31 所示。

大学数字图书馆国际合作计划(简称 CADAL)2002 年 9 月由国家投资,同时得到中美百万册书数字图书馆合作计划美国合作方给予的软硬件系统支持。目前,CADAL 共建共享单位包括国内的北京大学、清华大学、复旦大学、南京大学、中山大学和国外的牛津大学、哈佛大学、东京大学等 798 个中外高校。CADAL 已建成资源 260 万种,其中,古籍 24 万余种、民国图书 17 万余种、民国期刊 15 万余册、当代图书 80 万余种、英文图书 68 万余种,以

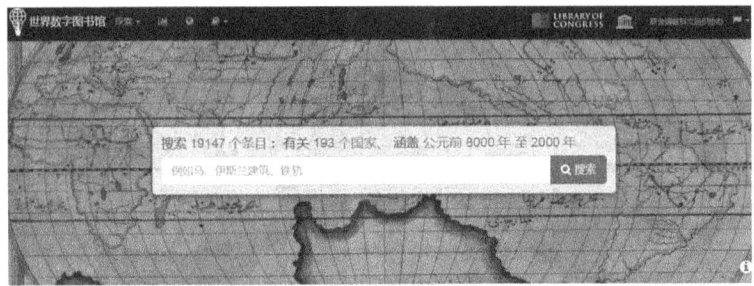

图 5-30　世界数字图书馆主页

图 5-31　大学数字图书馆国际合作计划主页

及其他美方提供的 10 万电子图书及学位论文、技术报告、会议录等原生数字化资料。该数据库中的民国图书和民国期刊为该数据库的特色。

　　该系统实行图书借阅模式，要求认证读者身份，每位读者在 CADAL 主页上注册，注册后即可进入该网站进行访问和借阅图书，以及享受系统提供的个性化服务。该系统只支持图书在线浏览，不提供全文下载。

　　4. 古腾堡

　　古腾堡的网址为 http://www.gutenberg.org。

　　古腾堡是面向全球用户的，可以在线阅读全文的电子书网站，内容以英文电子书为主，如图 5-32 所示。古腾堡的电子书下载完全免费，而且不用担心版权问题，因为都是 1924 年以前的图书，已经过了知识产权保护期限。目前古腾堡提供 6.2 万多册的免费电子图书服务，并提供 HTML、epub、Kindle、TXT 四种格式的文件下载。

　　5. ZLibrary

　　ZLibrary 的网址为 https://booksc.org/。

　　俄罗斯政府 ZLibrary 网站旗下的电子图书网站，拥有 16 种语言（见图 5-33）的电子图书和文章，其中电子图书 530 多万种。点击右上角的 Books，进入图书搜索。

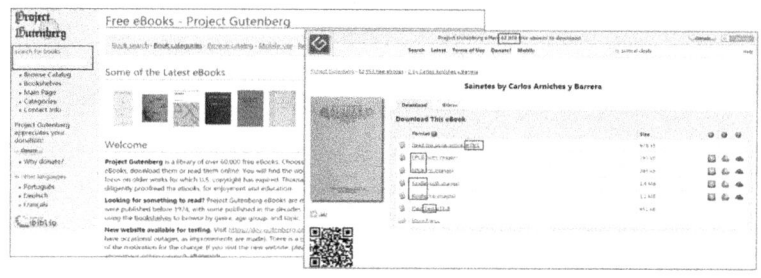

图 5-32　古腾堡主页

图 5-33　ZLibrary 主页

6. ShortBook²

ShortBook² 的网址为 http：//www. shortki. com/ShortBook. html，如图 5-34 所示。

ShortBook² 是苹果公司开发的电子图书阅读平台，点击"Sample books"可查看其购买版权的电子书，并且能免费下载。

7. NCBI 的 bookshelf

NCBI 是美国生物信息中心，它的 bookshelf 数据库提供免费生物医学类电子图书的下载。

除了上面列出的以外，还有很多可免费获得电子图书的网站，如书香中国（http：//www. chineseall. cn/bigbook）、新浪读书（http：//book. sina. com. cn/）、QQ 阅读（http：//book. qq. com/）、天涯书库（https：//www. tianyabooks. com/）、凤凰网文化读书（http：//culture. ifeng. com/）、白鹿书院（http：//www. cnblsy. com/）、起点中文网（https：//www. qidian. com/）、榕树下（https：//www. rongshuxia. com/）、书海导航

图 5-34　ShortBook² 主页

（https：//shuhai. mobi/）、盘多多（https：//panduoduo. org/）、盘搜搜（https：//www. pansoso. com/）、哎哟喂啊（http：//www. aiyoweia. com/）、好书阅读网（http：//www. haoshu123. com/）、爱搜书网站（https：//www. ett. cc/32/）等，都可以进行图书的检索和阅读。

5.5.3　古籍搜索

1. 国学大师

国学大师（http：//www. guoxuedashi. com/）提供很多与国学相关的资源，其中就包括影印古籍、诗词宝典、四库全书、汉语词典、成语字典、康熙字典、说文解字、历史年号、历史地名、历史事件、中医中药等。网站设有搜索框，很方便用户进行拆分查字、条目检索、作品集搜索、全文检索、书法搜索、中医搜索等。

2. 书格

书格（https：//new. shuge. org/）被称作有品格的古籍数字图书馆，是一个自由开放的在线古籍图书馆，致力于开放式分享、介绍、推荐有价值的古籍善本，并鼓励将文化艺术作品数字化归档。分享内容限定为公共版权领域的书籍（参照标准伯尔尼公约），最大限度地还原书籍品貌、内容。其提供一站式检索，也可以分类浏览。用户可以在线阅读，也可以下载PDF 文档。书格方便用户自由、免费地欣赏那些难以现世的书籍，从中感受人类文明进程。

当然，国家图书馆网站有更为丰富的中华古籍数据库，等待读者的探索和使用。

5.6　电子图书 app

互联网技术和产品的革新为阅读带来了深刻的变化，便捷化、智能化、个性化、多媒体化，随时、随地、随身的移动阅读 app 应运而生，常见的有以下几种。

1. 超星学习通

超星学习通 app 利用超星 20 余年来积累的海量的图书、期刊、报纸、视频、原创等资源，集知识管理、课程学习、专题创作，办公应用为一体，为读者提供一站式学习与工作环境。用户可以在超星学习通 app 上自助完成图书馆藏书借阅查询、电子资源搜索下载、图书馆最新资讯浏览,学习学校专业课程,进行小组讨论,查看本校通讯录,同时超星学习通 app 拥有超过百万册电子图书、海量报纸文章以及中外文献元数据,方便用户学习使用。

2. 超星移动图书馆

超星移动图书馆也是超星集团的 app,比超星学习通更早,现在已经融合在学习通里面,是专门用来查找文献的 app,但不关联学习通课程的学习功能。

3. 博看有声

博看有声在博看原有海量数据库的基础上,推出有声产品,全部为真人配音,原声录制,拥有强大播放功能,总量 10 万小时,5000 余种,60 万集,内容丰富,涵盖期刊、图书、头条、专辑、广播和有声欣赏,其中有声图书 5000 余本,23 集,更新及时,使用便捷,并提供下载、收藏、分享、互动等功能。真正实现了随心听书、听刊的强大功能,也是学习朗读的好帮手。

4. 懒人听书

懒人听书是由深圳市懒人在线科技有限公司开发运营的一款有声阅读应用,有网页版也有 app 版。上线于 2012 年,现有文学名著、网络小说、诗词歌赋等数万部有声书籍音频作品,除此之外,还拥有电台节目、脱口秀、相声评书、综艺娱乐、少儿天地、百科知识、影视原音、广播剧、培训、资讯等近二十多类正版有声节目,涵盖了文学、社科、教育、时尚、娱乐等主流内容题材,总节目时长超 100 万小时。知名主播云集,海量的有声阅读资源、丰富的节目内容,满足了各年龄层、各类别收听人群的全内容收听需求。

5. QQ 阅读

QQ 阅读专为手机用户打造的在线图书馆,一网阅尽热门原创小说、传统图书。无须安装、多终端便捷访问。

6. 微信读书

微信读书提供海量正版书籍、小说、漫画、公众号、听书,多设备同步实现跨屏阅读。还可以与微信好友一起分享,随时交流感想,让阅读不再孤独。有人说,微信读书让不怎么读书的人开始阅读,并且不花钱读正版。

7. 藏书馆

藏书馆是一个免费借阅电子图书的 app。用户可以用微信或者 QQ 登录进行检索。由于受知识产权的限制,检索到的结果有时资源充足,有时资源紧张要等别人归还方可借阅。注意,借阅到的电子图书阅读期限是 15 天,超过 15 天需要重新借阅。看书的过程中用户可以随时做笔记,还可做标记、复制和分享。

第6章 连续出版物检索

6.1 期刊的种类和分区

6.1.1 期刊的种类

期刊可以分为正式期刊和非正式期刊两种。正式期刊是经国家新闻出版行政管理部门审批,有国内统一刊号(即 CN 号)的期刊,办刊申请比较严格,面向国内外公开发行。非正式期刊是指用于单位或行业内部交流的期刊,不公开发行。一般正式期刊都经历过非正式期刊过程。正式期刊一般都有国际标准刊号,即 ISSN 号。ISSN 号由 8 位数字组成,分两段,前 7 位是期刊代号,末位是校验号。期刊一般从以下三个角度进行分类。

1. 按学科分类

以《中国图书馆图书分类法》的《期刊分类表》为代表,将期刊分为五个基本部类:①马列主义、毛泽东思想;②哲学;③社会科学;④自然科学;⑤综合性刊物。在基本部类中,又分为若干大类,如社会科学分为社会科学总论、政治、军事、经济、文化、科学、教育、体育、语言、文字、文学、艺术、历史、地理等。

2. 按内容分类

按期刊的内容分类,可以将期刊分为四大类。

(1)一般期刊,强调知识性与趣味性,读者面广,如我国的《演讲与口才》《足球周刊》,美国的《时代》《读者文摘》等。

(2)学术期刊,主要刊载学术论文、研究报告、评论等文章,以科研工作者为主要对象,如《计算机学报》《岩石力学与工程学报》等。

(3)行业期刊,主要报道各行各业的产品、市场行情、经营管理进展与动态等,如中国的《汽车之友》《现代家电》等。

(4)检索期刊,如我国的《全国报刊索引》《全国新书目》,美国的《化学文摘》等。

3. 按学术地位分类

期刊按照学术地位可分为核心期刊和非核心期刊(通常所说的普刊)两大类。核心期刊是指刊载某一学科的论文数量较多,学术水平较高,能够反映该学科最新成果和研究动态的期刊。每年全世界出版的期刊数量庞大,但每个学科的核心期刊数量有限。目前,外文核心期刊一般以美国科技信息所出版的《引文索引》(Web of Science)以及美国工程信息公司出版的《工程索引》(EI)收录的为准。国内权威的核心期刊(或来源期刊)遴选体系有三个,分别是北京大学图书馆《中文核心期刊要目总览》、南京大学《中文社会科学引文索引》(CSSCI)和中国科学院文献情报中心《中国科学引文数据库来源期刊》(CSCD)。如果某期刊同时被两种核心期刊遴选体系认定为核心,那么该期刊就是双核心期刊。

6.1.2 期刊的分区

期刊的分区是评价其学术价值的重要指标。关于 JCR(journal citation reports,期刊引证报告)期刊分区影响较为广泛的有两种:第一种是 Thomson Reuters 公司制定的分区(汤森路透分区);第二种是中国科学院国家科学图书馆制定的分区(中科院分区)。这两种分区方式均是基于 SCI 收录期刊影响因子进行分区的。

1. 汤森路透分区

汤森路透每年出版一本《期刊引用报告》(journal citation reports,简称 JCR)。JCR 对86000 多种 SCI 期刊的影响因子(impact factor)等指数加以统计。JCR 将收录期刊分为 176个不同学科类别。每个学科类别按照期刊的影响因子高低,平均分为四个区:Q1、Q2、Q3 和Q4。各学科类别中影响因子前 25%(含 25%)期刊划分为 Q1 区,前 25%~50%(含 50%)为 Q2 区,前 50%~75%(含 75%)为 Q3 区,75%之后的为 Q4 区。可以看出,汤森路透分区中,期刊的数量是均匀分为四个部分的。

2. 中科院分区

中科院分区(又称分区表、分区数据)是由中国科学院文献情报中心世界科学前沿分析中心制作,根据汤森路透每年度发布的期刊引证报告中 SCI 期刊在学科内 3 年平均影响因子划分分区。它包括大类分区和小类分区:大类分区是将期刊按照自定义的 13 个学科所做的分区,大类分区包括 top 期刊;小类分区是将期刊按照 JCR 已有学科分类体系所做的分区。中科院首先将 JCR 中所有期刊分为数学、物理、化学、生物、地学、天文、工程技术、医学、环境科学、农林科学、社会科学、管理科学及综合性期刊 13 个大类。然后,将 13 大类期刊自分为 4 个等级,即 4 个区。按照各类期刊影响因子划分,前 5%为该类 1 区、6%~20%为 2区、21%~50%为 3 区、其余的为 4 区。显然在中科院的分区中,1 区和 2 区杂志很少,杂志质量相对也高,基本都是本领域的顶级期刊。中科院分区中四个区的期刊数量从 1 区到 4区呈金字塔状分布。下面简单介绍中科院分区表的制作依据。

期刊的影响因子(IF)和最近两年的期刊被引频次(CI)可以从不同角度反映期刊的显示度。IF 可以测度期刊在最近两年的篇均被引频次;CI 可以测度最近两年期刊在学术界的显示水平。分区表在 IF 基础上使用 3 年平均 IF 衡量期刊学术影响力,遴选 top 期刊考虑了CI 的影响。

1)IF

IF 是加菲尔德在 1972 年提出的一个评价期刊的重要指标。该指标是一个相对数量指标,主要用以调整和修正大刊。普赖斯曾提出,科学论文一般在其发表后一两年后,被人们接受,并达到被引用的峰值阶段。加菲尔德正是按照这个思想,定义了 IF 的计算公式:

$$IF = \frac{某刊前 2 年发表论文在该年的被引用次数}{该刊前 2 年发表的论文总数}$$

如 2019 年 Nature 的 IF,等于 Nature 在 2017 年和 2018 年发表的论文在 2019 年获得被引用次数总和除以 2017 年和 2018 年发表的论文总数。

2)3 年平均 IF

为了使历年的期刊分区相对稳定,减少影响因子上下波动带来的影响,中科院分区表采

用 3 年平均 IF 作为划分分区的依据。计算公式如下:

$$三年平均 IF = \frac{当年 IF + 去年 IF + 前年 IF}{3}$$

如 Nature2012 年的 IF 为 38.597,2013 年的 IF 为 42.351,2014 年的 IF 为 41.456,那么 2014 年 Nature 的三年平均 IF=(38.597+42.351+41.456)/3=40.801。

3)CI

被引频次是反映学术影响力总量的指标,可以从另外一个角度来反映期刊的学术影响力,作为 IF 评价期刊学术影响力的补充。1 区期刊通常被视为各学科的优秀期刊,但 1 区期刊遴选标准较高,入选的期刊数量有限。为了尽量囊括更大范围的优秀期刊,在期刊分区结果的基础上,利用被引频次指标对期刊影响力进行再次甄别,定义出 top 期刊集合。

4)中科院期刊分区查询

登录中科院文献情报中心主页 https://www.las.ac.cn/,如图 6-1 所示,在其主页上点击"期刊分区表",目前,订购单位用户可使用公众账号和密码进入系统查询,也可使用中科院文献情报中心分区表微信公众号。

图 6-1　中科院文献情报中心主页

3. 汤森路透分区与中科院分区的比较

中科院期刊分区表常用 1～4 区,且分区前常用大类或者小类,常用说法为某期刊在大类某学科为某区。而汤森路透分区常用 Q1～Q4(Q 表示 quartile in category),即 4 个等级中所处的位置,常用说法为某期刊位于某学科的 Q 几,比如 Nature 期刊 2014 的 JCR 等级情况:期刊 Nature 位于 multidisciplinary sciences 学科的 Q1。两者最大的不同在于分区方法。在中科院期刊分区表中,主要参考三年平均 IF(期刊的影响因子)作为学术影响力,最终每个分区的期刊累积学术影响力是相同的,各区的期刊数量由高到低呈金字塔式分布;在汤森路透分区中,主要参考当年 IF,最终每个分区的期刊数量是均分的,如图 6-2 所示。

国内大部分高校和科研单位都采用中科院分区,但也有部分单位采用的是汤森路透分区。显然中科院的 1 区和 2 区杂志很少,杂志质量相对也高,基本都是本领域的顶级期刊。

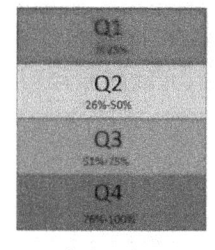 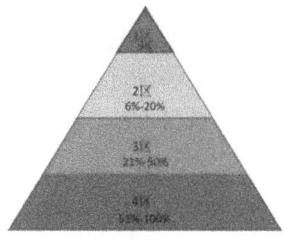

汤森路透分区　　　　　　中科院分区

图 6-2　期刊分区

汤森路透分区中 Q1 范围的期刊数量多于中科院分区表中的 1 区期刊,所以有的人发表的论文按汤森路透分区标准算 Q1,而按中科院分区算 2 区甚至 3 区。

6.1.3　立即指数和 H 指数

1. 立即指数

立即指数(immediacy index)又叫即刻指数,是指用某一年中发表的文章在当年被引用次数除以同年发表文章的总数得到的指数,用于评估特定期刊在当年被引用的速度。该指数用来评价哪些科技期刊发表了大量热点文章,进而能够衡量该期刊中发表的研究成果是否紧跟研究前沿的步伐。同时,立即指数对于评价新兴学科或尖端学科的期刊很有用。在维普数据库的期刊评价中,可以看到。

2. H 指数

H 指数是由美国加利福尼亚大学圣地亚哥分校的物理学家乔治·赫希(Jorge E. Hirsch)于 2005 年提出的一种定量评价科研人员学术成就的指标。

H 代表"高引用次数"(high citations)。一个人的 H 指数是指在一定期间内他发表的论文至少有 H 篇的被引频次不低于 H 次。

例如,赫希本人的 H 指数是 49,这表示他已发表的论文中,每篇被引用了至少 49 次的论文总共有 49 篇。

赫希认为 H 指数能够比较准确地反映一个人的学术成就。一个人的 H 指数越高,则表明他的论文影响力越大。H 指数综合评价一个学者的学术论文的产出量和质量,被视为下一代个人学术定量评价的核心。

6.2　中文期刊数据库

6.2.1　中国知网《中国学术期刊(网络版)》

1. 中国知网简介

中国知网即国家知识基础设施工程(China national knowledge infrastructure,简称CNKI),其《中国学术期刊(网络版)》是具有全球影响力的连续动态更新的中国学术期刊全文数据库,是"十一五"国家重大网络出版工程的子项目,是《国家"十一五"时期文化发展规划纲要》中国家"知识资源数据库"出版工程的重要组成部分,其内容覆盖自然科学、工程技术、农业、哲学、医学、人文社会科学等各个领域,收录国内学术期刊 8000 余种,全文文献总量 5700 万篇。该数据库分为十大专辑:基础科学、工程科技Ⅰ、工程科技Ⅱ、农业科技、医药卫生科技、哲学与人文科学、社会科学Ⅰ、社会科学Ⅱ、信息科技、经济与管理科学。十大专辑分为 168 个专题。数据库收录自 1915 年至今出版的期刊,部分期刊回溯至创刊。中国知网主页如图 6-3 所示。

图 6-3 中国知网主页

2. 数据库检索

期刊一框式检索,可对期刊文献类型的特点选择字段进行检索,如选择主题、题名、作者、摘要、全文、中图分类号、期刊名、作者单位、ISSN 号、CN 刊号、文章 DOI 号码等进行检索。中国知网数据库检索界面如图 6-4 所示。

图 6-4 中国知网数据库检索界面

1)期刊导航

期刊导航提供学科导航、主办单位导航、出版周期导航、出版地导航和核心期刊导航等功能,如图 6-5 所示。用户可以在其搜索框直接搜索已知期刊进行检索和整刊浏览。期刊导航支持期刊 RSS 订阅。

图 6-5　期刊导航界面

2）高级检索

高级检索是最常用的检索方式,多个检索框之间的逻辑关系可以在"and""or""not"中进行选择,可以在期刊种类上进行选择,如在 SCI 来源期刊、EI 来源期刊、北大核心、CSCI、CSCD 中进行选择,还可以在时间范围上进行限定,如图 6-6 所示。高级检索支持中英文扩展和同义词扩展检索,可有效提高查全率。

图 6-6　高级检索界面

检索结果提供分组、排序、下载、预览、导出参考文献、可视化分析等多种文献分析方式。

3）专业检索

专业检索是指使用逻辑算符和关键词构造检索式进行检索。专业检索的字段表达式有:SU＝主题,TKA＝篇关摘,TI＝篇名,KY＝关键词,AB＝摘要,CO＝小标题,FT＝全文,AU＝作者,FI＝第一作者,RP＝通讯作者,AF＝作者单位,LY＝期刊名称,RF＝参考文献,FU＝基金,CLC＝中图分类号,SN＝ISSN,CN＝CN,DOI＝DOI,QKLM＝栏目信息,FAF＝第一单位,CF＝被引频次等。

例如"SU＝北京 * 奥运 and FT＝环境保护"可以检索到主题包括"北京"及"奥运"并且全文中包括"环境保护"的信息;

4）作者发文检索

作者发文检索是通过作者信息查找作者发文情况的检索,如图 6-7 所示。

图 6-7　作者发文检索

5）句子检索

句子检索是通过输入的两个检索词，查找同时包含这两个词的句子，找到有关事实的问题答案的检索，如图 6-8 所示。同一句：包含 1 个断句标点（句号、问号、感叹号或省略号）。同一段：20 句之内。

图 6-8　句子检索

3. 检索结果处理

1）检索结果的分组和排序

检索结果可以按照学科、作者、机构、来源等进行分组，可以按相关度、发表时间、下载量、被引率排序，如图 6-9 所示，左侧是分组，上面是排序。

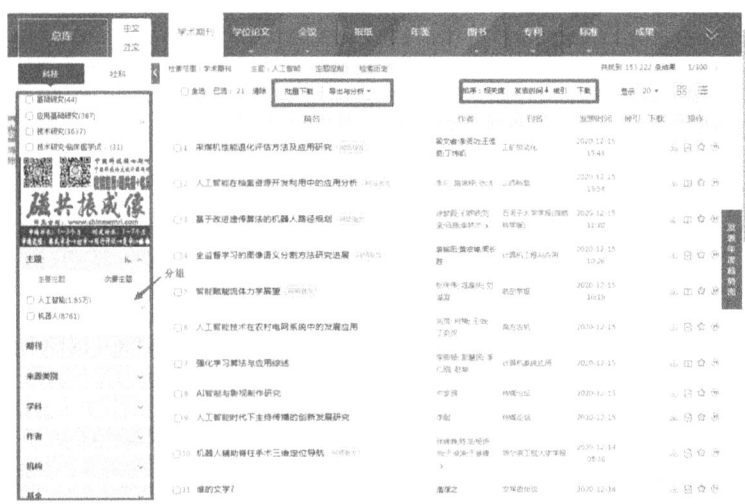

图 6-9　中国知网检索结果

2) 检索结果输出

对于检索结果,可以选择单篇进行下载,也可以导出为参考文献,导出时可以选择参考文献标准类型,如图 6-10 所示

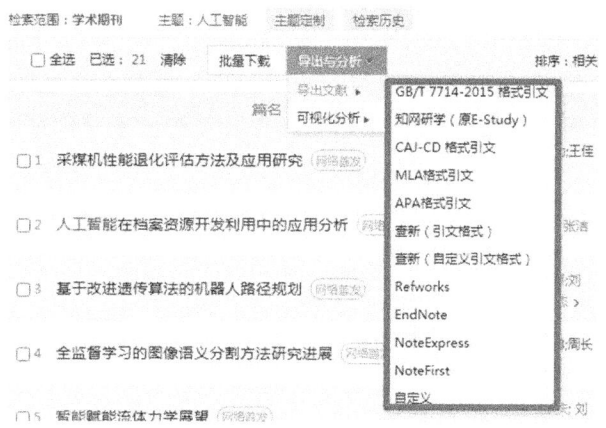

图 6-10 导出题录格式类型选择

3) 可视化分析

系统可对用户选择的文献进行可视化分析,也可以对全部结果进行可视化分析,找出主要文章节点,如图 6-11 所示。

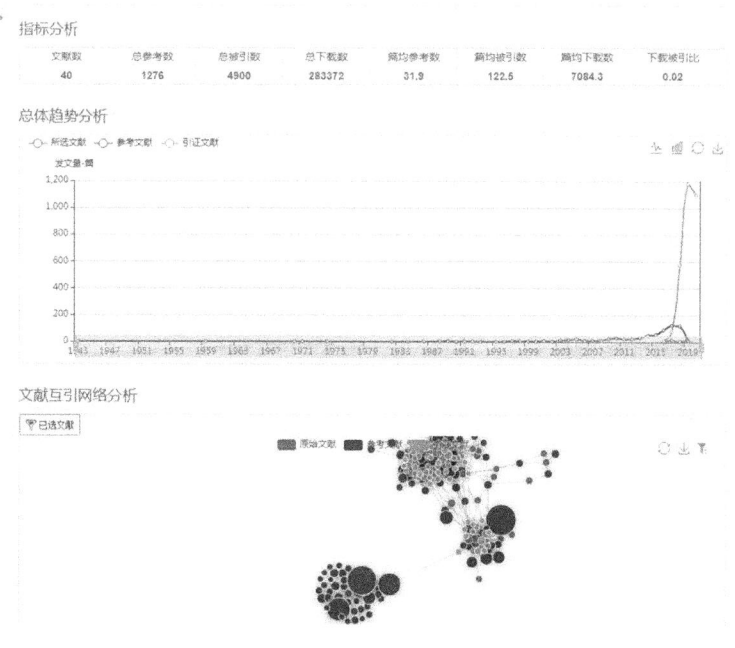

图 6-11 可视化分析

4) 全文浏览与下载

中国知网提供手机阅读、在线全文阅读和 CAJ、PDF 格式的文档下载。阅读 CAJ 格式文档需要 CAJViewer 阅读器,阅读 PDF 格式文档需要 PDF 阅读器。

另外,中国知网 app 叫"全球学术快报",可在手机应用商店下载、安装。

6.2.2 中文科技期刊数据库

1. 简介

中文科技期刊数据库是重庆维普资讯有限公司的综合性中文文献全文数据库,其诞生于 1989 年,累计收录期刊 15 000 余种,现刊 9000 余种,文献总量 7000 万余篇,是我国数字图书馆建设的核心资源之一,是高校图书馆文献保障系统的重要组成部分,也是科研工作者进行科技查证和科技查新的必备数据库,如图 6-12 所示。中文科技期刊数据库包括 5 个类别(医药卫生、工程技术、自然科学、农林渔牧和人文社科)。

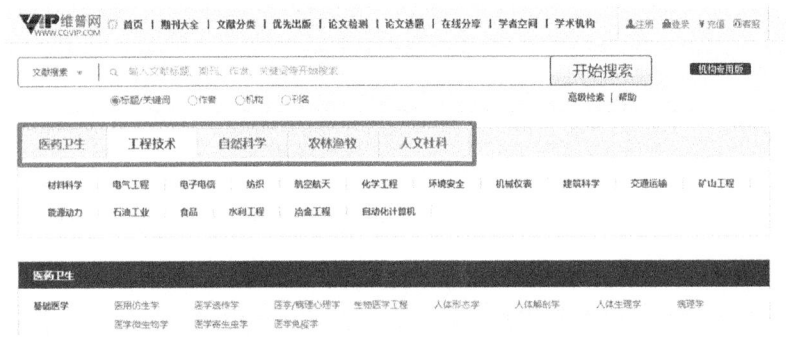

图 6-12　中文科技期刊数据库主页

2. 检索方法

1)快速检索

快速检索即简单检索,可选择标题/关键词、作者、机构、刊名进行检索。

2)高级检索

高级检索界面提供多个检索框,用户可以对检索框直接的逻辑关系进行选择,可以对字段进行选择,并且支持同义词扩展检索,模糊或精确匹配。高级检索还可对期刊的出版时间、更新时间进行限定,同样支持期刊层次范围的限定,如图 6-13 所示。

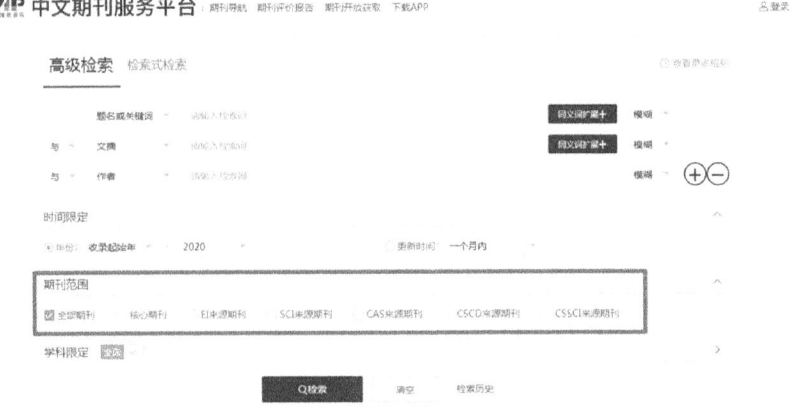

图 6-13　中文科技期刊数据库高级检索界面

3）期刊文献导航

期刊文献导航是按学科分类，查看某个学科收录的所有期刊，如图 6-14 所示。

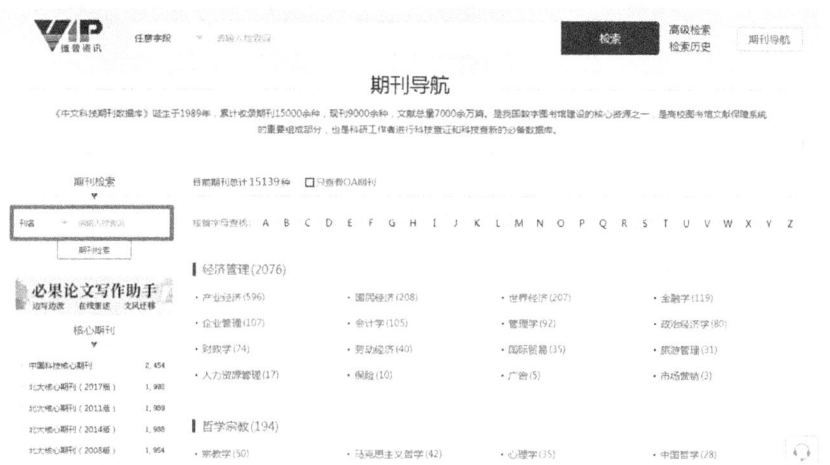

图 6-14　中文科技期刊数据库期刊导航界面

4）期刊评价报告

期刊评价报告可查看某一类别或者某一期刊的评价指标，包括影响因子、立即指数、期刊引用率等期刊指标，如图 6-15 所示。其中，立即指数是指用某一年中发表的文章在当年被引用次数除以同年发表文章的总数得到的指数。

图 6-15　中文科技期刊数据库期刊评价报告

5）期刊开放获取

中文科技期刊数据库，提供开放期刊的平台、种类和获取链接，如图 6-16 所示。

图 6-16　中文科技期刊数据库期刊开放获取平台

6.2.3　万方知识服务平台期刊数据库

1. 简介

万方知识服务平台期刊数据库包括国内期刊和国外期刊：国内期刊共 8000 余种，涵盖自然科学、工程技术、医药卫生、农业科学、哲学政法、社会科学、科教文艺等多个学科；国外期刊共包含 40 000 余种，包括世界各国出版的重要学术期刊，主要来源于 NSTL 外文文献数据库、数十家著名学术出版机构，以及 DOAJ、PubMed 等知名开放获取平台。万方知识服务平台期刊数据库主页如图 6-17 所示。

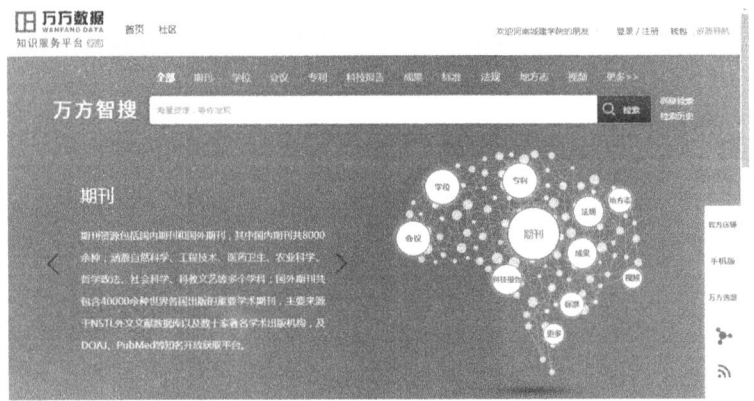

图 6-17　万方知识服务平台期刊数据库主页

2. 检索方法

(1)简单检索，系统默认初始界面为一框式简单检索。

(2)高级检索。高级检索支持中英文扩展和主题词扩展的智能检索，也可以进行期刊发表时间的限定，如图 6-18 所示。

(3)专业检索。用户可在检索表达式输入框中直接输入检索式进行检索。

图 6-18 万方知识服务平台期刊数据库高级检索界面

（4）作者发文检索。用于检索作者的发文情况。

6.2.4 博看、龙源数据库

1. 博看网

博看网（http://new.bookan.com.cn）由武汉鼎森电子科技有限公司研发，作为全球第一中文报刊网，收录 4000 多种畅销期刊，55 000 余册图书、300 余种报纸及数量庞大的有声读物资源，它以正版授权的人文社科类畅销期刊为主，从畅销图书、有声资源等优质内容为核心，日更新量为 80～100 种，与纸质期刊同步面世，我们经常订阅的杂志几乎都囊括其中。博看网的内容涵盖了政治、文化、金融、管理、文学、艺术、科学、学术、生活、时尚、教育等十多个领域，过刊回溯数据仍供读者查询阅读。博看网提供原貌版、文本版、语音版等多种阅读方式，以满足不同读者的阅读需求。过刊回溯到 2006 年，以方便读者查询阅读。图书多为读者喜爱的人文社科类热门图书，分为新书推荐、经典名著、党政军事、经济职场、人文社科、文学艺术、少儿幼教、情感家庭、时尚娱乐、教育科技等专辑。报纸多为国内影响力较大且受众广泛的国家级和省级媒体的报纸。博看网主页如图 6-19 所示。

图 6-19 博看网主页

1）分类浏览

博看网分类浏览采用自编分类和《中图法》分类两种方式。鼠标停留在主页任一菜单选项，下拉菜单即可显示该类资源的自编分类信息，如图 6-20 所示。点击《中图法》相应大类的字母，即可显示该大类的期刊信息。

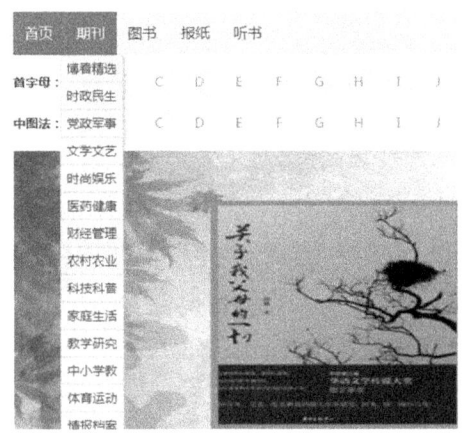

图 6-20　博看网分类浏览

2）检索方式

博看网除提供分类浏览、刊名首字母检索外，还提供"名称""标题""内容"和"作者"四种检索方式，如图 6-21 所示。选择搜索选项，输入想要查找的关键词，点击"检索"即可显示搜索结果。

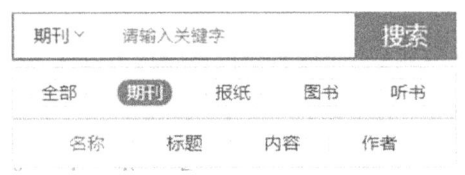

图 6-21　博看网的检索方式

3）阅读方式

选择任一期刊进入阅读界面，有"原貌版""文本版"两种阅读方式，点击不同按钮进入相应阅读界面，如图 6-22 所示。网站还提供手机阅读，用微信扫描对应二维码即可实现手机阅读；如安装博看期刊 app 还可实现下载、收藏、分类等更多功能，如图 6-23 所示。如果喜欢某一期刊，可点击"收藏"按钮，收藏本期刊。

2. 龙源期刊网

龙源期刊网（http://www.qikan.com）创建于 1998 年，是中国最大的人文大众期刊数字发行平台，全文在线的综合性人文大众类期刊品种为 4200 多种，内容丰富。以独家签约或合作形式在线销售全文电子版。读者可以在网上阅读期刊的原貌版以及电子文本版，按篇计费，方便实用。读者亦可通过网站的高效关联性搜索检索自己需要的内容。《三联生活周刊》《Vista 看天下》《南方人物周刊》《第一财经周刊》《大众电影》《中国新闻周刊》《新华文摘》《收获》《当代》等名刊都与龙源期刊网长期合作。该平台为读者提供整刊的文本版、专题版、原貌版、语音版、多媒体版以及手机阅览室版（wap 版）等阅读版本，内容涵盖了时政新

图 6-22　博看网阅读界面

图 6-23　博看手机版下载二维码

闻、经济法律、管理财经、社科历史、文学文摘、健康生活、文化艺术、科技科普、教育教学九大
类别,可以满足不同人群的需求,为读者提供了一个多版立体化的阅读模式。龙源期刊网主
页如图 6-24 所示。

图 6-24　龙源期刊网主页

龙源期刊网为用户提供"杂志"(即刊名)和"文章"两个检索入口,界面十分简洁,读者可
选择任一检索方式进行检索,如图 6-25 所示。例如要查找财经方面的期刊,我们选择"杂
志",输入检索词"财经",即可查询刊名中含"财经"的期刊,如《财经》《财经问题研究》《第一
财经》《财经理论与实践》《理财·财经版》等。

图 6-25 龙源期刊网检索界面

6.3 外文期刊数据库

6.3.1 科学引文索引——SCI

1. SCI 简介

《科学引文索引》(science citation index，SCI)是由美国科学信息研究所(the institute for scientific information，ISI)在 1961 年编辑出版的一种综合性科技引文检索刊物。创刊时为年刊，1966 年改为季刊，1979 年改为双月刊，每年另外出版 5 年、10 年的年度累计本。目前有印刷版、光盘版和带文摘的光盘版、磁带版、联机版、网络版等几种编排出版方式。1973 年和 1978 年 ISI 还陆续出版了《社会科学引文索引》(social sciences citation index，SSCI)、《艺术与人文引文索引》(arts ＆ humanities citation index，A＆HCI)，将引文索引方法推广应用于社会科学、艺术与人文科学领域。

Web of science 中的 science citation index expanded(简称 SCIE)是世界上最权威的引文索引数据库之一。SCIE 收录了自然科学领域中最具权威和影响力的 9000 多种学术期刊，涉及了自然科学的 177 个学科，收录的内容最早可回溯至 1900 年。SCIE 还收录了论文中所引用的参考文献，通过独特的引文索引，用户可以用一篇文章、一个专利号、一篇会议文献、一本期刊或者一本书作为检索词，检索它们的被引用情况，轻松回溯某一研究文献的起源与历史，或者追踪其最新进展。该数据库是国际公认的反映基础学科研究水准的代表性工具，也是学术界公认的最权威的科技文献检索工具。该数据库不仅可以从文献引证的角度评估文章的学术价值，还可以揭示科学研究中涉及的各个学科领域的交叉联系，协助研究人员迅速地掌握科学研究的历史、发展和动态。

2. 检索方法

1)基本检索

点击"所有数据库"，选择"Web of Science 核心合集"，选择"基本检索"，可以检索特定的研究主题，检索某个作者发表的论文，检索某个研究机构发表的文献，检索特定期刊、特定年代发表的文献等，如图 6-26 所示。系统提供主题、著者、团体著者、来源出版物、出版年、著者地址、语言、文献类型等多种检索途径。系统默认各个检索途径之间为逻辑"与"的关系。点击更多设置，选择列表中的 science citation index expanded（SCIE）和 social sciences

第 6 章　连续出版物检索

citation index(SSCI)数据库,输入相应检索词和限定条件,点击检索即可。

图 6-26　SCI 基本检索界面

2)被引参考文献检索

被引参考文献检索(cited reference search)能引导用户检索期刊、会议录、图书章节以及与用户研究相关的任何出版物的信息,既可以越查越多、越查越新,也可以越查越深。引文索引是以发表文章的参考文献作为检索途径进行检索的。它可以回溯某一研究文献的起源与历史,或者追踪其最新的进展,对交叉学科和新学科的发展研究也有重要参考价值。SCI被引参考文献检索界面如图 6-27 所示。

图 6-27　SCI 被引参考文献检索界面

3)高级检索

高级检索界面提供独立的检索文本输入框,用户可在文本框中直接输入一个较为复杂的检索提问式,如图 6-28 所示。检索提问式可用逻辑算符连接,检索词中也可用截词算符和位置算符,各种检索限制设置与一般检索方式相同。

3. 检索结果

1)检索结果列表显示

点击"检索结果题名",可打开全记录,也可在页面右侧点击查看"分析检索结果"和"创

图 6-28　SCI 高级检索界面

建引文报告"。页面的左侧有检索式和精炼检索结果操作,以通过调整检索范围按照学科、年代等聚类分析功能精炼检索结果,如图 6-29 所示。

图 6-29　SCI 检索结果列表显示页面

2)全记录显示

在全记录显示页面中,显示了该篇文献的基本题录信息,包括题名、作者、来源、文献类型、语种、参考文献、被引用次数、摘要等信息,如图 6-30 所示。被引用次数(times cited)展现了该研究的最新进展,显示了该文章对当今研究的影响。引用的参考文献(cited references)可以追溯过去,了解该论文的研究依据和课题起源。此外,在全记录显示页面还有创建引文报告(create citation report)、相关记录(related records)、查看引证关系图。附加链接(additional information)可以链接到期刊引证报告(journal citation reports,JCR)数据库,帮助用户了解该刊的影响因子。

3)精炼检索结果

精炼检索结果(refine results)可以再次输入检索词进行二次检索,以精炼检索结果,也可以用学科、文献类型、作者、来源、出版年、机构、语种、国家/地区等条件进行结果的精炼。

4)分析检索结果

分析检索结果(analyze results)可以按照学科分析,以了解某个课题的学科交叉情况或者所涉及的学科范围;可以按照期刊名进行分析,以了解某个研究论文都发表在哪些期刊

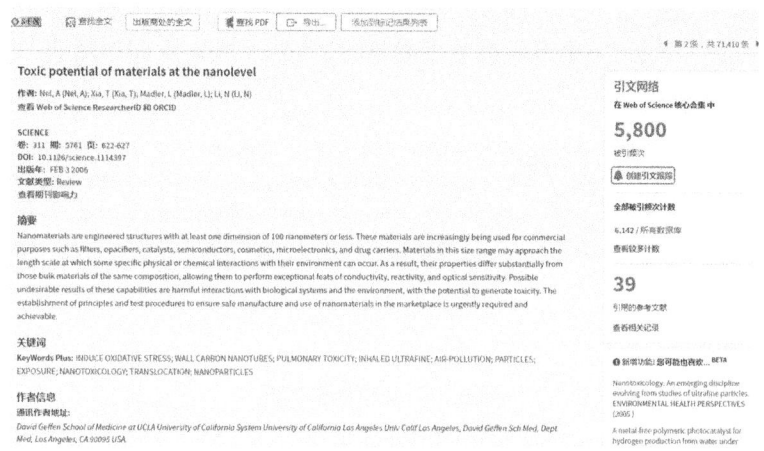

图 6-30　SCI 全记录显示页面

上,以便找到合适的发表途径;可以按照作者分析,以了解某项研究的主要研究人员构成;可以按照作者机构分析,以了解从事同一研究的机构有哪些;可以按照出版年代分析,以了解某一研究的进展情况;可以按照语种进行分析,了解相关研究通常都是以什么语种发表的。

5)创建引文报告

创建引文报告(create citation report)能够帮助用户直观地分析总体发展趋势和学术影响力情况,揭示该课题目前所处的阶段。

6)检索结果的输出和检索结果的排序

检索结果可以选择不同的输出方式,包括导出(export)、打印(print)、邮件(E-mail)、保存或加入标记列表(save or add to marked list)。检索结果可以按相关度(relevance)、第一作者(first author)、来源出版物题名(source title)三种方式排序。

6.3.2　工程索引——EI Compendex 数据库

1. EI 简介

美国工程信息公司(EI)是世界上最大的工程信息提供者之一,其产品《工程索引》早已被国内科技界人士所熟知。EI Compendex 对应的印刷版检索刊为《工程索引》,是目前全球最全面的工程领域二次文献数据库,主要侧重提供应用科学和工程领域的文摘索引信息,内容涉及核技术、生物工程、交通运输、化学和工艺工程、照明和光学技术、农业工程和食品技术、计算机和数据处理、应用物理、电子和通信、控制工程、土木工程、机械工程、材料工程、石油、宇航、汽车工程以及这些领域的子学科。其数据来源于世界 50 余个国家、15 种文字的 5100 种工程类期刊、会议论文集和技术报告,含 700 多万条记录,每年新增约 25 万条记录,每周更新。可在网上检索 1969 年至今的文献。

2. 检索方法

EI 通过 Engineering Village(EV)检索平台提供服务,该平台提供快速检索、专家检索、叙词检索和索引浏览 4 种检索方式。Engineering Village 的网址为 http://www.engineeringvillage.com。

1)快速检索

快速检索(quick search)是系统默认的检索方式,快速检索页面如图 6-31 所示。

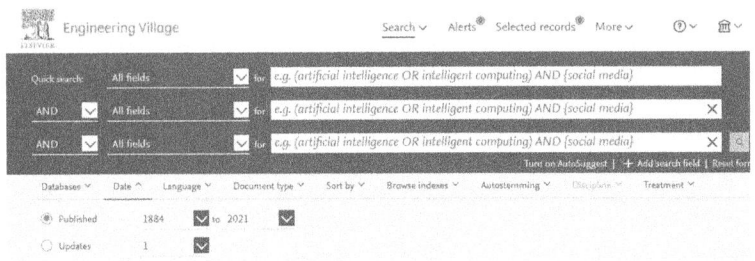

图 6-31　快速检索页面

在快速检索页面上默认只有一个检索输入框,点击"Add search field"按钮可添加检索选项和选择逻辑算符。系统提供了以下索引,以方便用户选词:作者索引(author)、作者单位索引(author affiliation)、叙词索引(controlled terms)、刊名索引(serial title)及出版商索引(publisher)。

检索时可对文献类型(document types)、文献属性(treatment types)、语种(language)和年代(year)等进行限制。其中文献类型按出版类型分类,如表 6-1 所示。EI 的文献属性按文献的主要特征分类,如表 6-2 所示。

表 6-1　EI 的文献类型

文献类型名称	类型代码	中文名称及说明
All document types	All	所有文献类型
Conference article	Ca	会议文章
Conference proceeding	Cp	会议录
Dissertation	Ds	学位论文
Journal article	Ja	期刊文章
Monograph chapter	Mc	专题章节。独立章节的专论
Monograph review	Mr	专题综述。系统的专论,单卷或多卷连续出版
Report chapter	Rc	报告章节
Report review	Rr	报告综述
Patents(before 1970)		1970 年后 EI 不再收录专利文献

表 6-2　EI 的文献属性

文献属性	属性代码	中文名称及说明
Applications	app	应用
Biographical	bio	传记
Economic	eco	经济
Experimental	exp	实验
General Review	gen	综述

续表

文献属性	属性代码	中文名称及说明
Historical	his	历史
Literature Review	lit	专题书目
Management aspects	man	管理
Numerical	num	数值
Theoretical	thr	理论

　　语种限制是对原文所用的语言进行限制，可以选择的语言包括英语、中文、法语、德语、意大利语、日语、俄语、西班牙语 8 种语言文字。如果检索其他语种的文献，可以在专家检索中用语言字段代码 LA 进行限制。

　　快速检索方式下的逻辑运算顺序：先完成输入框内的检索式运算，运算顺序为从左向右，逻辑算符的优先级相同；输入框间的运算按输入框排列的先后顺序进行。

　　2)专家检索

　　单击导航条上的"search"下拉菜单，选择 Expert Search，进入专家检索（expert search）页面。在该方式下，检索字段、文献类型、文献属性、语种和年代均用相应的代码表示，如 WN TI。其中，WN 表示字段检索，TI 为篇名字段代码，WN TI 表示在篇名字段中检索。专家检索页面的下方有常用字段代码表（见表 6-3）。

表 6-3　EI 常用的检索字段

字段名称	代码	字段说明
All fields	All	在全部字段中检索。为系统检索方式
Abstract	AB	在文摘字段中检索
Accession number	AN	存取号检索。存取号是系统分配给每条记录的唯一标识代码
Author	AU	在作者字段中检索
Author affiliation	AF	在作者单位字段中检索
Classification	CL	分类号检索，对应于较宽的主题范围
Conference information	CF	会议信息检索，包括会议名称、时间、地点、会议主办者及会议代码
Controlled term	CV	在叙词字段中检索
Country of origin	CO	文献的出版国或专利的所属国
Document type	DT	文献类型。指出版物所属的类型，如会议文献、期刊论文、专著
ISBN	BN	国际标准书号
ISSN	SN	国际连续出版物标准号
Language	LA	语种
Publisher	PN	出版社

续表

字段名称	代码	字段说明
Publication Year	YR	文献出版年代
Subject/Title/Abstract	KY	关键词检索,此时将在题名、文摘和叙词字段中进行检索
Serial title	ST	刊名检索
Title	TI	篇名检索

逻辑算符的运算级别相同,运算顺序为从左向右,用括号可以改变运算顺序。字段代码的级别高于逻辑算符,例如 computer wn TI and petroleum wn AB 等价于(computer wn TI)and(petroleum wn AB)。系统不区分大小写。在无检索算符连接的情况下,检索词间关系默认为逻辑与运算。

3)叙词检索

叙词是经过规范化处理的主题词,可达到词和概念的一一对应,提高查全率和查准率。采用叙词检索(thesaurus)方式时,可利用叙词表来确定检索词,检索方法如下。

单击导航条上的"search"下拉菜单,选择"Thesaurus",打开叙词表选择界面,有 3 种选择打开叙词表的方式:查找(search);准确词组(exact term);浏览(browse)。叙词表选择界面如图 6-32 所示。

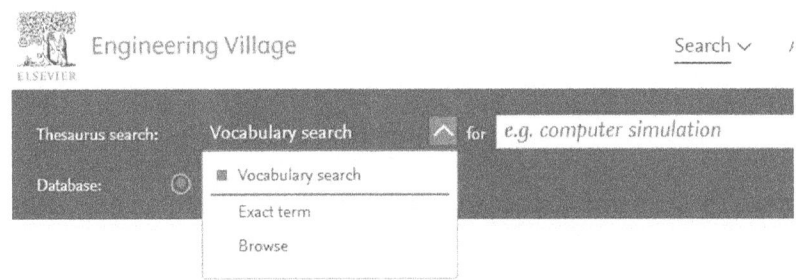

图 6-32　叙词表选择界面

在图 6-32 所示的检索框中输入检索词"air pollution",点击"Search index"按钮,打开叙词检索界面,如图 6-33 所示,叙词检索界面由叙词表和检索区两部分组成,在叙词表选择叙词后,叙词自动粘贴到检索区内的检索框中,可选择布尔逻辑的组配方式,可进行文献类型、语种、年代等的限制,单击"Search"即可。

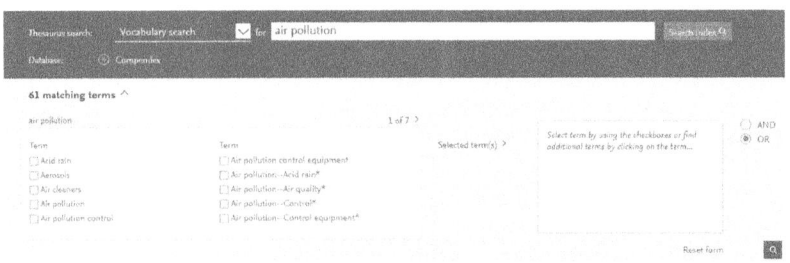

图 6-33　叙词检索界面

4）索引浏览检索

快速检索和专家检索界面右上方提供了索引浏览检索（browse indexes）。快速检索在作者、作者单位、受控词、刊名、出版商5个字段提供了索引浏览检索。专家检索除上述字段外，还在语种、文献类型、处理类型3个字段提供了索引浏览检索，例如检索有关大气污染分析的文献，单击快速检索的"Controlled term（受控词）"打开索引，如图6-34所示，按字顺找到AIR POLLUTION-ANALYSIS，在其前面的方框里勾选，如图6-35所示，系统自动将其粘贴到快速检索的检索框中，并同时切换到受控词字段，如图6-36所示。

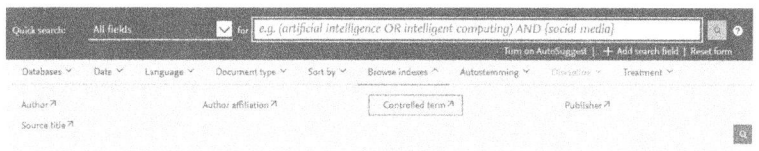

图6-34　在快速检索界面打开索引

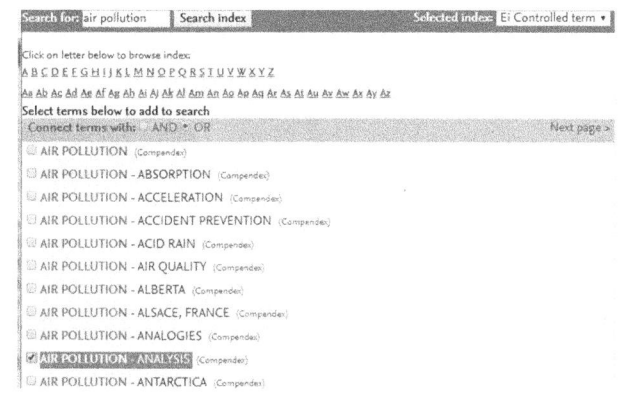

图6-35　受控词索引

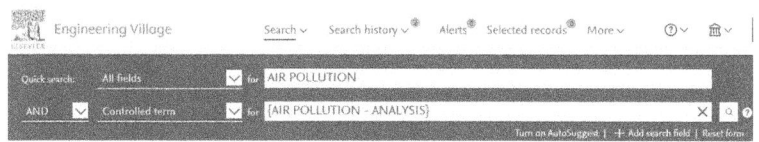

图6-36　受控词自动粘贴到相应检索字段

6.3.3　Springer Link

1. 数据库简介

Springer Link 的网址为 http://www.springerlink.com。

Springer Link 由德国施普林格提供。施普林格是世界上最大、最著名的科技出版集团之一，有多年发展历史。Springer Link 是施普林格及其合作公司推出的STM（科学、技术、医学）领域在线信息资源。Springer Link 的服务范围涵盖各个研究领域，提供超过1900种同行评议的学术期刊以及不断扩展的电子参考工具书、电子图书、实验室指南、在线回溯数据库等更多内容。数据库涵盖学科包括行为科学、工程学，生物医学和生命科学，人文、社科

和法律,商业和经济,数学和统计学,化学和材料科学,医学、计算机科学、物理和天文学,地球和环境科学,计算机职业技术与专业计算机应用,能源等。Springer Link 资源每日更新,并提供参考文献链接、检索结果、社群书签以及最新自语义链接等功能,用户可于更短时间之内获得更精确的搜索结果和相关内容。

2.检索方式

Springer Link 提供简单检索、高级检索及按学科主题浏览、按内容和标题的出版物浏览等功能。Springer Link 主页如图 6-37 所示。

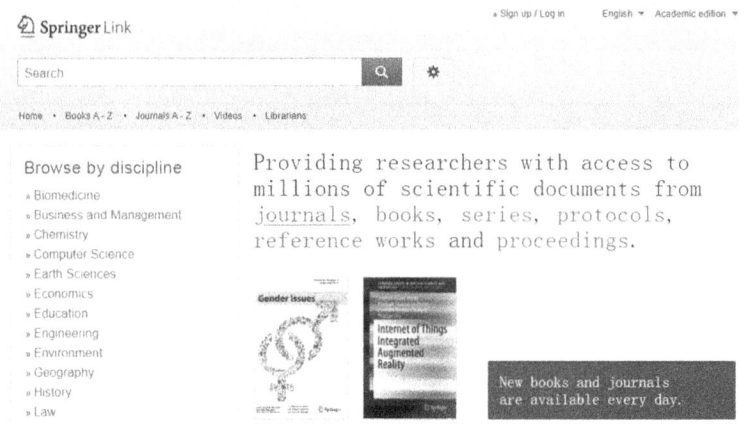

图 6-37　Springer Link 主页

1)简单检索

简单检索界面默认在标题、摘要和全文中进行检索,支持布尔逻辑检索和通配符的使用,如图 6-38 所示。检索词与逻辑算符之间要空一格;表达式的符号须为半角(英文)状态。此外,还可以对检索结果进行二次限定检索。

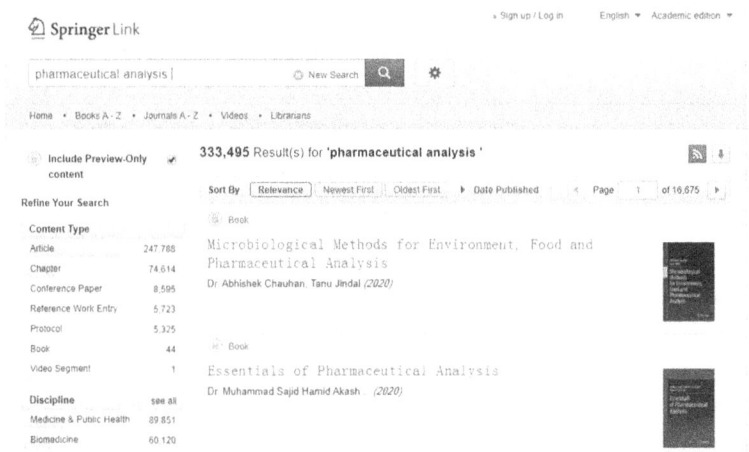

图 6-38　Springer Link 简单检索界面

2)高级检索

在 Springer Link 平台上,单击简单检索框右侧的齿轮,选择 Advanced Search,系统会快速显示高级检索界面,如图 6-39 所示。高级检索界面允许用户在全文、标题或标题和摘要中进行检索。同时用户还可以对作者、出版年、引文等字段进行限定,并选择对检索结果以相关性、出版日期或字母顺序进行排序。

图 6-39　Springer Link 高级检索界面

3)浏览

Springer Link 主页提供了多种内容浏览方式。主页菜单栏的上部是检索区,下部为浏览区。浏览区有按学科类别浏览(见图 6-40)和按资源类别浏览(见图 6-41)两种方式。用户还可以通过点击简单检索框下部的相应按钮,选择按图书、期刊首字母浏览(见图 6-42)。

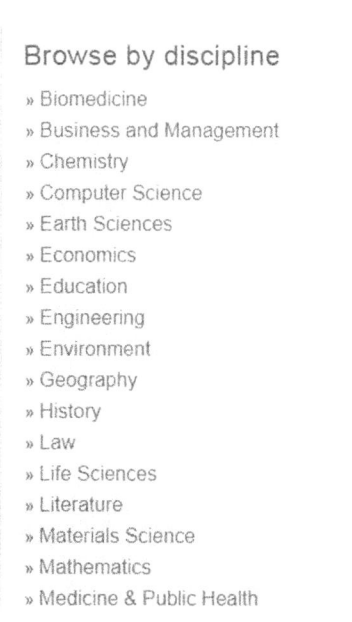

图 6-40　按学科类别浏览

图 6-41　按资源类别浏览

图 6-42　按图书、期刊首字母浏览

6.3.4　其他常用外文数据库

1. EBSCO 全文数据库

EBSCO 公司创建于 1944 年,总部设在美国,在 23 个国家设有分部。EBSCO 公司开发了 100 多个在线文献数据库,比较著名的有 ASP、BSP、ERIC、MEDLINE 等。EBSCO 全文数据库(http://serch. ebscohost. com)包括 260 000 多种期刊。其中多数期刊是被 SCI 和 SSCI 收录的核心期刊,涉及自然科学、社会科学、人文和艺术等多种学术领域。EBSCO 全文数据库使用简捷、高效,检索界面简洁,检索功能强大,数据每日更新,既适用于公共、学术、医疗等机构和部门,也适宜公司和学校使用。

EBSCO 公司的数据库与文献资源,是中国高等教育文献保障系统(CALIS)最早的集团采购对象。1999 年以来,CALIS 中心陆续引进 ASP、BSP 和报纸资源库(newspaper source, NS)等,这些数据库的检索方法及登录方式基本相同,可在 EBSCOhost 一个界面下同时检索。EBSCOhost 页面显示多个数据库列表,用户可以点击数据库前的复选框,选择一个或多个数据库进行检索。EBSCO 根据用户不同的需求,为了方便使用,设置有英语、法语、德语、简体中文、繁体中文等 11 种语言文字界面。

2. ProQuest 全文数据库

美国 ProQuest 公司成立于 1938 年。自 1985 年起,ProQuest 公司开始开发电子资源产品及检索利用技术。目前,ProQuest 公司已与世界上 8500 个出版社建立合作关系,拥有约 55 亿页的期刊、报纸、图书、学位论文及学术性信息资源,制作的各类数据库产品有 100 多个,产品形式从 CD-RAM、微缩制品到实时 Web 服务。ProQuest 平台提供 60 多个文献数据库,涉及商业管理、社会与人文科学、科学与技术、金融与税务、医药学等多个领域,包含学位论文、期刊、报纸等多种文献类型,尤其值得一提的是著名商业经济数据库 ABI 和全球最大的学位论文数据库 PQDT。该平台的主要特点是将二次文献与一次文献捆绑在一起,最终为用户提供文献获取一体化服务。用户在检索文摘索引时可以实时获取大部分全文信息。

ProQuest 全文数据库(http://search. ProQuest. com)界面设置简洁,检索功能强大,提供基本检索、高级检索、出版物检索等多种检索方式。

(1)基本检索是默认检索方式,可限定在全文文献、同行评价、学术期刊中检索,还可通过选择学科主题,限定检索范围,如图 6-43 所示。

(2)高级检索可以输入一个或多个关键字进行检索,还可限定其他检索条件,如出版物类型、文档类型、语言等。

(3)出版物检索是查看、检索某一出版物,查看特定年份内各个卷期的内容。

图 6-43　ProQuest 全文数据库基本检索

3. ScienceDirect 全文数据库

ScienceDirect 全文数据库(http://www. sciencedirect. com)是爱思唯尔公司(Elsevier)的核心产品。Elsevier 是荷兰一家全球著名的学术期刊出版商,每年出版大量的学术图书和期刊,大部分期刊被 SCI、SSCI、EI 收录,是世界上公认的高品位学术期刊出版商。Elsevier 将其出版的 2500 多种期刊和 11 000 多种图书全部数字化,即 ScienceDirect 全文数据库,并通过网络提供服务。该数据库涉及众多学科:计算机科学、工程技术、能源科学、环境科学、材料科学、数学、物理、化学、天文学、医学、生命科学、商业、经济管理、社会科学等。

全球范围内,ScienceDirect 全文数据库获得了 130 多个国家众多科研人员的认可,每月全文下载量达数百万篇。从 2000 年起,ScienceDirect 由中国 CALIS 中心组织集团购买。2010 年 8 月,ScienceDirect 全文数据库全新改版,不论在界面的外观上,还是导航的易用性上,都有很大提升,研究人员可以更快地获取最新的科技文献信息。

ScienceDirect 全文数据库提供快速检索、高级检索、专家检索等功能,并提供按出版物字顺和主题的浏览模式。ScienceDirect 全文数据库高级检索页面如图 6-44 所示。

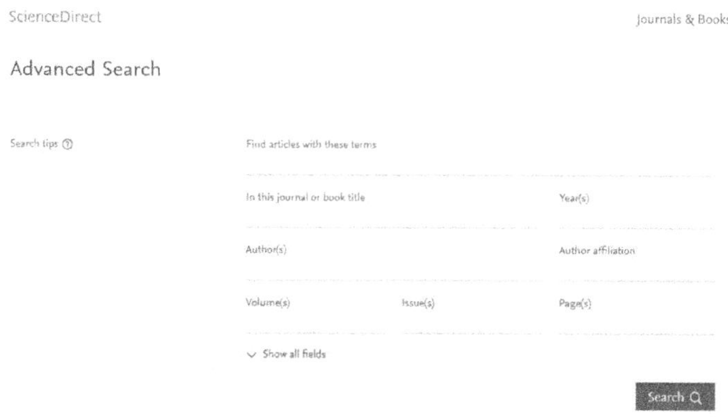

ScienceDirect

Journals & Books

Advanced Search

Search tips ⑦

Find articles with these terms

In this journal or book title　　　　　Year(s)

Author(s)　　　　　Author affiliation

Volume(s)　　Issue(s)　　Page(s)

∨ Show all fields

Search ⌕

图 6-44　ScienceDirect 全文数据库高级检索页面

4. IEEE Xplore 全文数据库

IEEE Xplore 全文数据库(http://ieeexplore.ieee.org)隶属于美国电气与电子工程师协会(IEEE)。1884 年成立的美国电气工程师协会(AIEE)和 1912 年成立的无线电工程师协会(IRE),于 1963 年正式合并为 IEEE。IEEE/IET Electronic Library(简称 IEL)数据库主要包括美国电气与电子工程师协会(IEEE)和国际工程和技术学会(IET)两个机构的出版物。IEEE Xplore 全文数据库是 IEL 数据库的网络平台,2010 年 3 月新平台正式公布。

IEEE Xplore 全文数据库是一个学术文献数据库,主要提供计算机科学、电气工程学和电子学等相关领域文献的索引、摘要以及全文下载服务。

IEEE Xplore 全文数据库提供基本检索和高级检索,并提供按期刊、图书、标准、会议、学习课件、技术调查等文献类型的浏览功能,如图 6-45 所示。

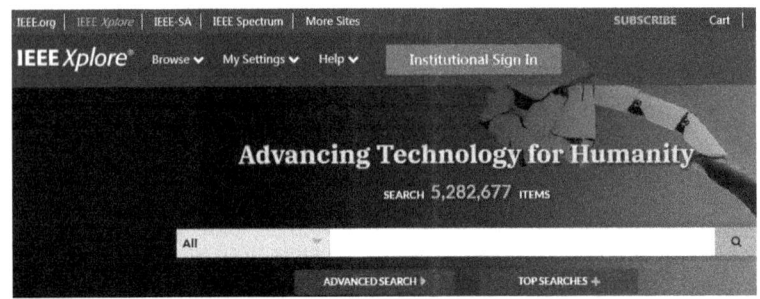

图 6-45　IEEE Xplore 全文数据库基本检索页面

5. Wiley Online Library

Wiley Online Library(http://onlinelibrary.wiley.com)的前身为 Wiley InterScience,是一个综合性的服务平台,提供全文电子期刊、电子图书和电子参考工具书等的检索。学科涵盖农业与食品科学、建筑与设计、艺术、商业、经济、金融与会计、化学、计算机科学与信息技术、地球与环境、人文科学、法律与犯罪、生命科学、数学与统计、医学、自然科学与工程、社会科学与行为科学等学科主题。Wiley Online Library 提供快速检索、高级检索、学科主题浏览、出版物浏览等检索方式。Wiley Online Library 快速检索界面如图 6-46 所示。任何用户均可访问并免费检索获取该数据库的文摘题录信息,订购用户可以下载全文。

图 6-46　Wiley Online Library 快速检索界面

6. Scitation 平台

AIP(American Institute of Physics,美国物理联合会)成立于 1931 年,主要提供物理学、天文学文献的出版、交流与教育服务。AIP 及其会员的出版物占据了全球物理学界研究文献四分之一以上的内容,包含一般物理学、应用物理学、化学物理学、地球物理学、医疗物理学、核物理学、天文学、电子学、工程学、设备科学、材料科学、数学、光学、真空科学、声学等。对全世界的图书馆及相关机构而言,AIP 及其会员的期刊已成为物理学相关文献的核心出版物。

AIP 出版的期刊、杂志、会议录,通过 Scitation 平台(http//scitation. aip. org)提供服务,数据回溯至 1930 年。目前,Scitation 平台收录了 32 个出版机构近 200 种科技期刊,并提供书目和文摘信息的免费访问服务,为订购用户提供个性化服务。

Scitation 平台提供出版物、学科主题浏览和快速检索、高级检索 4 种主要检索方式。Scitation 平台快速检索界面如图 6-47 所示。

图 6-47　Scitation 平台快速检索界面

7. APS 全文数据库

APS(American Physical Society,美国物理学会)成立于 1899 年,致力于发展与传播物理学知识,是世界上最具声望的物理学专业学会之一。APS 出版的物理评论系列期刊 Physical Review、Physical Review Letters、Reviews of Modern Physics,分别是各专业领域最受尊重、被引用次数最多的科技期刊之一,在全球物理学界及相关学科领域的研究者中具有极高的声望。

APS 全文数据库(http://www. aps. org)收录了 7 种物理领域的核心期刊,影响因子高,另有 4 种免费出版物,包括回溯到 1893 年的内容,全文文献量超过 55 万篇。APS 全文数据库主页如图 6-48 所示,提供出版物浏览和快速检索功能,任何用户均可访问并免费检索获取该数据库的文摘题录信息,订购用户可以下载全文。

图 6-48　APS 全文数据库主页

8. IOP 电子期刊

IOP(Institute of Physics,英国物理学会)成立于 1874 年,其英国皇家物理学会出版社 (Institute of Physics Publishing,IOPP)是英国物理学会的重要组成部分,是全球最大的物理及相关学科的信息传播机构之一,出版物包括著名的 Journal of Physics 系列在内的 30 多种学报、几百种书籍和各种参考文献。访问 IOP 电子期刊的主页(https://iopscience.iop.org/)可以查询到从 1873 年至今的 IOP 出版物,所有用户均可访问并免费检索获取该数据库的文摘题录信息,订购用户可以下载全文。IOP 电子期刊在国内由中国高等教育文献保障系统提供镜像服务站点,网址为 http://iop.calis.edu.cn,如图 6-49 所示。

目前,IOP 出版的 45 种电子期刊向 CALIS 集团成员开放,其中 42 种被 SCI 收录,出版学科包括应用物理、计算机科学、凝聚态和材料科学、物理总论、高能和核能物理、数学和应用数学、数学物理、测量科学和传感器、医学和生物学、光学、原子和分子物理、物理教育学、等离子物理等。

图 6-49 IOP 电子期刊主页

9. ACS 全文电子期刊数据库

ACS(美国化学学会)成立于 1876 年,是世界上历史最悠久的科技学会之一。ACS 全文电子期刊数据库(http://pubs.acs.org)提供了该学会出版的 40 余种期刊的电子版,以及化学工程新闻快报的电子版。ACS 全文电子期刊数据库都回溯到了期刊的创刊卷,最早的到 1879 年。这些期刊涵盖了 24 个主要的学科领域,包括生化、药物化学、有机化学、普通化学、环境化学、材料学、燃料与能源、植物学、毒物学、食品科学、药理与制药学、物理化学、环境工程学、工程化学、微生物应用生物科技、应用化学、分子生物化学、分析化学、聚合物、无机与原子能化学、农学等。ACS 出版的系列期刊以高品质、高影响力著称,被 ISI 的 journal citation report(JCR)评论为"化学领域中被引用次数最多的期刊"。ACS 全文电子期刊数据库主页如图 6-50 所示。

10. ASCE 数据库

美国土木工程师协会(American Society of Civil Engineers,简称 ASCE)成立于 1852 年。目前,ASCE 已和多个国家的 65 个土木工程学会达成了合作协议,成为全球土木工程领域的领导者。

ASCE 数据库(https://ascelibrary.org)包含的 35 种专业期刊中已有 27 种被 SCI 收录,其中 8 种期刊的影响因子在各自学科类别中排名前 10。ASCE 数据库主页如图 6-51 所示。ASCE 所有专业期刊(回溯至 1983 年)出版物涵盖学科:工程力学(mechanics)、工程项

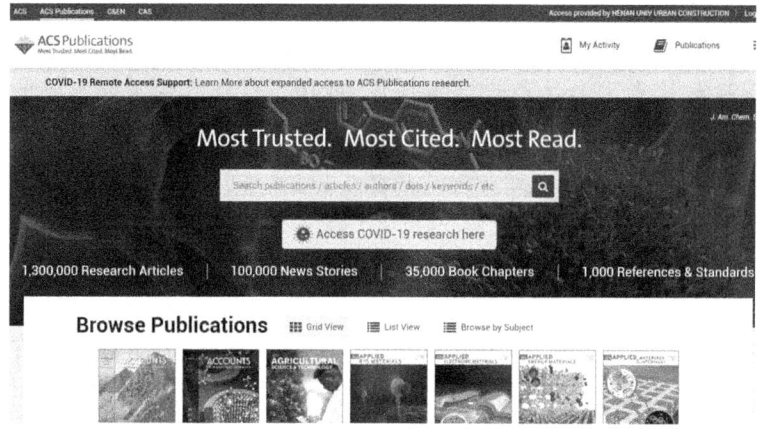

图 6-50 ACS 全文电子期刊数据库主页

目管理(management)、结构(structural)、施工(construction)、环境(environmental)、城市规划(urban planning)、地质技术(geotechnical)、水资源(water resources)、水力(hydraulic)、海岸和海洋工程(coastal and ocean)、航空宇宙(aerospace)、建筑材料(materials)、建筑设计(architectural)、建筑师职业(professional issues)、能源(energy)、交通运输(transportation)、基础设施(infrastructure)、土木工程领域的计算机应用(computing in civil engineering)。

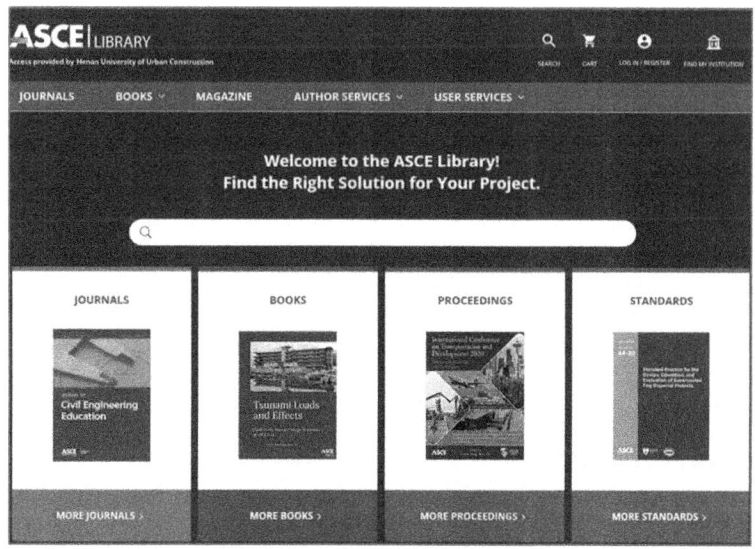

图 6-51 ASCE 数据库主页

6.4 开放存取期刊

开放存取(open access)是一个新兴的研究领域,其目的是利用互联网进行科学交流与出版,促进科学及人文信息的广泛交流,保障科学信息的长期保存和高效利用。在布达佩斯开放存取计划中,开放存取被定义为可以在互联网上免费获取的,无须读者本人支付使用费用,允许用户进行阅读、下载、复制、分发、打印和检索文献全文的服务,可实现对作品全文的链接,为作品编制索引,把其作为软件数据使用,或用于任何其他法律允许的合法目的。简单说就是在线链接、免费使用、版权豁免。

6.4.1 开放存取期刊简介

1. 简介

开放存取期刊(简称 OA 期刊)是一种免费的网络期刊,指将学术信息资源放到互联网上,任何人都可以免费获取资源,而不需考虑版权或注册的限制,旨在使所有用户都可以通过互联网无限制地访问期刊论文全文。也就是说,OA 期刊采用的是由作者付费出版,读者免费获取、无限制使用的运作模式,论文版权由作者保留。在论文质量控制方面,OA 期刊与传统期刊是类似的,采用严格的同行评审制度。

2. 特点

开放存取期刊具有以下特点。

(1)尊重知识产权。对于传统期刊,作者在发表论文前必须与出版商签订协议将版权转给出版商,出版商把作品排版、数字化后再卖给读者。开放存取期刊为作者提供发表和传播作品的平台,并且作者可以保留作品的原始版权。

(2)时效性和交互性强。开放存取期刊是利用信息技术的新出版模式,能迅速将研究成果与同行沟通和分享,用户能更便捷地获取信息。

(3)学术价值高。与其他免费网络资源相比,开放存取期刊必须通过严格的同行评审才能出版,其影响因子和被引用频次与传统高质量的学术论文几乎没有差别。

(4)抑制出版商对学术出版的垄断。开放存取期刊这样自费出版、作者保留版权的运行模式,在一定程度上能够打破出版商对学术出版的垄断。

(5)类型多样,存储空间小。开放存取期刊都是数字化的资源,存储空间小,并且具有文本、图像、声音等多种类型,便于读者获取和使用。

开放存取期刊对于学术界有着积极的推动作用,对加快科学研究成果的交流与共享,帮助研究者追踪某一学科的最新研究进展,避免重复研究等方面有着很大的贡献,对科学研究有很高的参考价值。

6.4.2 开放存取期刊介绍

1. PubMed Central

PubMed Central(http://www.pubmed.gov)是美国卫生研究院(NIH)生物医学与生命科学数字化期刊数据库,是世界上最主要的生物医学开放存取期刊之一,由美国国立医学图书馆(NLM)的国家生物技术信息中心(NCN)于 2000 年开发创建并维护,旨在保存生命科学方面的研究论文。PubMed Central 收录 2000 余种重要的生物医学期刊和 4000 余种开放存取期刊,读者无须注册便可无限制地阅读、下载文献全文(部分期刊在出版 2~24 个月后开放)。该网站具有浏览(browse)、简单快速检索(find articles)和高级检索(advanced search)等功能,并能与 Medline 文献检索系统交叉检索,如图 6-52 所示。

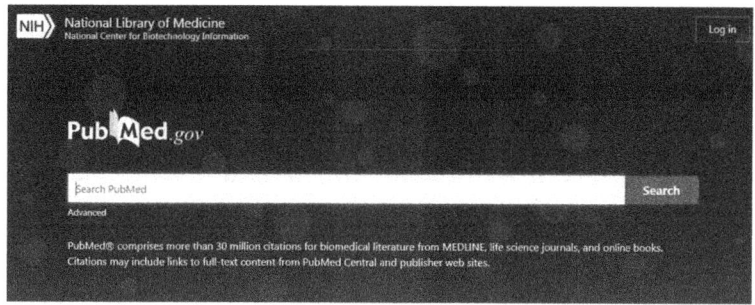

图 6-52　PubMed Central 检索界面

2. HighWire Press

HighWire Press(http:/highwire.stanford.edu)是由美国斯坦福大学图书馆于 1995 年创立的科学与医学文献库,是目前世界上两个最大的免费科技期刊文献全文数据库之一。HighWire Press 负责生物医学期刊的网络出版,截至 2016 年,它已负责美国医学会(AMA)、英国医学会(BMA)、牛津大学出版社(OUP)等 200 多个学术团体或大学出版社的网络出版,绝大多数是生物医学的重要核心期刊,学科范围涵盖生命科学、医学、物理学和社会科学等。该文献库现已收录 725 种电子期刊,文章达 765 万多篇,其中 243 万篇可免费获得。在其出版的期刊中,85 种为免费期刊,169 种期刊为延时开放存取期刊,此外,还有 346 种提供单篇付费的期刊。首页提供科研人员(Researchers)、图书馆员(Librarians)、出版社(Publishers)等入口,电子刊通常比印刷本提前 2~3 日出版,具备完整的全文检索功能,实现与 PubMed 中的全部期刊交叉查询,并将检索结果直接链接到 PubMed 中的题录信息。HighWire Press 检索界面如图 6-53 所示。

图 6-53　HighWire Press 检索界面

3. arXiv

arXiv(http://arxiv.org,中国镜像为 http://cn.arxiv.org/)是物理学家保罗·金斯帕于 1991 年在美国洛斯阿拉莫斯国家物理实验室建立的电子印本仓储,是美国国家科学基金会和美国能源部资助的项目。从 2001 年起,该库由康奈尔大学维护和管理,是全世界物理学研究者最重要的交流平台。其第一个数据库是 hep-th(高能理论物理),最初只供不到 200 名物理学家使用。随着用户和提交量急剧增长,其覆盖领域也从单一的物理领域扩展到数学、计算机科学、非线性科学、定量生物学和统计学等领域。除作者提交的论文外,它还收录美国物理学会(American Physical Society)、英国物理学会(Institute of Physics)等出版的电子期刊全文。arXiv 支持全部研究论文的自动化电子存储和发布,已收集了约 650 000 篇学术文献,并且每月有 3000~4000 篇文献更新。目前,该库在俄罗斯、德国、日本、英国等 17 个国家或地区设立了镜像站点,在我国的站点设在中科院理论物理研究所。arXiv 检索界面如图 6-54 所示。

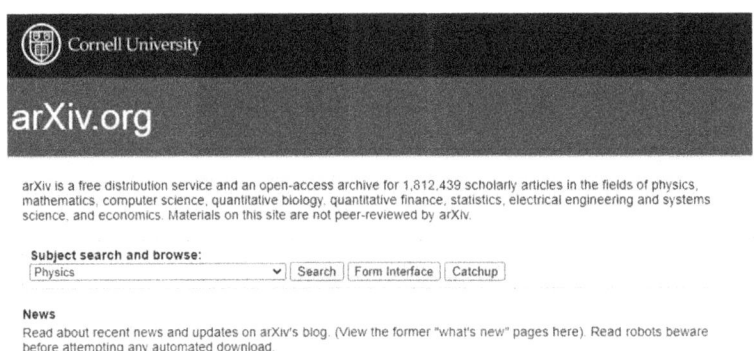

图 6-54　arXiv 检索界面

4. 中国科技论文在线

中国科技论文在线(http://www.paper.edu.cn)是经教育部批准,由教育部科技发展中心主办,针对论文发表周期长、科研成果和新观点难以及时有效交流的问题而创建的在线投稿平台,中国科技论文在线利用现代信息技术手段,打破传统出版物的限制,免去传统的评审、修改、编辑、印刷等程序,为科研人员提供一个方便快捷的交流渠道,具有发表速度快、保护版权、形式灵活、查阅方便等特点。根据文责自负的原则,只要作者所投论文符合该网站的投稿要求,均可在一周内发表。该网站提供论文发表时间的证明,并允许作者向其他专业学术刊物投稿,使更多的科研人员尽快地分享科研成果,并保护作者的知识产权。中国科技论文在线检索界面如图 6-55 所示。

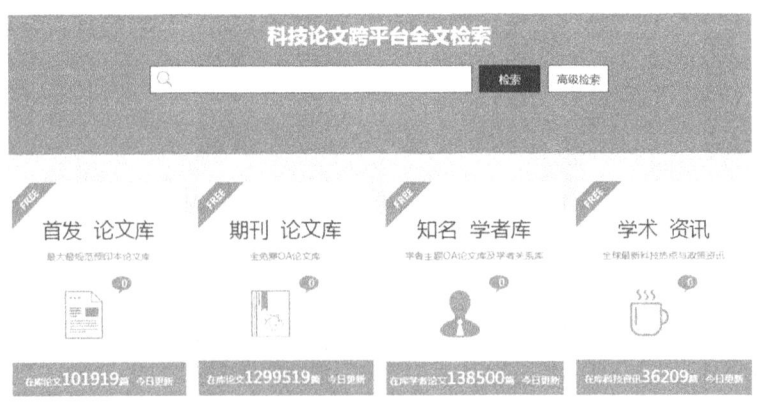

图 6-55　中国科技论文在线检索界面

5.中国预印本服务系统

中国预印本服务系统是由中国科学技术信息研究所与国家科技图书文献中心联合建设的以提供预印本文献资源服务为主要目的的实时学术交流系统,是国家科学技术部科技基础条件平台面上项目的研究成果,于 2004 年 3 月开通使用。该系统以提供预印本文献资源为主要服务目的,由国内预印本服务子系统和国外预印本门户子系统构成。国内预印本服务子系统主要收录国内科研人员自由提交的预印本文章,国外预印本门户子系统是由中国科学技术信息研究所与丹麦技术知识中心合作开发完成的,实现对全球 17 个知名预印本系统的一站式检索,并可获得全文。该系统仅限学术性文章,科技新闻和政策性文章等非学术性内容不在收录范围之内,收录范围覆盖自然科学、农业、医药、工程与技术、图书情报学等,已累积约 70 万条预印本文献记录。目前,中国预印本服务系统的用户信息已并入 NSTL(国家科技图书文献中心)网络服务系统之中。

第 7 章　专利文献检索

7.1　专利文献概述

专利是在一定时期内受法律保护的发明创造。专利是知识产权的一部分,专利的英文名称是 patent,源自拉丁文 Royal Letters Patent(皇家特许证书)。皇家特许证书是中世纪的君主用来颁布某种特权的证明,后来指英国国王亲自签署的独占权利证书。国际上一般认为英国 1623 年的《垄断法规》是近代专利保护制度的起点,至今已有三百多年的历史。接着美国在 1790 年、法国在 1791 年、印度和巴西在 1859 年、德国在 1877 年、日本在 1885 年都先后颁布了专利法。

我国于 1950 年颁布了《保障发明权与专利权暂行条例》,后又颁布了《中华人民共和国发明奖励条例》。1980 年 1 月中华人民共和国专利局成立,在 1984 年 3 月 12 日《中华人民共和国专利法》(简称《专利法》)正式通过,并从 1985 年 4 月 1 日起正式实施,标志着我国专利制度的开始。《专利法》分别在 1992 年、2000 年、2008 年和 2020 年进行了四次修改,1992 年 9 月,第一次修订的《专利法》,扩大了保护范围,延长了保护期,增加了进口权等;2008 年,对专利的创新性,提出了更高的要求,要求"绝对创新",不仅国内新颖,还要求在世界范围内的新颖,并与世界接轨;2020 年,对外观设计的保护期延长至 15 年。与《专利法》配套的《中华人民共和国专利法实施细则》(简称《实施细则》)正面临第四次修订。

7.1.1　专利的含义和种类

专利(patent)是专利权的简称,它是指一项发明创造向国家专利行政部门提出专利申请,经依法审查合格后,向专利申请人授予的在规定的时间内对该项发明创造享有的专有权。从不同的角度叙述,专利有不同的含义。从法律角度来说,指专利权;从技术的角度来说,专利是专利技术;从文献的角度来说,专利是指专利文献。

由于各国的《专利法》不同,专利类型的划分也不尽相同。我国、日本和德国等的专利分为发明专利、实用新型专利和外观设计专利。美国的专利分为实用专利(相当于我国的发明专利,只是范围更广)、外观设计专利和植物专利(这一点与中国很不同)。

1)发明专利

发明专利是专利中最重要的一种类型,是指对产品、方法及其改进所提出的新的技术方案。发明专利要求有较高的创造性水平,必须具有突出的实质性特点和显著的进步。"实质性特点"是指该发明与现有的技术相比具有明显的区别。"显著的进步"是指从发明技术上看与现有技术相比具有长足的进步,解决了人们一直渴望解决、但始终未能解决的问题,或者该发明克服了技术偏见,提出了一种新的研究思路,或者该发明取得了意想不到的技术效果,代表某种新技术的趋势。

发明专利又分为产品发明和方法发明。产品发明是指一切以有形形式出现的发明,即用物品来表现其发明,如机器、设备、仪器、用品等。方法发明是指发明人提供的技术解决方案是针对某种物质以一定的作用使其发生新的技术效果的一种发明,它是通过操作方式、工艺过程的形式来表现其技术方案的。

2)实用新型专利

与发明专利相比,实用新型专利也被称为"小发明""小专利",是指对产品的形状、构造或者其结合所提出的适于实用的新的技术方案。实用新型专利在创造性水平上略低于发明专利,它只适用于有形产品的发明,不适用于方法发明和物质发明。实用新型专利的申请无须进行实质审查,保护期限较短,有利于促进发明创造活动的开展和技术的更新换代。

3)外观设计专利

外观设计专利是指对产品的形状、图案、色彩或者其结合做出的富有美感并适于工业应用的新设计。外观设计专利要与产品结合,其设计既可以是立体的,也可以是平面的,要有视觉可见性且不能违反社会公德,能被大家接受。它是针对工业产品的设计,不是艺术品,要求能够进行工业化量产。

一项发明创造必须符合《专利法》规定的条件,才能被授予专利权。根据《中华人民共和国专利法》第二十二条的规定,"授予专利权的发明和实用新型,应当具备新颖性、创造性和实用性"。世界各国也都做了相应的规定。

7.1.2　专利的特点

1)专有性

专有性也称独占性,指专利权人对其发明创造所享有的独占性制造、使用、销售和进口的权利。也就是说,任何单位和个人未经专利权人许可不得进行以生产经营为目的的制造、使用、销售和进口其专利产品,否则就是侵犯专利权,将追究经济赔偿和法律责任。

2)地域性

除签有国际公约或双边互惠协定外,一个国家依照本国专利法授予的专利权,仅在该国法律管辖的范围内有效,对其他国家没有任何约束力,不承担专利权保护的义务。也就是说,如果一项发明创造只在我国取得了专利权,那么若有人在别国制造、使用、销售该发明创造,不属于侵权行为。

3)时效性

专利权人对其发明创造所拥有的专有权只在法律规定的时间内有效,期限届满后,专利权人对其发明创造不再享有专有权,这时任何单位和个人都可无偿使用该项技术。

根据 2020 年 10 月 17 日最新颁布的《中华人民共和国专利法》规定,发明专利权的期限为二十年,实用新型专利权的期限为十年,外观设计专利权的期限为十五年,均自申请日起计算。

美国的专利的保护期限:1995 年 6 月 8 日及之后提出申请的发明专利和植物专利的保护期为自实际申请日起 20 年;外观设计的专利保护期为专利授权日起 14 年。

专利在保护期内需要缴年费,年费随保护时间的增加而增加,年费在专利制度中起经济杠杆的作用。

7.1.3　专利文献

专利文献是实行专利制度的国家及国际性专利组织在审批过程中产生的官方文件及其出版物的总称,是一种集技术性、法律性和经济性于一体的重要情报源。广义的专利文献是指各国专利局及国际性专利组织在审批专利过程中产生的官方文件及其出版物的总称,包括申请说明书、专利说明书、专利公报、专利证书、专利文件、专利文摘、专利索引和专利分类表、专利法规和专利诉讼文件等。狭义的专利文献仅指申请说明书和专利说明书,包括扉页、说明书正文、权利要求书、附图等。

世界知识产权组织的研究结果表明,全世界最新的发明创造信息,90%以上都是最先通过专利文献反映出来的。

7.1.4　优先权与同族专利

专利的地域性,迫使人们想获得多国专利保护,就必须将其发明创造向多个国家申请专利。同一项发明创造在多个国家申请专利而产生的一组内容相同或基本相同的文件出版物,称为一个专利族,相互称为同族专利。

根据有关法律规定,申请人在一个缔约国第一次提出申请后,其后在一定时间内,就同一主题专利向合约国申请时,享有申请日等同第一次的时间的权利,这种时间上的特权被称为优先权。优先权对应的是优先权日。专利优先权的目的在于排除抄袭此专利者抢先注册申请的可能。专利优先权可分为国内优先权和国际优先权。

我国《专利法》规定,申请人自发明或者实用新型在中国第一次提出专利申请之日起十二个月内,或者自外观设计在中国第一次提出专利申请之日起六个月内,又向国务院专利行政部门就相同主题提出专利申请的,可以享有优先权。申请人要求发明、实用新型专利优先权的,应当在申请的时候提出书面声明,并且在第一次提出申请之日起十六个月内,提交第一次提出的专利申请文件的副本。申请人要求外观设计专利优先权的,应当在申请的时候提出书面声明,并且在三个月内提交第一次提出的专利申请文件的副本。

同族专利的作用:
(1)同族专利可以帮助阅读者克服语言障碍;
(2)同族专利可以提供有关该相同发明主题的最新技术发展、法律状态和经济情报;
(3)同族专利可以为专利机构审批专利提供参考;
(4)同族专利可以解决专利文献的收藏不足问题。

7.1.5　专利文献的用途

专利文献蕴藏着技术情报、法律情报和经济情报,其用途很广。

1)专利性检索

专利性检索可以分为专利法律状态检索和专利申请检索。其中,专利法律状态有以下几种:申请公开、实质审查生效、授权、变更、失效、驳回,以及同族专利情况检索等。

专利申请检索是指一项新发明在申请专利之前,申请人或代理人要进行专利性检索,以便更清楚地了解该发明是否具有新颖性和创造性,从而对是否申请专利做出决策。专利性检索,主要是检索相关的专利文献和专业期刊。专利合作条约(PCT)规定七国二组织的专利文献(追溯到 1920 年)为最低文献量。这七个国家和两个组织是美国、日本、俄罗斯、德国、英国、法国、瑞士,欧洲专利局(EPO)和专利合作条约(PCT)。

2)侵权检索

任何一个单位或个人在从事新课题研究之前,应当查阅专利文献,了解是否有侵权的危险,避免盲目研究。

企业向国外出口新产品时,也应检索专利文献,判断是否会造成侵权。当一个企业被控告侵犯他人专利权时,应对有关的专利文献进行仔细研究,判断是否真的侵权。此外,还可进行更广泛的专利文献检索,力求找出相关的专利文献,然后反诉,请求专利局宣告该专利权无效,从而摆脱侵权纠纷的险境。

3)开发新产品、解决技术问题检索

专利文献记载着技术发明的详细内容,是很有价值的技术情报。据世界知识产权组织(WIPO)的材料介绍,在研究工作中经常查阅专利文献可以缩短 60% 的研究时间,节省 40% 的研究费用。

4)技术引进前的检索

在技术引进工作中,对拟引进的技术或设备,应通过检索专利文献了解有关技术的先进程度,专利权是否有效等,以便切实掌握情况,避免上当吃亏。一方面要查找专利的有效性、专利的地域效力等法律信息,另一方面还要了解所引进的技术的水平及实施的可能性等技术信息。根据检索的专利文献内容,还可以进一步进行决策,分析是引进还是自行研制更为有利。

5)技术评价与预测检索

把同一技术领域不同时间的专利情报联系起来,进行分析研究,便可了解该技术领域的现状与发展方向,了解竞争对手或同行的研究情况,从而使企业合理地选择研究开发目标,以最佳方案、最少的投资,谋求最大的发展化成果。

预测检索是从有关的技术领域所含的类别入手,借助专利分析工具,分析、统计专利数量和国别,评价和预测哪些技术领域处于活跃阶段,哪些国家处于技术领先地位,揭示技术发展点,进而确定自身技术研发方向以及专利布局战略的检索,也叫专利战略检索。我国的华为就是一个很好的例子。

6)反映一个国家、一个地区技术的进步程度

一个国家或地区所拥有专利的数量和质量,可以反映这个国家或地区的科技水平。为此,2008 年 6 月 5 日国务院制定颁发《国家知识产权战略纲要》,目的是提升我国知识产权创造、运用、保护和管理能力,建设创新型国家,实现全面建设小康社会的目标。

2008 年 12 月 8 日下午,河南省政府新闻办、省知识产权战略工作领导小组办公室联合召开新闻发布会,宣布《河南省知识产权战略纲要》(以下简称《战略纲要》)正式发布实施。《战略纲要》提出,知识产权制度欠发达的河南,要用五年时间明显提升知识产权水平,到 2020 年,成为制度体系完善、实施效果明显的知识产权强省。《战略纲要》中明确提出了重点领域知识产权和重点产业知识产权的战略任务。在专利,商标和地理标志,版权,植物新品种,传统知识、民间艺术和遗传资源,商业秘密和集成电路布图设计六个重点领域,不断加强知识产权创造和保护。

7.1.6 专利文献的特点

专利文献是科技文献之一,它与其他的科技文献(图书、期刊、样本说明书、研究报告、会议论文、技术标准、学位论文)相比,有其独特之处。

1)传播最新科学技术信息

专利是世界上最大的技术信息源,据统计分析,专利包含了世界科技信息的 90%~95%。由于构成专利权起码要符合新颖性、先进性和实用性三个条件,因此,专利反映的都是在技术上有独到之处并对实际应用有价值的信息。

2)内容广泛

在应用技术方面,专利文献涉及领域之广是其他科技文献无法比拟的。目前,全世界每年公布的发明说明书约一百万件,其内容极其广泛,大到飞机、火车、雷达,小至扳手、纽扣、圆珠笔尖,从小改小革到高精尖技术,各种水平的发明应有尽有。经验说明,几乎没有一个技术课题在专利文献中查找不到,哪怕是极微小的细节,在专利文献中都有所反映。

国际专利分类表把可申请专利的技术领域分成 6 万多个细目,美国专利分类表则分成 10 万个以上的细目。从这里也可看出专利文献所包含的内容之广泛。据国外调查统计,专利文献中报道的技术内容,只有 5.77% 刊载于其他文献中。这个数字表明,要了解新技术发明,如果不善于查阅专利文献,就会失去大量的新技术信息。

3)内容详尽

各国专利法规定,发明说明书的撰写必须十分详尽,达到内行人能据以实施的程度。专利合作条约(PCT)对撰写专利说明书做了明确的规定,其要求是申请说明书所公开的发明内容务必完全清楚,以内行人能实施为标准。撰写时应包括六部分内容:①发明所属技术领域;②技术发展背景;③发明实质;④简明图解;⑤应用的最佳方案;⑥工业实施条件。这也是我国《专利法》第二十六条的规定。因此,专利文献较之其他科技文献,在技术内容的叙述上往往更为具体,也更为实用。

不过,在查阅专利文献时,应当注意,由于专利申请的单一性原则,一项产品的全部设计和生产技术,是不可能只包括在一件专利中的。只有通过一系列核心的和外围的专利才能完整地了解某一产品的全貌,例如英国皮尔金顿兄弟有限公司对浮法玻璃生产技术申请过一百多件专利。

4)报道速度快

世界上绝大多数国家实行的是先申请制,对内容相同的发明,专利权授予最先申请的人。因此,发明人通常力求抢先提出专利申请。自申请日起满 18 个月,专利局就公开出版发明说明书,也可以提出提前审查申请,提前公开,加快技术交流的过程。

据统计,专利文献对发明成果的报道,往往早于其他文献,例如电视机这项专利在专利文献上发表是 1923 年,而在其他文献上发表是 1928 年,相差五年。喷气式发动机在专利文献上公布的日期是 1936 年,在其他文献上第一次公布是 1946 年,相隔十年。异氰酸醋和聚氨醋的生产技术,期刊文献于 20 世纪 60 年代初才略有报道,而第二次世界大战后早已涌现了很多相关专利,相差时间为十五年。由此可见,专利文献对于及时了解各个技术领域的最新发展水平是很有价值的。

5）格式雷同化

各国的专利说明书,虽然文种不同,但在著录项目、发明内容及权利要求的叙述上都具有雷同化的特征。

首先,著录项目都采用了国际统一的识别代码符号,例如〔19〕国别,〔32〕优先权申请日期,〔51〕国际专利分类号,〔72〕发明人。因此,不懂原文的人也能识别专利说明书上的一些重要特征。

其次,各国的专利说明书和权利要求书在内容的叙述和安排上,要求也都大致相同,专利文献的格式呈现雷同化。

6）大量重复报道

目前全世界每年公布的发明说明书在一百万件以上,其中一半以上是重复报道的。其原因有二:一是同一发明在若干个国家提出专利申请,在各国重复公布;二是实行早期公开延迟审查的国家,对一件发明说明书公布二、三次。这为查阅专利文献的读者提供了选择文种和国别的方便。

7）文字晦涩

由于专利文献是技术文件和法律文件的结合物,需按专利法的有关规定撰写,才有利于审查通过,从技术角度来看,内容显得重复、烦琐。此外,申请人为了获得尽可能大的保护范围,往往采用概括性很强的术语,例如有时把钢笔概括为书写工具,把梯子称为攀登工具,把筛子叫作分离装置等,读起来感到文字晦涩,尤其是在权利要求书中。

7.1.7　专利号码的构成

中国专利号码由申请年、专利类型号码、流水号码和校验号码构成,如图 7-1 所示。

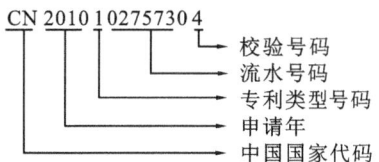

图 7-1　中国专利号码的构成

2003 年 10 月 1 日起,申请年由 2 位升级为 4 位。

申请类型号码用 1 位数字表示,所使用数字的含义规定如下:

①"1"表示发明专利申请;

②"2"表示实用新型专利申请;

③"3"表示外观设计专利申请;

④"8"表示进入中国国家阶段的 PCT 发明专利申请;

⑤"9"表示进入中国国家阶段的 PCT 实用新型专利申请。

为了与其他国家的专利有所区别,在中文专利数据中,号码的构成的最前面代表的是国家或组织,如 CN 代表中国、CH 代表瑞士、DE 代表德国、EP 代表欧洲专利局、FR 代表法国、GB 代表英国、JP 代表日本、RU 代表俄罗斯、US 代表美国、WO 代表世界知识产权组织(WIPO)、CA 代表加拿大。

7.2　专利文献检索方法

7.2.1　专利文献检索流程

用户根据课题或需求,确定分类号或关键词,在专利数据库中进行查找,并获得全文,同时,专利数据库提供具有专利文献特征的检索字段,如专利权人、发明人、专利名称、代理机构、代理人、法律状态等,都可以作为检索专利文献的检索入口或检索方式,如图 7-2 所示。

图 7-2　专利文献检索流程

7.2.2　专利文献分类

国际专利分类法(International Patent Classification,简称 IPC)是目前使用最广泛的,也是目前唯一国际通用的专利文献分类法。

IPC 采用五级分类的方法,即部、大类、小类、主组、分组。部用大写英文字母 A 至 H 中的一个字母表示,如图 7-3 所示。

图 7-3　IPC 分类导航检索

IPC 的等级体系结构如图 7-4 所示。

各国专利局用 IPC 对专利文献进行分类时,会给出多个分类号码,因为专利文献上的分类号分为两种标记,即发明信息分类标记和附加信息分类标记,用"I"和"N"标示,也就是我们通常所说的主分类号和附加分类号。

例如,室内空气净化装置及方法的主分类号为 A61L9/20,还能给出的附加分类号为A61L101/02(2006.01)N;A61L101/32(2006.01)N;A61L101/46(2006.01)N。

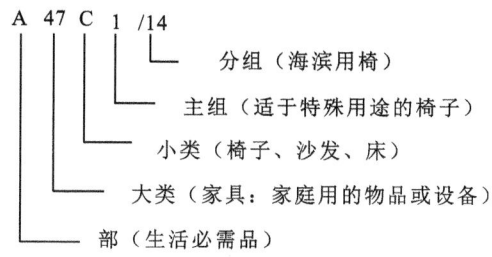

图 7-4 IPC 的等级体系结构

从专利文献检索流程图可以看出,检索时首先必须把课题的内容转换为检索语言(专利分类号或关键词),才能检索出有关课题的专利文献,例如,放大器保护电路这一技术主题,可利用国际专利分类号(H03F1/52)进行数据库检索,还可直接利用关键词进行数据库检索。

7.3 中国专利文献检索

7.3.1 国家知识产权局——专利检索及分析系统

国家知识产权局的网址为 https://www.cnipa.gov.cn/,如图 7-5 所示。

图 7-5 国家知识产权局主页

国家知识产权局负责保护知识产权工作,推动知识产权保护体系建设,负责商标、专利、原产地地理标志的注册登记和行政裁决,指导商标、专利执法工作等。国家知识产权局专利检索及分析系统,收录了 103 个国家、地区和组织的专利数据,以及引文、同族、法律状态等数据信息,其中涵盖了中国、美国、日本、韩国、英国、法国、德国、瑞士、俄罗斯、欧洲专利局和世界知识产权组织等的专利数据,定时更新,对注册用户提供免费的专利检索。用户可以通过该系统,获得专利文献全文。系统提供常规检索(见图 7-6)、高级检索、导航检索(也就是分类检索)、药物检索、命令检索、热门工具检索和下载(见图 7-7)。其中,专利分析功能只对收费用户提供服务。

图 7-6　专利检索及分析系统常规检索界面

图 7-7　专利检索及分析系统检索结果界面

7.3.2　中国知识产权网——专利信息服务平台

中国知识产权网的网址为 http://www.cnipr.com/,如图 7-8 所示。

中国知识产权网隶属知识产权出版社有限责任公司,定期发布专利统计数据。点击主页右上方,进入中国知识产权网专利信息服务平台,平台提供简单检索(见图 7-9)和高级检索(见图 7-10),并提供全文下载。

图 7-8　知识产权网综合服务平台主页

图 7-9　中国知识产权网专利信息服务平台简单检索界面

图 7-10　中国知识产权网专利信息服务平台高级检索界面

7.3.3 中国专利信息中心——专利之星检索系统

中国专利信息中心的网址为 http://www.cnpat.com.cn/,如图 7-11 所示。

中国专利信息中心成立于 1989 年,是国家知识产权局直属事业单位、国家级大型专利信息服务机构,拥有国家知识产权局赋予的专利数据库管理权、使用权和综合服务经营权。用户通过免费注册,可进行中国和世界专利检索,中国专利信息中心提供智能检索和高级检索等方式。

图 7-11 中国专利信息中心主页

点击网站主页导航栏的"专利检索",进入专利之星检索系统的检索界面,如图 7-12 所示。系统中的表格检索即高级检索。

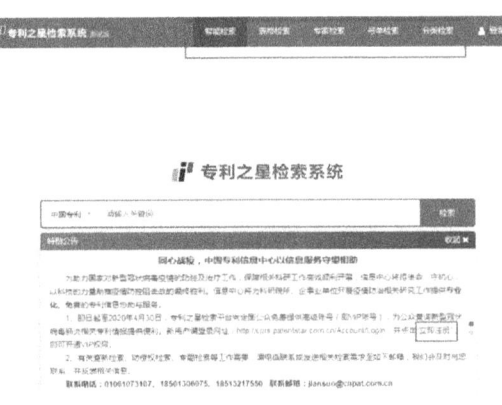

图 7-12 专利之星检索系统的检索界面

与其他检索系统不同的是,该系统提供的分类检索,除了提供专利分类表的导引查询以外,还包含了外观分类查询和国民经济分类查询。

7.3.4　中国知网专利全文数据库

中国知网专利全文数据库收录了从 1985 年至今的中国专利和从 1970 年至今的国外专利,数据来源于国家知识产权局知识产权出版社有限责任公司,其中,中国专利全文数据库共计收录专利 2900 万条,海外专利数据库共计收录专利 105 648 500 条。用户可通过申请号、申请日、公开号、公开日、专利名称、摘要、分类号、申请人、发明人、优先权等检索项进行检索,国内专利一次性下载专利说明书全文,国外专利说明书全文链接到欧洲专利局网站。

中国知网专利全文数据库提供高级检索、专业检索和一框式检索,如图 7-13 所示。检索结果左侧提供三种专利类型的分组,提供 CAJ 格式全文下载。

图 7-13　中国知网专利全文数据库检索界面

7.3.5　万方知识服务平台专利数据库

万方知识服务平台专利数据库目前共收录中国专利 2200 万余条,国外专利 8000 万余条,年增 200 万条,收录范围涉及十一国两组织。十一国为中国、美国、澳大利亚、加拿大、瑞士、德国、法国、英国、日本、韩国、俄罗斯;两组织为世界专利组织、欧洲专利局。万方知识服务平台专利数据库提供简单检索、高级检索和专业检索,并提供分类导引检索,如图 7-14 所示,更符合专利文献的检索特点。同时提供个性化订阅。

7.4　国外专利文献检索

7.4.1　美国专利商标局网站——美国专利数据库

美国专利商标局网站的网址为 https://www.uspto.gov/,如图 7-15 所示。

该数据库是免费向公众开放的全文数据库,包括授权专利数据库和专利申请公开数据库。美国专利数据库检索功能较强,检索途径众多,除提供快速检索和高级检索外,还提供专利分类检索、法律状态检索、保护期限检索、专利权人的变化检索等。

图 7-14　万方知识服务平台专利数据库检索界面

图 7-15　美国专利商标局主页

7.4.2　欧洲专利局——欧洲专利数据库

欧洲专利局的网址为 https://www.epo.org/index.html,如图 7-16 所示。

图 7-16　欧洲专利局主页

欧洲专利局网站提供德语、英语和法语三种语言,免费提供专利服务,用户能够检索欧洲专利组织任何成员国、欧洲专利局和世界知识产权组织公开的专利信息,可下载全文。

7.4.3　德温特专利索引数据库

德温特专利索引数据库是个商业数据库,提供专利分析功能,它通过学术论文和技术专利之间相互引证的关系,建立了专利与其他文献类型之间的链接,是检索全球专利最权威的数据库。

7.4.4　世界知识产权组织

世界知识产权组织的网址为 http://www.wipo.int,如图 7-17 所示。

图 7-17　世界知识产权组织主页

世界知识产权组织(World Intellectual Property Organization,WIPO)官方网站提供世界各国的专利数据库检索服务,包括 PCT(Patent Cooperation Treaty,即专利合作条约)国际专利数据库、美国专利数据库、欧洲专利数据库、中国专利英文数据库等。

除了上述列举的网站以外,各个国家的专利局网站,几乎都提供免费查询服务,这是因为专利制度是通过"公开换保护"的,需要让别人知道专利权人的专有权在哪些方面。

第 8 章 标准文献

8.1 认识标准

8.1.1 什么是标准

随着工业生产专业化程度的不断提高,同一台设备上的零件可能来自不同的制造企业,而要众多、来源不同的零件能组装成机器设备,并能正常工作,就必须在零件生产的过程中,遵循一种统一的规则,这种统一的规则实际上就是标准。标准在生产、使用、流通等各个环节起着重要的准绳、纽带和桥梁作用。标准化在提高劳动生产率,扩大技术交流、贸易交流和改善日常生活等方面发挥着重要作用。

我国国家标准 GB/T 20000.1—2014《标准化工作指南 第 1 部分:标准化和相关活动的通用术语》中对标准做如下定义:通过标准化活动,按照规定的程序经协商一致制定,为各种活动或其结果提供规则、指南或特性,供共同使用和重复使用的文件。

那么,什么是标准化活动呢? GB/T 20000.1—2014 规定:为了在既定范围内获得最佳秩序,促进共同利益,对现实问题或潜在问题确立共同使用和重复使用的条款以及编制、发布和应用文件的活动。标准化活动在广阔的范围内,影响和推动着生产发展、社会和科技进步,标准化的成果是各种标准。

规定程序指制定标准的机构颁布的标准制定程序。

ISO 规定:为在一定范围内获得最佳秩序,经协商一致建立并由公认机构批准,为共同使用和重复使用,对活动及结果提供规则、指导或给出特性的文件。可以看出 GB/T 20000.1—2014 的定义,与 ISO 的规定基本一致。

《中华人民共和国标准化法》(以下简称《标准法》)第二条规定:标准是指农业、工业、服务业以及社会事业等领域需要统一的技术要求。标准包括国家标准、行业标准、地方标准和团体标准、企业标准。国家标准分为强制性标准、推荐性标准,行业标准、地方标准是推荐性标准。

实际上,标准是多属性、多特征、多元、多维、多作用、多功能的,不同人对标准有不同的认识、有不同的理解。标准对生产者来说是生产工具,对管理者来说是管理工具,对经营者来说是一种竞争工具,是竞争的武器,对政府来说是一个监管工具。

简洁地说,标准是指对工农业生产和工程建设的产品质量、检验方法、技术要求和市场准入制度的门槛等方面所做的统一规定,是有关方面应共同遵守的技术依据与准则。站在国际的角度上讲,标准就是贸易壁垒。

8.1.2　实施标准化战略的意义

实施标准化战略关系科学发展与社会全局。工业革命之后,标准成为全世界社会事务与公共服务、经济与技术、企业与产业、外交与国防等领域,使用范围最广,应用领域最多的一种调节和管理工具,已成为产业和地区参与国内外竞争的重要手段之一,直接影响产业的区域分工和竞争力的提升。从某种意义上来说,技术标准是一种发展秩序和规则,谁掌握了标准的制定权,并使标准成为主导标准,谁就掌握了市场的主动权。

近年来,我国在外贸出口中,受国外技术壁垒的限制日益严重,据有关调查,近几年我国有 60% 的出口企业遇到国外技术壁垒,每年我国受技术壁垒影响所造成的贸易损失达 450 亿美元。

技术壁垒建立在技术创新能力的基础上,其实质是国家之间技术实力的较量,这种较量在很多领域体现为技术标准的竞争。在经济全球化、国际竞争日益激烈的今天,技术标准是技术创新链条中的重要一环,是技术成果的规范化、标准化,是产业竞争的制高点。在一定程度上说,技术标准甚至比技术本身更为重要。

为了争夺技术壁垒优势,发达国家利用其科技优势,最大限度地控制国际标准化组织(ISO)和国际电工委员会(1EC)的技术领导权,尽可能将本国的技术法规、标准及检测技术纳入国际标准,占领市场。德国工业 4.0 战略的最终结果是标准化,美国先进制造业战略的智能化支撑是先进标准……特别值得注意的是,以美国为代表的发达国家正意图改变原有国际规则下的产生模式,这对我国产品、服务与标准走向世界,无疑是一种全方位的挑战和机遇。

技术标准是我国的薄弱环节:整体水平低,并与研究脱节,环保和安全领域对技术标准的要求十分迫切;标准的国际化水平低,运用标准作为竞争手段的能力更差。尽快研究建立既符合世贸规则,又能保护本国利益的国家技术标准体系是当前紧迫的任务,所以国家标准委提出标准创新战略,结合国情,适当采用国际标准,不盲目采用国际标准。

华为在国际标准战略上取得重大突出,为我们树立了榜样。目前我国在职业高等教育领域,已经有 20 个高校开设了"标准化"专业,并且有了标准化工程硕士培训点。为我标准化发展,起到了很好的促进作用。技术标准是国家战略得以实现的基础保障。

标准是市场准入的通行证。一流企业定标准、二流企业做品牌、三流企业卖技术、四流企业做产品。对企业而言,拥有标准就拥有了行业制高点,这正是知识经济时代企业制胜的法宝,科技工作要密切关注、跟踪标准的变化。加大标准化工作宣传教育力度,加强标准化意识、理念与方法的培育,强化标准与法律法规的硬约束,强化标准化战略的实施,已成为各项改革事业成功与否的关键,也是中国标准走向世界,让世界了解中国品牌、倾听中国声音、体验中国文化的美丽窗口。中国标准化事业任重道远。

8.1.3　标准的类型

按照不同的区分方式,标准可以区分为不同的类型。

1. 按标准主体和使用范围划分

按标准主体和使用范围划分,可将标准分为国际标准、区域标准、国家标准、行业标准、地方标准、团体标准、企业标准。

1）国际标准

国际标准是指由国际标准化组织或国际标准组织通过并公开发布的标准。

国际标准化组织(ISO)和国际电工委员会(IEC)是国际上的权威性标准化组织,由他们组织制定的标准为国际标准。另外,由 ISO 认可的其他 27 个国际组织所制定的标准也是国际标准。

2）区域标准

区域标准是指由区域标准化组织或区域标准组织通过并公开发布的标准。

区域标准也称地区标准,目的是满足同一地区内国家的共同需要。通常提到的区域标准主要有欧共体标准(CEN)和欧洲电工标准化委员会(CENELEC)制定的标准。

3）国家标准

国家标准是指由国家标准机构通过并公开发布的标准。

常用国家标准代码:GB 代表中国,NF 代表法国,ANCI 代表美国,ГOCT 代表俄罗斯,BS 代表英国,DIN 代表德国,JIS 代表日本,CAN 代表加拿大。

4）行业标准

行业标准是指由行业机构通过并公开发布的标准,如美国机械工程师协会制定的 ASME 标准、德国电气工程师协会制定的 VDE 标准。我国的行业标准是对没有国家标准,而又需要在全国各个行业范围内统一的技术要求所制定的标准。

《标准法》规定:对没有推荐性国家标准、需要在全国某个行业范围内统一的技术要求,可以制定行业标准。行业标准由国务院有关行政主管部门制定,报国务院标准化行政主管部门备案。

我国的行业标准也称"部颁标准"或"部级标准"。

5）地方标准

地方标准是指为满足地方自然条件、风俗习惯等特殊技术要求而制定的标准。

地方标准由省、自治区、直辖市人民政府标准化行政主管部门制定;设区的市级人民政府标准化行政主管部门根据本行政区域的特殊需要,经所在地省、自治区、直辖市人民政府标准化行政主管部门批准,可以制定本行政区域的地方标准。地方标准由省、自治区、直辖市人民政府标准化行政主管部门报国务院标准化行政主管部门备案,由国务院标准化行政主管部门通报国务院有关行政主管部门。

6）团体标准

团体标准是指学会、协会、商会、联合会、产业技术联盟等社会团体协调相关市场主体共同制定的满足市场和创新需要的标准。团体标准由本团体成员约定采用或者按照本团体的规定供社会自愿采用。

制定团体标准应当遵循开放、透明、公平的原则,保证各参与主体获取相关信息,反映各参与主体的共同需求,并应当组织对标准相关事项进行调查分析、实验、论证。

国务院标准化行政主管部门会同国务院有关行政主管部门对团体标准的制定进行规

范、引导和监督。

7）企业标准

企业标准是指由企业通过，供该企业使用的标准。

《标准法》第十九条规定：企业可以根据需要自行制定企业标准，或者与其他企业联合制定企业标准。第二十条规定：国家支持在重要行业、战略性新兴产业、关键共性技术等领域利用自主创新技术制定团体标准、企业标准。

2. 按标准法规性划分

中国的标准按法律性质，可分为强制性标准和推荐性标准。

1）强制性标准

强制性标准是指对保障人身健康和生命财产安全、国家安全、生态环境安全以及满足经济社会管理基本需要的技术要求制定的标准。

强制性标准具有法律约束性，即具有法规性，有关部门必须遵照执行。

2）推荐性标准

推荐性标准是指对满足基础通用要求、与强制性国家标准配套、对各有关行业起引领作用的技术要求制定的标准。推荐性国家标准由国务院标准化行政主管部门制定（见《标准法》第 11 条）。

一般来讲，行业标准、地方标准、团体标准是推荐性标准，但有些部级行业标准也可能是强制标准，如 YY 0469—2011《医用外科口罩》。另外，《标准法》第二十一条规定：推荐性国家标准、行业标准、地方标准、团体标准、企业标准的技术要求不得低于强制性国家标准的相关技术要求。

依据《2019 年中国标准化年度发展报告》，截至 2019 年 12 月底国内标准统计数量：国家标准 38 347 项，其强制性标准 2131 项；行业标准 65 998 项；地方标准 42 881 项；团体标准 12 195 项；企业标准 1 269 641 项。

8.1.4　标准的特点

（1）与法律法规配套，与合格评定配套。

（2）推荐性标准和强制性标准是配套的。

（3）标准和标准之间是成系列的、配套的。

（4）标准与计量、认证、检测也是配套的，是相互联系的。

8.1.5　标准文献及其特征

（1）标准文献是标准化工作的成果。标准文献主要是指与技术标准、生产组织标准、管理标准，以及其他具有标准性质的文件所组成的特种科技文献体系。广义的标准文献是指记载、报道标准化的所有出版物；狭义的标准文献是指技术标准、规范和技术要求等，主要是指技术标准。

标准文献除了以标准命名外,还常以规程、规格、方法、定额、安全、要求、指导、建议等名称出现。国外标准文献常以 standard(标准)、specification(规格、规范)、rule(规则)、instruction(规则)、practice(工艺)、bulletin(公报)等命名。

(2)标准文献与一般的科技文献不同,主要表现在以下几个方面。

①标准是经过有关方面的共同努力所取得的成果,是集体劳动和智慧的结晶。

②标准必须经过公认的权威机构或授权单位的批准认可。

③标准必须随着科学技术的发展而更新换代,即随着技术水平的提高而不断进行补充、修改,甚至废止。

(3)标准文献外在特征:有表示标准使用范围的标准代号、标准号、标准名称、标准内容、标准提出单位、标准批准机构、标准批准日期、标准实施日期。

8.2 标准文献检索概述

随着计算机技术、网络技术的发展,标准文献检索主要依靠计算机检索实现。

标准文献主要有分类检索途径和标准号检索途径。当然也可以按照标准的颁布机构、标准名称、关键词、实施日期等标准文献的外在特征检索字段进行检索。通常情况下,只有按分类途径检索,才能提高查全率。

8.2.1 标准文献的分类

国际标准化组织(ISO)于 1991 年组织编制了用于国际标准文献分类的《国际标准分类法》(International Classification Standards,简称 ICS)。它主要用于国际标准、区域标准、国家标准以及相关标准化文献的分类、编目、订购与检索,从而促进国际标准、区域标准、国家标准以及其他标准化文献在世界范围内的传播。

1994 年以前使用的国际标准采用国际十进制分类法(UDC),1994 年以后改用 ICS 分类。为此国家技术监督局于 1995 年 6 月成立国际标准分类法应用课题研究组,经过课题组专家们的紧张工作,于 1996 年初完成该课题的应用研究工作,并于 1996 年 4 月 1 日通过了由国家技术监督局组织的专家鉴定。随后,国家技术监督局要求从 1997 年 1 月 1 日起在国家标准、行业标准、地方标准上标注新的 ICS 分类号。至今,我国在标准分类上仍采用 ICS 与中国标准分类法并行的办法,随着我国标准化工作与国际的接轨,ICS 将最终取代中国标准分类法。目前国家标准委网站仅提供 ICS 检索途径。

ICS 采用层累制分类法,由三级类目构成。一级类目的 40 个大类用两位数字表示(见表 8-1),二级类目由三位数字组成,三级类目由两位数字组成,一、二、三级类目之间用"."隔开,例如"43.040.50 传动装置、悬挂装置"。

表 8-1　国际标准分类表(ICS)一级类目

01	综合、术语、标准化、文献	49	航空与航天工程
03	社会学、服务、公司组织和管理、行政、运输	53	材料储运设备
07	数学、自然科学	55	货物的包装和分发
11	医疗、卫生技术	59	纺织和皮革技术
13	环境、保健与安全	61	服装行业
17	计量学和测量、物理现象	65	农业
19	试验	67	食品技术
21	机械系统和通用部件	71	化工技术
23	流体系统和通用部件	73	采矿和矿产
25	制造工程	75	石油及有关技术
27	能源和传热工程	77	冶金
29	电工技术	79	木材技术
31	电子学	81	玻璃和陶瓷工业
33	电信	83	橡胶和塑料工业
35	信息技术、办公设备	85	造纸技术
37	成像技术	87	涂料和颜料工业
39	精密机械、珠宝	91	建筑材料和建筑物
43	道路车辆工程	93	民用工程
45	铁路工程	95	军事工程
47	造船和船用设备	97	服务性工作、文娱、体育

8.2.2　标准号码的构成

1. 国际标准

国际标准的标准号码:标准代号＋顺序号＋年份(制定或修订年)。例如 ISO 19363:
2020 表示移动提升工作操作平台和操作法的标准。

ISO 标准号码的结构形式有两种:

①推荐标准 ISO/R＋顺序号＋发布年份;

②正式国际标准 ISO＋顺序号＋发布年份。

国际主要标准代号如表 8-2 所示。

2. 区域标准

区域标准的标准号码:标准代号＋顺序号＋年份(制定或修订年)。例如欧洲标准协会
颁布的 EN 404-2005 为自救用呼吸保护设备、带口罩组件的一氧化碳过滤式自救器的标准。

欧盟的重要贡献在于统一了货币和标准。

3. 外国国家标准

美国国家标准的标准号码:ANSI＋分类号＋小数点＋序号＋年份,例如 ANSI/ESD
S8.1—2012。

日本工业标准的标准号码:JIS+字母类号+数字类号+标准序号+年份,例如 JIS A0206—2013。

英国国家标准的标准号码:BS+顺序号+分册号+年份,例如 BS EN 61788—17—2013。

德国国家标准的标准号码:DIN+顺序号+年份,例如 DIN EN 12620—2013。

法国国家标准的标准号码:NF+字母类号+数字小类号+顺序号+年份,例如 NF Z52—049—2013。

值得注意的是,自欧盟成立以来,欧盟统一了货币和标准,所以,今后我们会看到更多欧洲的国家标准也是欧盟标准,带有欧盟标准代号 EN。

表 8-2　国际主要标准代号

标准名称	标准代号	标准名称	标准代号
国际标准化组织标准	ISO	日本工业标准	JIS
国际电工委员会标准	IEC	澳大利亚国家标准	AS
国际电信联盟标准	ITU	加拿大标准协会标准	CSA
欧洲标准	EN	美国电气与电子工程师协会标准	IEEE
欧洲计算机制造商协会标准	ECMA	美国船舶局标准	ABS
美国国家标准	ANSI	美国航天工业协会标准	AIA
德国国家标准	DIN	美国机械工程师协会标准	ASME
英国国家标准	BS	美国军用标准	MIL
法国国家标准	NF	德国工程师协会标准	VDI

4. 中国标准

1)中国国家标准

中国国家标准的标准号码:标准代号+顺序号+年份(制定或修订年)。

中国国家标准分为强制性标准和推荐性标准,分别用 GB 和 GB/T 表示。例如 GB 19083—2010 表示医用防护口罩技术要求;GB/T 32610—2016 表示日常防护型口罩技术规范。

2)中国行业标准

中国行业标准的标准号码:行业代码+标准顺序号+年代。例如 YY 0469—2011 表示医用外科口罩标准(医药行业强制性标准);YY/T 0969—2013 表示一次性使用医用口罩标准(医药行业推荐性标准)

行业代码可通过行业标准信息服务平台(http://hbba.sacinfo.org.cn/)等网站获得。

3)地方标准

地方标准的标准号码:DB(地方标准代号)+省、市编号+"/"(若再加"T"表示推荐性地方标准)+顺序号+"—"+年份。例如 DB50/5009—1999 表示重庆市民用建筑热环境与节能设计标准。

4）团体标准

团体标准的标准号码：T/社会团体代号＋顺序号＋制定年（或修订年）。例如 T/LESC 01—2020 表示山东省工程建设标准造价协会的建设工程造价咨询招标投标规范。

5）企业标准

企业标准的标准号码：Q/企业代号＋标准序号＋年号。例如 Q/YKT 005—2020 表示河北浴康堂中药科技有限公司的本草外敷包标准。

8.3　国内标准网站及数据库检索

8.3.1　国家标准化管理委员会

国家标准化管理委员会的网址为 http://www.sac.gov.cn/，如图 8-1 所示。

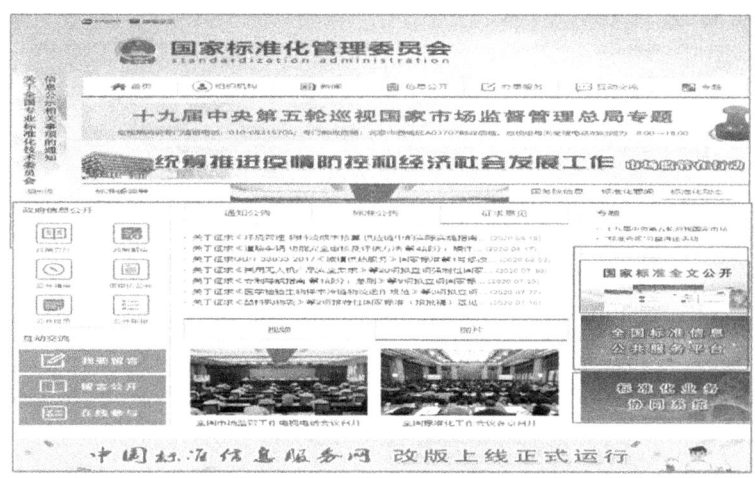

图 8-1　国家标准化管理委员会主页

国家标准化管理委员会（中华人民共和国国家标准化总管理局）是统一管理全国标准化工作的主管机构，负责下达国家标准计划，批准发布国家标准，审议并发布标准化政策、管理制度、规划、公告等重要文件；开展强制性国家标准对外通报；协调、指导和监督行业、地方、团体、企业标准化工作；代表国家参加国际标准化组织、国际电工委员会和其他国际或区域性标准化组织；承担有关国际合作协议签署工作；承担国务院标准化协调机制日常工作。2018 年 3 月，根据第十三届全国人民代表大会第一次会议批准的国务院机构改革方案，将中华人民共和国国家标准化管理委员会职责划入国家市场监督管理总局，指出其网站所发布的信息在标准化工作中具有权威性。

在国家标准化管理委员会网站，可通过国家标准全文公开系统（见图 8-2）进行检索，该系统提供 ICS 分类检索（见图 8-3）和高级检索（见图 8-4）。

系统对国家强制性标准提供在线阅读或下载。其中，"非采标"提供全文阅读和下载，"采标"只提供阅读，不提供下载。（注："采标"是指采用国际标准制定的国家标准）对推荐性国家标准（"非采标"）提供阅读，不提供下载，涉及"采标"的推荐性国家标准的公开，将在遵守国际版权政策的前提下进行。

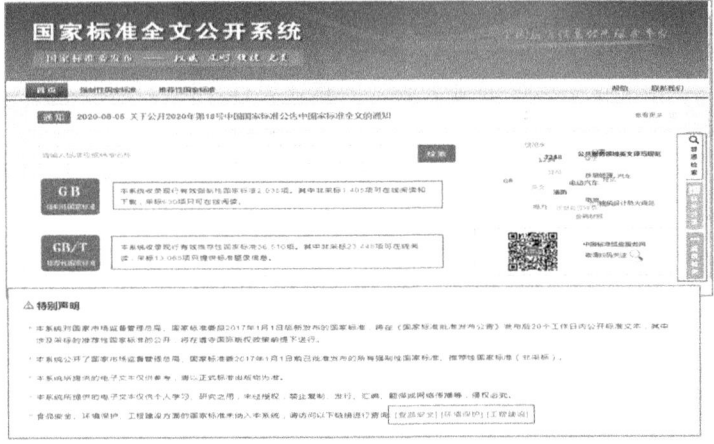

图 8-2　国家标准全文公开系统

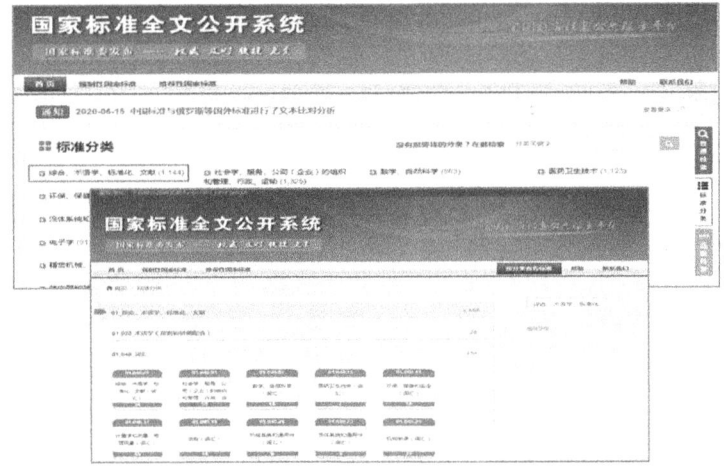

图 8-3　国家标准全文公开系统 ICS 分类检索界面

图 8-4　国家标准全文公开系统高级检索界面

需要特别注意的是,下载的标准文件除了需要 PDF 阅读器以外,还需要安装一个加密插件才能阅读全文,如图 8-5 所示。

图 8-5　国家标准全文公开系统下载界面

打开下载的标准全文,如图 8-6 所示,可以在线翻页阅读。

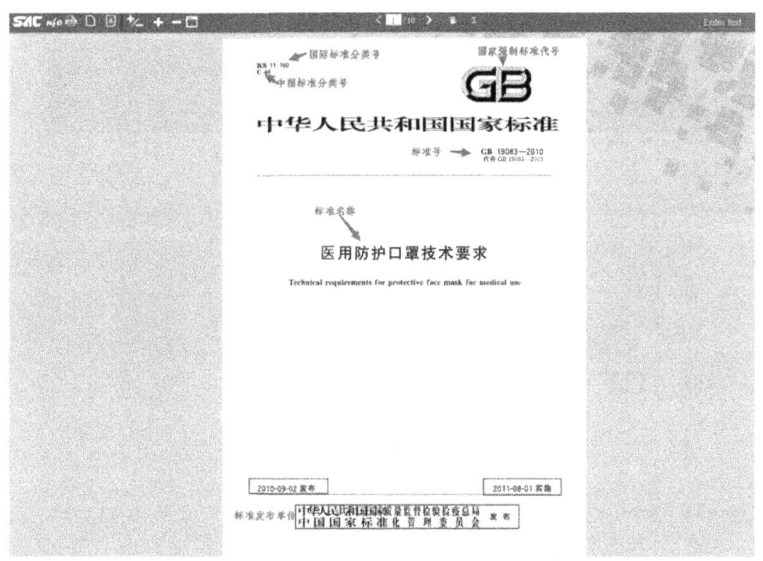

图 8-6　国家标准全文公开系统全文首页界面

国家标准化管理委员会网站的全国标准信息公共服务平台,除了提供国家标准全文以外,还提供行业标准、地方标准、团体标准、企业标准部分全文(见图 8-7)以及协同系统(见图8-8)。

在国家标准化管理委员会网站的全国标准信息公共服务平台中,还提供国际组织和国外一些国家的标准全文查询,有些还是独家授权,如图 8-9 所示。

值得注意的是,食品安全、环境保护、工程建设方面的国家标准未纳入本系统,在国家标准全文公开系统主页有说明,可访问国家标准化管理委员会提供的链接分别进入国家食品安全评估中心、中华人民共和国生态环境部、中华人民共和国住房和城乡建设部网站获得。

图 8-7 全国标准信息公共服务平台

图 8-8 全国标准信息公共服务平台协同系统

图 8-9 全国标准信息公共服务平台国外标准检索系统界面

8.3.2　国家食品安全评估中心——食品安全国家标准数据检索平台

食品安全国家标准数据检索平台的网址为 https://sppt.cfsa.net.cn:8086/db，如图 8-10 所示。

图 8-10　食品安全国家标准数据检索平台

8.3.3　中华人民共和国生态环境部——环境保护国家标准和行业标准检索

环境保护国家标准和行业标准检索的网址为 http://www.mee.gov.cn/ywgz/fgbz/bz/，如图 8-11 所示。

图 8-11　环境保护国家标准和行业标准检索界面

8.3.4 中华人民共和国住房和城乡建设部——建设标准检索

中华人民共和国住房和城乡建设部建设标准检索的网址为 http://www.mohurd.gov.cn/bzde/index.html，如图 8-12 所示。

图 8-12 中华人民共和国住房和城乡建设部建设标准检索界面

8.3.5 工程建设标准强制性条文检索

工程建设标准强制性条文检索的网址为 http://qt.ccsn.org.cn，如图 8-13 所示。

图 8-13 工程建设标准强制性条文检索界面

8.3.6 中华人民共和国国家卫生健康委员会——卫生标准检索

中华人民共和国国家卫生健康委员会卫生标准检索的网址为 http://www.nhc.gov.cn。

中华人民共和国国家卫生健康委员会（卫健委）是负责组织拟订国民健康政策，拟订卫生健康事业发展法律法规草案、政策、规划，制定部门规章和标准并组织实施的国家部级单位。中华人民共和国国家卫生健康委员会卫生标准检索提供卫生系统政策、药物目录、执医资格和卫生健康标准的检索,如图 8-14 所示。

图 8-14 中华人民共和国国家卫生健康委员会卫生标准检索界面

8.3.7 国家标准文献共享服务平台

国家标准文献共享服务平台的网址为 http://www.cssn.net.cn/,如图 8-15 所示。

国家标准文献共享服务平台向社会开放服务,提供国内外标准动态跟踪、标准文献检索、标准文献全文传递和在线咨询等功能,是我国迄今为止最全的标准文献信息库。该网站查询免费,全文收费。

图 8-15 国家标准文献共享服务平台主页

8.3.8 中国标准在线服务网

中国标准在线服务网的网址为 https://www.spc.org.cn/,如图 8-16 所示。

中国标准在线服务网隶属国家标准出版社,提供国内外标准服务,该网站查询免费,全文收费。

图 8-16　中国标准在线服务网主页

8.3.9　中国知网标准文献数据库检索

中国知网(http://www.cnki.net/)的标准数据总库包括国家标准全文、行业标准全文、职业标准全文以及国内外标准题录数据库,共计 60 万余项。国家标准全文数据库收录了由中国标准出版社出版的,国家标准化管理委员会发布的所有国家标准;行业标准全文数据库收录了现行、废止、被代替、即将实施的行业标准;职业标准全文数据库收录了由中国劳动社会保障出版社出版的国家职业标准汇编本,包括国家职业技能标准、职业培训计划、职业培训大纲;国内外标准题录数据库的内容来源于山东省标准化研究院。中国知网标准文献数据库检索提供简单检索、专业检索、高级检索和分类检索等方式,如图 8-17 所示。

图 8-17　中国知网标准文献数据库分类检索和高级检索界面

8.3.10　万方标准数据库检索

万方标准数据库(http://www.wanfangdata.com.cn/)资源来源于中外标准数据库,涵盖了中国标准、国际标准以及各国标准等在内的 37 万多条记录,综合了由国家技术监督局、建设部情报所、建材研究院等单位提供的相关行业的各类标准题录。全文数据来源于国家指定的专有标准出版单位,文摘数据来自中国标准化研究院国家标准馆,数据权威。该数据库提供分类检索、高级检索与专业检索界面,如图 8-18 所示。

图 8-18　万方标准数据库检索界面

8.3.11　网络搜索引擎的检索

利用百度、360 搜索、搜狗等搜索引擎同样能够检索到部分标准的全文,检索时利用标准号作为检索手段,检索效率更高,如利用百度搜索引擎,检索 GB 20000.1—2014 的全文,如图 8-19 所示。

图 8-19　百度搜索引擎检索标准的示例

8.3.12　超星读秀文献传递

我国标准文献还可以通过超星读秀文献传递获得,具体方法和图书的检索相同,如图 8-20 所示。

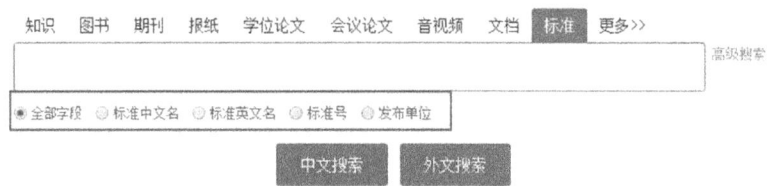

图 8-20　超星读秀文献传递搜索界面

8.3.13　微信公众号"中国标准信息服务网"

中国标准信息服务网是由国家市场监督管理总局国家标准技术审批中心主办,为公众提供最权威的标准化资讯及标准信息查询服务,网页版地址为 https://www.sacinfo.cn/。同时,其微信公众号,同样提供标准信息的查询服务,如图 8-21 所示。

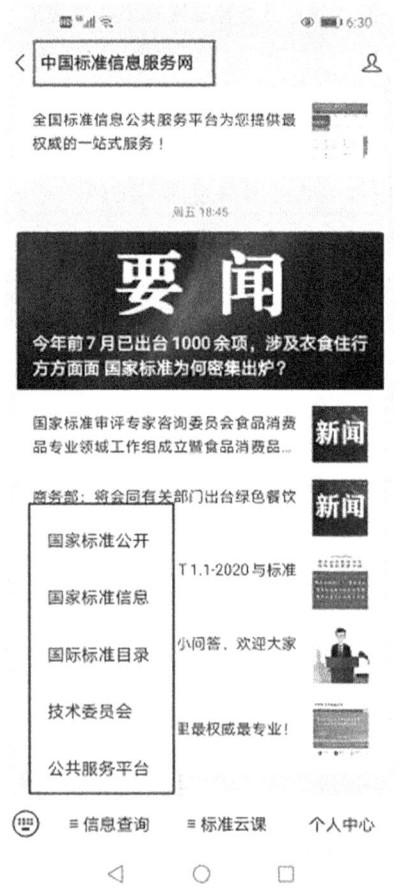

图 8-21　微信公众号查询

除了以上列举出的标准文献检索的工具以外,还有很多能检索中文标准文献的网站,有些免费,有些收费,读者可以多尝试,相信会有更多收获。

8.4　国外标准文献检索

8.4.1　国际标准及其检索

国际标准是国际标准化组织颁布的标准或在某些情况下国际标准化团体颁布的技术规范。国际标准包括国际标准化组织(ISO)、国际电工委员会(IEC)和国际电信联盟(ITU)制定的标准及国际标准化组织认可的其他 27 个国际组织制定的标准。

ISO、IEC、ITU 并称三大国际标准化机构,在国际标准化活动中占主导地位。

1. ISO 及其标准检索

ISO 及其标准检索的网址为 https://www.iso.org/home.html,如图 8-22 所示。

国际标准化组织简称 ISO,是一个全球性的非政府组织,负责除电工领域以外的一切国际标准化工作。ISO 的工作语言是英语、法语和俄语,总部设在瑞士日内瓦。ISO 现有 146 个成员国。ISO 的最高权力机关是 ISO 全体成员大会,ISO 全体成员大会由各成员团体决定的代表组成。1969 年,ISO 理事会决议,将 10 月 14 日定为"世界标准日"。

我国是 ISO 的创始国之一,1950 年以后停止会籍。1978 年我国要求恢复 ISO 成员国资格,中国国家标准化管理委员会代表我国在 ISO 中开展工作。在 2008 年 10 月 16 日召开的第 31 届国际标准化组织(简称 ISO)大会上,中国正式成为 ISO 的常任理事国。这是中国自 1978 年加入 ISO 后首次进入这一组织高层的常任席位,标志着中国标准化工作实现历史性的重大突破。

ISO 标准每 5 年修订一次,使用时应注意标准是否有效。

该网站除了提供检索入口外,还提供按 ICS 浏览和 TC 浏览,包括已经作废的标准、正在执行的标准和正在制定的标准信息。标准全文的获得需要付费。

图 8-22　ISO 主页

2. IEC

IEC 的网址为 https://www.iec.ch/,如图 8-23 所示。

IEC 是国际电工委员会的简称。国际电工委员会(International Electrotechnical Commission)是世界上最早的国际标准化组织。它是与 ISO 齐名的国际标准化组织,主要负责制定和批准电工、电子技术领域的各种国际标准。

我国 1957 年参加 IEC,1988 年起改为以国家技术监督局的名义参加 IEC 的工作,现在是以中国国家标准化管理委员会的名义参加 IEC 的工作。2011 年 10 月 28 日,在澳大利亚召开的第 75 届国际电工委员会(IEC)理事大会上,委员会正式通过了中国成为 IEC 常任理事国的决议。目前,IEC 常任理事国为中国、法国、德国、日本、英国、美国。

图 8-23　IEC 主页

点击"Advanced Search"进入高级检索界面,如图 8-24 所示,该数据库需要注册才能使用。

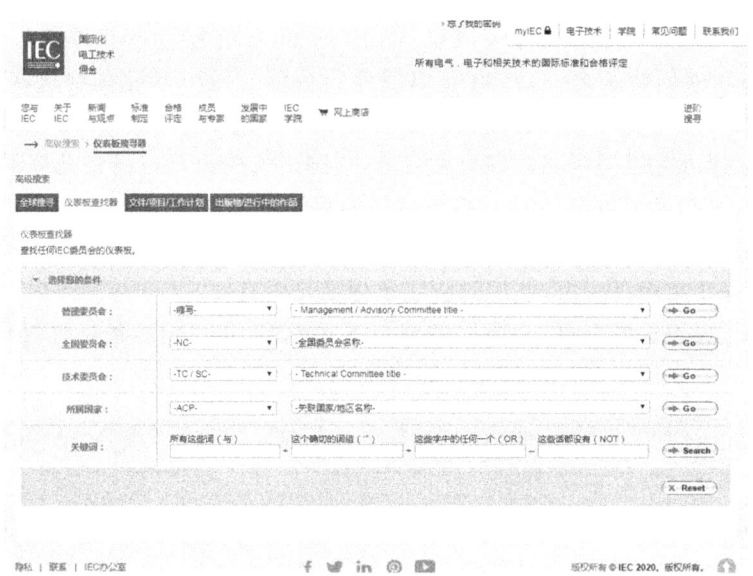

图 8-24　IEC 高级检索界面

3. ITU

ITU 的中文网址为 https://www.itu.int/zh/Pages/default.aspx,如图 8-25 所示。

国际电信联盟是联合国的一个重要的专门机构,也是联合国机构中历史最长的一个,简称国际电联、电联或 ITU。国际电联是主管信息通信技术事务的联合国机构,负责分配和管理全球无线电频谱与卫星轨道资源,制定全球电信标准,向发展中国家提供电信援助,促进全球电信发展。国际电联总部设于瑞士日内瓦,包括 193 个成员国和 700 多个部门成员及部门准成员和学术成员。每年的 5 月 17 日是世界电信日(World Telecommunication Day)。

中国于 1920 年加入电联,1932 年首次派代表参加了在马德里召开的全权代表大会,签署了马德里《国际电信公约》,1947 年在美国大西洋城召开的全权代表大会上第一次被选为行政理事会的理事国。中华人民共和国成立后,中国在电联的合法席位曾被非法剥夺。1972 年 5 月电联行政理事会第 27 届会议通过决议恢复我国的合法席位。我国积极参加了电联的会议和活动。2014 年 10 月 23 日,赵厚麟当选国际电信联盟新一任秘书长,成为国际电信联盟 150 年历史上首位中国籍秘书长,2018 年 11 月 1 日再次当选秘书长,开启自 2019 年 1 月 1 日起的第二个四年任期。

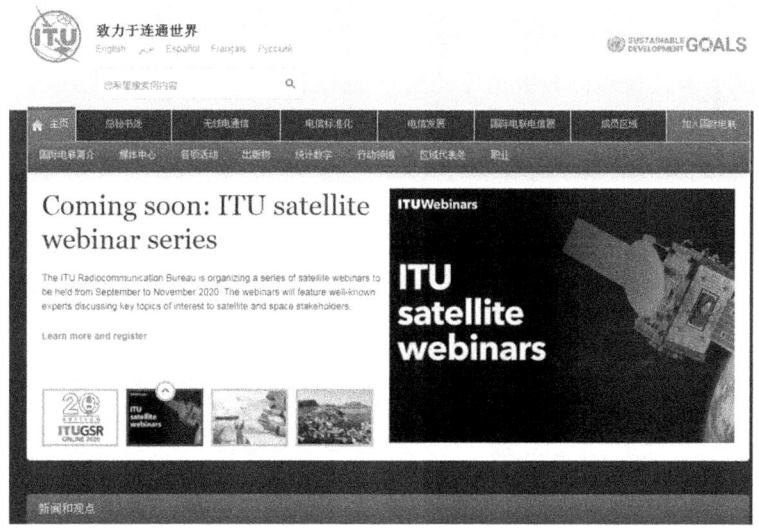

图 8-25　ITU 的中文主页

国际电信联盟(ITU)(http://www.itu.int)主页提供中文、英文、阿拉伯文、西班牙文、法文、俄文六种文字阅读选择。主页左上角的检索框是一个单字段的模糊检索框,直接输入标准名称或标准号即可检索。

该网站提供 ITU 标准的题录和相关出版物信息的检索,并可在线订购原文,也可及时获得电信相关标准更新和变化的最新信息。

8.4.2　国外标准及其检索

1. 美国国家标准协会

美国国家标准协会的网址为 https://www.ansi.org/。

美国国家标准协会(American National Standards Institute,简称 ANSI)负责制定与颁布美国国家标准。该协会成立于 1918 年。美国国家标准协会既是 IEC 的秘书处也是 ISO 的秘书处,还是 ISO、IEC 最大的技术委员会。其工作量几乎是 ISO、IEC 的 1/3,其制定的国际标准也是 1/3,且更新很快。该委员会经 ISO、IEC 理事会授权使用特殊的标准制定程序,因此标准制定周期短,出标准快。和其他国家不同,ANSI 虽然被称为美国国家标准协会,实际上是一个非营利性质的民间标准化团体,已成为美国国家标准化中心。ANSI 负责协调并指导美国全国的标准化活动,给予标准制定、研究和使用单位帮助,提供国内外标准化情报,同时,又起着行政管理机关的作用。该协会本身很少制定标准,大约 4/5 的 ANSI 标准是从本国 70 多个专业团体制定的专业标准中选择对全国具有重要经济意义的标准,经

ANSI 各专业委员会审核后升格为国家标准的。

2. IEEE 美国电气与电子工程师协会

IEEE 美国电气与电子工程师协会的网址为 http://standards.ieee.org。

美国电气与电子工程师协会((Institute of Electrical and Electronics Engineers,简称 IEEE)于 1963 年由美国电气工程师学会(AIEE)和美国无线电工程师学会(IRE)合并而成,是美国规模最大的专业学会。IEEE 的标准内容包括电气与电子设备、试验方法、元器件、符号、定义以及测试方法等。

3. ASCE 美国土木工程师协会数据库

ASCE 美国土木工程师协会数据库的网址为 https://ascelibrary.org/。

ASCE 美国土木工程师协会数据库除了提供期刊、图书检索以外,还提供标准检索,如图 8-26 所示。

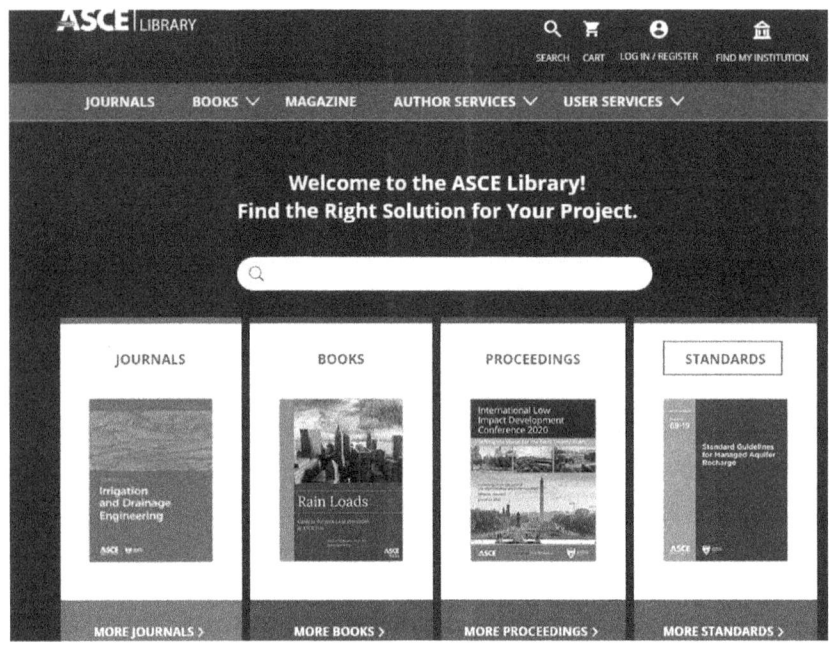

图 8-26 ASCE 主页

4. 其他国际组织和主要国家标准文献网络检索

1)英国标准学会

英国标准学会的网址为 http://www.bsigroup.com/。

2)德国标准化学会

德国标准化学会的网址为 https://www.din.de/de。

3)日本标准协会

日本标准协会的网址为 https://www.jsa.or.jp/。

4)欧洲标准化委员会

欧洲标准化委员会的网址为 https://www.cen.eu/Pages/default.aspx。

5)法国标准化协会

法国标准化协会的网址为 https://www.afnor.org/。

6）美国机械工程师协会

美国机械工程师协会的网址为 https：//www.asme.org/。

7）美国材料与试验协会

美国材料与试验协会的网址为 https：//www.astm.org/。

此外，一些综合性检索系统和数据库也可检索到大量的国际、国外标准文献，如国家标准服务协同网、中国知网、万方、Springer Link、Engineering Village 2 等。

8.5　馆藏纸质标准文献的检索

很多图书馆为了满足学校的专业教育的需要，入藏一些国家标准文献和行业标准文献。因此，读者可以在馆藏纸质图书检索系统中，检索获取标准文献，具体方法有以下几种。

（1）利用标准名称，在馆藏中以题名方式进行检索。这种方法适用于目标标准检索，如题名字段检索"带肋钢筋挤压连接技术及验收规程"，如图 8-27 所示。

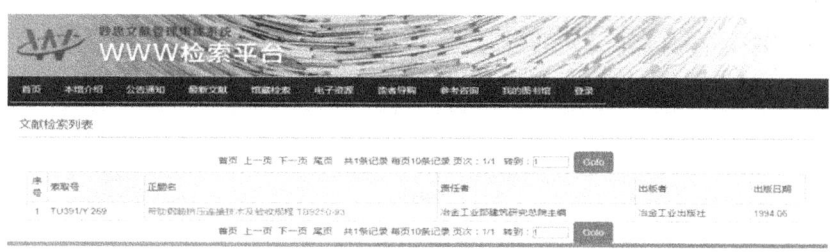

图 8-27　馆藏题名检索结果

（2）行业标准名称中多数用"规范""定额"等词，所以，用这些词检索能检索到很多标准文献，如图 8-28 所示。

图 8-28　馆藏题名"规范"模糊检索结果

（3）由于标准文献在入藏时的数据库标引工作，多是由书商完成的，所以，用标准号检索，不能保证达到预期的效果。但标准作为纸质图书入藏，一定有《中图法》分类号码标引，所以用户可以尝试用《中图法》专用类别号码进行检索，如 X-65、TH-65、TU981.2、U452.2 等，如图 8-29 所示。

图 8-29　分类号"X-65"检索结果

（4）很多标准文献除了出版单行本以外，还经常以汇编方式出版精装本。标准汇编有的按专业出版，有的按年度出版，所以，我们可以用"标准汇编"题名模糊方式进行检索，如图 8-30 所示。

图 8-30　题名"标准汇编"模糊查询结果

第9章 会议文献、学位论文和科技报告的检索

9.1 会议文献

9.1.1 概况

会议文献是指在各种学术会议上宣读的论文、产生的记录、发言稿、评述、总结等形式的文献。广义的会议文献包括会议论文、会议期间的有关文件、讨论稿、报告、征求意见稿等；狭义的会议文献仅指会议录上发表的文献。

检索"会议"信息常用术语：conference(规模较大的会议)、congress(代表大会，一般指政治层面的)、convention（大会）、symposium（专业讨论会、正式学术会议，规模小于conference）、colloquium(学术讨论会)、seminar(研究讨论会)、workshop(专题讨论会，指少数人参与的会议)、meeting(指商业活动的会议)等。

随着科学技术的迅速发展，世界各国的学会、协会、研究机构及国际性学术组织举办的各种学术会议日益增多。为了加强科学家之间的信息交流，各学术组织每年都定期或不定期地召开学术会议。所以说，会议文献是了解各国科技水平、科技动态的重要文献，是跟踪和预测科技的发展趋势、进行情报分析和情报研究的重要参考资料，是传递科技情报、交流科技成果与经验的重要科技情报源之一。

会议文献按规模和组织形式分为国际性会议文献、区域性会议文献、全国性会议文献、学会或协会会议文献、同行业联合会议文献；会议文献按会议召开时间分为会前文献、会间文献、会后文献。

会前文献一般是指在会议进行之前预先印发给与会代表的论文、论文摘要或论文目录、会议议程和发言提要，同时包括会议预告。

会间文献是开会期间发给与会者的文献，包括开幕词、闭幕词、演讲稿、讨论记录、会议简报、会议决议以及行政事务和情况报道性材料等会议资料。

会后文献主要有会议录、会议论文集、会议记录、会议报告、会议文集、会议出版物、会议纪要等。

9.1.2 国外会议文献检索工具

1. 综合的大型搜索引擎

国外会议文献常以 conference、proceeding、meeting、symposium 等命名，这些词可以作为搜索引擎的关键词进行查询，可以检索到许多会议网站的链接，通过这些网站就能得到会议的召开消息及相关信息。

2. 专业学科搜索引擎

专业学科搜索引擎严格地选择适合专业学习和研究需要的网络资源,采用精细的标引方法,由专家撰写网页摘要,利用专业分类建立细致的目录,帮助人们在互联网上准确地查找专业信息资源。

(1)SciCentral(自然科学)的网址为 http://scicentral.com。

(2)PhysLink(物理)的网址为 http://physlink.com。

(3)Math Archives(数学)的网址为 http://archives.math.utk.edu。

3. 专业学会、协会、科研院所网站

专业学会、协会、科研院所网站会公布其召开的会议的信息或过去会议的一些会议论文。

(1)美国电气与电子工程师协会(IEEE)的网址为 http://www.ieee.org/conferencesearch。

(2)英国工程技术学会(IET)的网址为 http://www.theiet.org/,网站内有由 IET 主办的会议的论文集目录和会议日历。

(3)美国土木工程师协会(ASCE)网站(https://ascelibrary.org)于 2004 年推出在线会议录,收录 ASCE 召开或与其他知名学会合办的国际会议的文献。会议录注重实际应用,为土木工程从业者和研究者提供新兴技术和前沿技术的全面而深入的研究信息。ASCE 会议录是土木工程领域的核心资源。ASCE Online Research Library 是全球最大的土木工程全文文献资料库。它收录的会议录(回溯至 2001 年,及 1998—2000 年间的部分会议录),总计超过 73 000 篇全文、650 000 页资料;每年新增约 4 000 篇文献。

4. 联机数据库中的会议文献

一些大型的联机数据库中也会有相关的会议文献,例如 OCLC 中的在会议上提交的文章索引(paper first)和会议出版物索引(proceedings)、DIALOG 中的 CPI 会议论文索引(conference papers index)。

9.1.3　国内会议文献检索工具

1. 中国知网国际会议论文数据库

中国知网国际会议论文数据库是中国知网(CNKI)(http://www.cnki.net)的国际会议论文数据库,重点收录 1999 年以来,中国科协系统及国家二级以上的学会、协会,高校、科研院所,政府机关举办的重要会议以及在国内召开的国际会议上发表的文献,部分重点会议文献回溯至 1953 年,目前,已收录国内会议、国际会议论文集 3 万本,累计文献总量 330 万篇。

2. 中国学术会议文献数据库

万方知识服务平台的中国学术会议文献数据库(China Conference Proceedings Database)的会议资源包括中文会议和外文会议。中文会议收录始于 1982 年,年收集约 3000 个重要学术会议,年增 20 万篇论文,每月更新。外文会议主要来源于 NSTL 外文文献数据库,收录了 1985 年以来世界各主要学会、协会、出版机构出版的学术会议论文共计 766 万篇(部分文献有少量回溯),每年增加论文约 20 万篇。

9.1.4　会议信息查询

1. 中国学术会议网

在中国知网首页"出版平台"版块中,点击"中国学术会议信息"可进入中国学术会议网,网站提供近期召开的学术会议的信息,如图 9-1 所示。

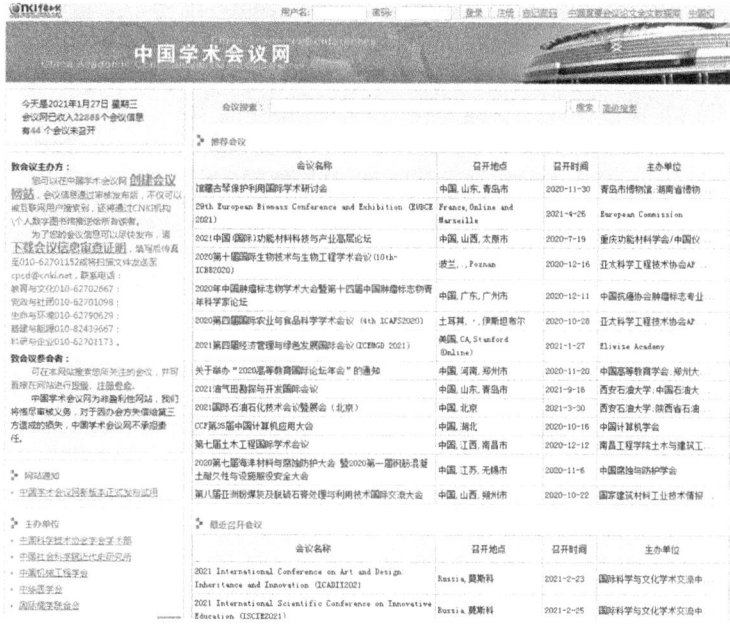

图 9-1　中国学术会议网主页

2. AEIC 学术交流中心

AEIC 学术交流中心是由多所国内外大学、科研院所和企业联合创建的一个成熟的国际学术交流中心,简称 AEIC,开展全学科国际学术会议,提供国际学术科研成果发表、高层次人才引智、成果转化服务。2014 年起,中心已成功举办 200 场国际学术会议,参与人数突破 30 000 人次。会议主题涉及能源与环境、水利、土木工程、电子信息工程、生物工程、计算机科学、地球科学、机械自动化、材料与制造技术、经管金融、人文社科等主流学科。AEIC 学术交流中心的网址为 https://www.keoaeic.org/,如图 9-2 所示。

图 9-2　AEIC 学术交流中心主页

3. 科学网——会议

科学网——会议的网址为 http://meeting.sciencenet.cn/，提供近期学术会议和培训等的信息，如图 9-3 所示。

图 9-3　科学网——会议主页

4. 自然中国——自然学术会议

自然中国——自然学术会议的网址为 http://www.naturechina.com/services/conferences，为世界顶级期刊《自然》的中文网站，如图 9-4 所示。

图 9-4　自然中国——自然学术会议主页

5.学术会议搜索

学术会议搜索的网址为 http://www.searchconf.net/,如图 9-5 所示。

图 9-5　学术会议搜索主页

6.利用学术搜索引擎检索

利用学术搜索引擎检索包括 Bing 学术搜索、百度学术搜索、搜狗学术搜索等。

9.2　学 位 论 文

9.2.1　概述

学位论文是指为获得一定学位必须撰写的论文,其格式等方面有严格要求,学位论文是学术论文的一种形式。GB/T 7713.1—2016 上的定义是"作者提交的用于其获得学位的文献"。

学位制度起源于中世纪的欧洲。1180 年巴黎大学授予第一批神学博士学位。学位论文答辩制度是由德语国家首创的,以后各国相继效仿。凡经答辩通过的学位论文,一般都是具有独创性的研究成果,能显示论文作者的专业研究能力。由于各国教育制度规定授予学位的级别不同,学位论文也相应有学士学位论文、硕士(或副博士)学位论文、博士学位论文之分。日本只有硕士和博士学位论文。博士学位论文具有较高的学术价值。

在我国,根据《中华人民共和国学位条例》的规定,我国的学位论文可分为学士学位论文、硕士学位论文、博士学位论文三种。

学士学位论文是合格的本科毕业生撰写的论文。其毕业论文应反映作者能够准确地掌握大学阶段所学的专业基础知识,基本学会综合运用所学知识进行科学研究的方法,对所研究的题目有一定的心得体会,论文题目的范围不宜过宽,一般选择本学科某一重要问题的一个侧面或一个难点,选择题目还应避免过小、过旧和过大。

硕士学位论文是攻读硕士学位的研究生所撰写的论文。它应在基础学科或应用学科中选择有价值的课题,对所研究的课题有新的见解,并能表明作者在本门学科上掌握了坚实的基础理论和系统的专业知识,具有独立从事科研工作或独立承担专业技术工作的能力。硕士学位论文具有一定的深度和较好的科学价值,对本专业学术水平的提高有积极作用。

博士学位论文是攻读博士学位的研究生所撰写的论文。它要求作者在博导的指导下,选择学科前沿的课题或对国家经济建设和社会发展有重要意义的课题,要突出论文在学科和专业技术上的创新性和先进性,并能表明作者在本门学科上掌握的坚实的基础理论和深入系统的专业知识,具有独立从事科学研究工作的能力。博士学位论文内容丰富,具有较高的学术价值,是一种很好的信息源。

1979 年恢复实行学位制度后,国务院学位委员会指定北京图书馆、中国科学技术信息研究所和中国社会科学文献情报中心图书馆负责收藏学位论文。中国科学技术信息研究所、北京图书馆是收藏国外学位论文较多的单位。网络的普及和信息技术的发展,很多信息机构都建有学位论文数据库,用户的使用更加便捷。

9.2.2 国内学位论文的检索

1. CNKI 中国知网中国优秀硕士、博士论文数据库

CNKI 中国知网中国优秀硕士、博士论文数据库包括中国优秀博士学位论文全文数据库和中国优秀硕士学位论文全文数据库,是目前国内资源完备、质量上乘、连续动态更新的中国博士、硕士学位论文全文数据库,如图 9-6 所示。本库出版 490 余家博士培养单位的博士学位论文 40 万余篇,770 余家硕士培养单位的硕士学位论文 420 万余篇,最早回溯至1984 年,覆盖基础科学、工程技术、农业、医学、哲学、人文、社会科学等领域。中国优秀硕士学位论文全文数据库简称 CMFD;中国优秀博士学位论文全文数据库简称 CDFD。

该数据库的检索方法与期刊的检索方法基本一致,不同的是该数据的学位授予单位的导航。数据库提供在线阅读、整本下载、分章下载和分页下载等功能。全文浏览采用 CNKI公司自主研发的 CAJViewer 浏览器。

图 9-6　CNKI 中国知网中国优秀硕士、博士论文数据库检索界面

2. 万方数据知识服务平台中国学位论文全文数据库

万方数据知识服务平台中国学位论文全文数据库的收录工作始于 1980 年,年增 30 万余篇,涵盖基础科学、理学、工业技术、人文科学、社会科学、医药卫生、农业科学、交通运输、航空航天和环境科学等各学科领域。

万方数据知识服务平台中国学位论文全文数据库是万方的优势资源和特色数据库,提供学科导航、专业导航和学位授予单位导航,如图 9-7 所示。该数据库收录范围广、数量大,是目前学位论文题录最全的数据库,对没有全文的资源提供获取渠道和链接。全文采用 PDF 格式,一般不需另外下载阅读器。

图 9-7　万方数据知识服务平台中国学位论文检索界面

3. 国家图书馆博士论文库

国家图书馆博士论文库的网址为 http://mylib. nlc. cn/web/guest/boshilunwen,如图 9-8 所示。

国图学位论文收藏中心是国务院学位委员会指定的全国唯一负责全面收藏和整理我国学位论文的专门机构,也是人事部专家司确定的唯一负责全面收藏博士后研究报告的专门机构。20 多年来,国图收藏博士论文 25 万多篇,此外,还收藏部分院校的硕士学位论文、我国台湾地区的博士学位论文和部分海外华人华侨的学位论文。国家图书馆博士论文库提供题名、责任者、学位级别、专业、授予单位、导师、研究领域、关键词等字段的检索,另有热门机构、热门学科的导航浏览。该库采用实名注册,用户可以在线使用,但无论在馆内还是馆外都只能在线看 24 页正文,不提供电子版的下载、打印服务。到馆可阅读纸质全文,也可以复印。

4. CALIS 学位论文中心服务系统

该系统收录了国内 80 余所高校 1995 年以来的博士、硕士学位论文,采用 e 读学术搜索引擎,提供简单检索和高级检索功能,可进行多字段组配检索,也可从资源类型、检索范围、时间、语种、论文来源等多个角度进行限定检索。系统能够根据用户的登录身份显示适合用户的检索结果,检索结果通过多种途径的分面和排序方式进行过滤、聚合与引导,并与其他类型资源关联,方便读者快速定位所需信息。

该数据库使用 IP 登录方式控制使用权限,参建单位遵循"共建共享"的原则,通过 CERNET 访问该数据库。如果用户需要获取论文全文,可以通过 CALIS 馆际互借系统和开放链接方式向论文收藏单位或论文作者所在高校图书馆索取。

图 9-8　国家图书馆博士论文库

　　另外还有国家科技图书文献中心学位论文库、国家工程技术数字图书馆学位论文库、超星读秀和知名高校的学位论文检索系统等。

9.2.3　国外学位论文检索

1. 外文博硕士论文服务系统

　　外文博硕士论文服务系统（FDTS）是重庆聚合科技有限公司依托多年积累，继 2007 年推出外文期刊整合服务系统（FMIF）之后，2009 年 5 月推出的服务系统。中文检索界面、双语检索功能，大大降低外刊利用难度，有效帮助检索者获取和理解论文内容。该系统目前收录了欧美国家一流高校 1995 年以来的博、硕士学位论文，全面覆盖我国教育部颁布的 12 个学科门类，收录学科包括社会科学、理、工、农、医等学科，学术价值高，实践性强，年新增数据量 3 万余篇，网站每周更新。系统以原文传递、馆际互借、参考咨询、原文翻译等方式提供外文博、硕士论文服务。另外，FDTS 还提供开放接口和数据订制加工服务，可追加用户单位自有外文资源于本系统中，实现自有资源的整合利用。该系统提供快速检索和高级检索两种界面，如图 9-9 所示。

2. PQDT 博硕士论文数据库

　　PQDT 博硕士论文数据库由美国 ProQuest 公司建立，收录了全球 1000 余所大学文、理、工、农、医等领域的毕业论文，是目前世界上最具权威的学位论文数据库，也是北美高等院校博、硕士论文的核心资源。该数据库收录的论文涵盖了从 1637 年全球早期博、硕士论文，到当前获得通过的博、硕士论文。数据库中除收录与每篇论文相关的题录外，1980 年以后出版的博士论文信息中包含作者本人撰写的 350 字的文摘。1988 年以后出版的硕士论文信息中有 150 字的文摘。另外，该数据库大量提供前 24 页可以免费预览的论文，特别是

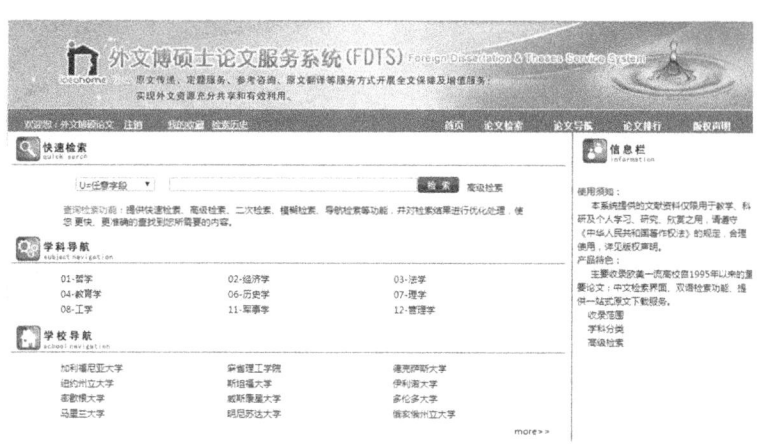

图 9-9　外文博硕士论文服务系统(FDTS)检索界面

1997 年以后出版的论文,每周更新,其已成为世界上最大的、使用最广泛的国际性学位论文资源。从 2001 年开始,在文摘库的基础上,ProQuest 公司开发了电子版的论文全文服务方式,由国内高校、科研机构等单位联合组成的 ProQuest 博士论文中国集团自 2002 年开始订购 ProQuest 中的全文,由北京中科进出口有限责任公司独家代理,由亚洲信息服务有限公司开发检索平台,凡参加联合订购的集团成员馆均可共享整个集团订购的全部 ProQuest 学位论文全文(PDF 格式)资源。

9.3　科 技 报 告

9.3.1　概况

　　科技报告是关于科研项目或科研活动的正式报告或情况记录,是研究、设计单位或个人以书面形式向提供经费和资助的部门或组织汇报其研究设计或项目进展情况的报告。它以积累、传播和交流为目的,由科研人员按照有关规定和格式撰写,是真实而完整地反映科研人员所从事科技活动的内容和经验的特种文献。许多最新的研究成果,尤其是尖端学科的最新探索往往出现在科技报告中。与图书和期刊文献相比较,它的篇幅可长可短,但其内容新颖广泛、专业性强、技术数据具体,因此,作为科研人员,经常查阅科技报告可以少走弯路、避免重复研究,提高科研水平的起点,得到事半功倍的效果。

9.3.2　国内科技报告的检索

1. 中华人民共和国科学技术部
　　中华人民共和国科学技术部的网址为 http://www.most.gov.cn/cxfw/,如图 9-10 所示,收藏了美国著名的四大科技报告全文数据库(AD、PB、NASA、DOE),以及行业报告、市场报告、技术报告等。该网站侧重于军事工程技术、民用工程技术、航空和空间技术领域、能源技术及前沿技术的战略预测等。网站包括基础科学、工程技术、农业科学、医学科学等领域的科技文献信息资源。

图 9-10 中华人民共和国科学技术部报告查询

2. 国家科技报告服务系统

国家科技报告服务系统的网址为 https://www.nstrs.cn/，如图 9-11 所示。

图 9-11 国家科技报告服务系统

3. 中国科学院文献情报中心（国家科学图书馆）

中国科学院文献情报中心（国家科学图书馆）的网址为 http://www.las.ac.cn/。

4. 国务院发展研究中心调查报告

国务院发展研究中心调查报告简称"国研报告"。国务院发展研究中心的网址为 https://www.drc.gov.cn/index.html。

5. 国家科技成果网

国家科技成果网的网址为 https://www.tech110.net/。

6. 万方中外科技报告数据库

该数据库包括中文科技报告和外文科技报告。中文科技报告收录始于 1966 年，报告来源于中华人民共和国科学技术部，共计 2.6 万余份。外文科技报告收录始于 1958 年，涵盖美国的四大科技报告(AD、DOE、NASA、PB),共计 110 万余份。

7. 中国知网科技报告数据库

中国知网科技报告数据库的网址为 https://r. cnki. net/KNS/brief/result. aspx? dbPrefix＝kjbg。

9.3.3　国外科技报告检索

1. 美国四大科技报告

第二次世界大战结束以后,美国政府为了推动跨级报告的利用,对科技报告的收集、出版、发行和报道,做了大量的工作,从而形成了著名的四大科技报告。

1)PB 报告

早在 1945 年,美国就在商务部下成立了出版局(Publication Board),负责收集、整理和报道来自德国等战败国的科技资料,并逐篇以 PB 字头编号,内部出版发行,统称 PB 报告。之后,收录范围几经变化,内容也逐步从军事科学转向民用,并侧重于土木建筑、城市规划和环境污染等方面,每年约发行 1 万件。其报告号由报告代号"PB"＋顺序号构成,1980 年起,由报告代号"PB"＋年号＋顺序号构成,如 PB2001-102980。

2)AD 报告

原为美国武装部队技术情报局(Armed Services Technical Information Agency,简称 ASTIA)收集出版的美国陆、海、空三军科研机构的报告,故以 AD 字头编号,表示 ASTIA Document 的意思。ASTIA 现已改名为 DTIC(国防技术信息中心),但 AD 报告的工作仍延续了下来。其内容不仅包括军事方面,也广泛涉及民用技术,包括航空、电子、通信、农业等 22 大类,每年发行量约 2 万件。1975 年起,其报告由报告代号"AD"＋密级程度代号＋顺序代号构成,如 AD-A259127,"-"后面的字母为密级程度代号,A 表示公开发行,B 表示控制发行,C 表示秘密、机密,D 表示美国军方专利。

3)NASA 报告

NASA 报告由美国国家航空航天局(National Aeronautics and Space Administration 简称 NASA)收集和出版发行,报告侧重航空航天领域,其内容主要是空气动力学、发动机以及飞行器材、实验设备、飞行器制导及测量仪器等方面,也涉及机械、化工、冶金、电子、气象、天体物理、生物等学科。NASA 报告号由代号"NASA"或"N"＋年号＋顺序号构成,如 N2005013185。

4)DOE 报告

由美国能源部(Department of Energy,简称 DOE)出版发行,又称 DE 报告。它涉及整个能源领域和其相关的各个领域,如环境和安全等。其报告号由报告代号"DE"＋年号＋顺序号构成,如 DE2005828637。

美国政府四大科技报告一直为我国科研工作人员所重视,中国科技信息研究所是我国收藏国外科技报告最多的单位,中国国防科技信息中心收藏有大量的 AD 报告和 NASA 报告,核工业部收藏有较多的 DOE 报告,中国科学文献信息中心收藏的 PB 报告最齐全。

2. 美国国家数据信息中心

美国国家数据信息中心(NTIS)网站(www. ntis. gov)的科技报告数据库以收录美国政府立项研究及开发项目的报告为主,即 AD 报告、PB 报告、NASA 报告、DOE 报告,少量收

录西欧、日本及其他国家（包括中国）的科学研究报告。该网站 75％为跨级报告，其余为专利、会议论文、期刊论文等文献。

3. 其他国家的科技报告的检索

（1）CRS Reports（the congressional research service reports）的网址为 http：∥www. ncseon-line. org／。CRS Reports 是 Committee for the National Institute for the Environment 的站点，提供了许多环境方面的报告全文。

（2）Documents＆Reports of the WorldBank Group 的网址为 http：∥www-wds. worldbank. org／,是世界银行组织的文件与报告库,可免费看全文。

（3）EECS Technical Reports Archive 提供电机工程及计算机科学方面的技术报告等,有全文。

（4）Science. gov 为美国政府科学信息门户网站。

（5）NASA Technical Reports Server（NTRS）提供有关航空航天方面的科技报告,可检索并浏览,部分有全文。

（6）SciTech Connect 提供美国能源部（Department of Energy）的研究与发展报告全文,内容涉及物理、化学、材料、生物、环境、能源等领域。

（7）Defense Technical Information Center 提供美国国防部（Department of Defense）科技报告。

（8）NBER Working Paper 提供美国国家经济研究局（National Bureau of Economic Research）的研究报告文摘。

（9）Russian Prospects-Political and Economic Scenarios 提供俄罗斯当前政治经济状况与发展趋势的研究报告。

总之,国外的科技报告大多可以通过政府、科研机构和学校的网站检索,但大部分仅能获得文摘,如果需要全文,可以通过文献传递服务获得。

第10章　自学资源和考试数据库

学会自学才算读过大学。永远不要抱怨大学里没有你感兴趣的好课,网络已经彻底打破了藩篱,只有你想不到的课,没有你找不到的课。(摘自《不要等到毕业以后》,秋叶、黄晓敏著)

10.1　国内免费自学课程

10.1.1　爱课程

爱课程的网址为 http://www.icourses.cn/home/,如图 10-1 所示。

爱课程是教育部、财政部"十二五"期间启动实施的"高等学校本科教学质量与教学改革工程"支持建设的一个高等教育课程资源共享平台,集中展示中国大学视频公开课和中国大学资源共享课,面向高校师生和社会大众,提供优质教育资源共享和个性化教学资源服务,具有资源浏览、搜索、重组、评价、课程包的导入导出、发布、互动参与和"教""学"兼备等功能。

图 10-1　爱课程主页

10.1.2　中国大学 MOOC

中国大学 MOOC 的网址为 https://www.icourse163.org/?from=study,如图 10-2 所示。

中国大学 MOOC 是国内优质的中文 MOOC 学习平台,由爱课程网携手网易云课堂打造。平台拥有包括 985 高校在内的高校提供的千余门课程,其中首批获得认定的国家精品在线开放课程 322 门,占 2017 年获得认定课程总数的 65.7%。每一个人都可以在这里学习优质高校课程,与名师零距离交流,并获得认证证书。中国大学 MOOC 不仅有网页版,还有 app。

图 10-2　中国大学 MOOC 主页

10.1.3　学堂在线

学堂在线是国家精品在线课程学习平台,是清华大学于 2013 年 10 月发起建立的慕课平台,目前上线了来自清华大学、北京大学、复旦大学、中国科技大学,以及麻省理工学院、斯坦福大学、加州大学伯克利分校等国内外一流大学的优质课程,课程数量超过 1900 门,如图 10-3 所示。用户可以免费学习,也可以付费学习;可以在 PC 端通过浏览器学习,也可以在手机上安装 app 进行学习。

图 10-3　学堂在线首页

10.1.4　网易公开课

网易公开课的网址为 https://open.163.com/,如图 10-4 所示。

2010 年 11 月 1 日,网易门户网站率先推出以哈佛、耶鲁、牛津、剑桥等名校的视频公开课为主的"全球名校视频公开课"公益项目,为网民翻译并免费发布国外大学优秀课程。2011 年 11 月 9 日,网站正式推出中国大学视频公开课,这也是网易公开课上线一周年后,首次大规模上线国内大学的公开课程。网民通过互联网即可享用这些课程。2011 年初,网易加入 OCWC 国际开放课件联盟,成为该联盟在中国唯一的企业联盟成员,并共享其在全球 200 多所名校的所有高清课程资源。用户可以在线免费观看来自哈佛大学等世界级名校的公开课课程、中国大学视频公开课、可汗学院公开课、TED(专注于技术、娱乐、设计的非营利机构)演讲等教育性组织的精彩视频,内容涵盖人文、社会、艺术、科学、金融等领域。网易公开课,力求为爱学习的网友创造一个公开的免费课程平台,英文课程配有中文字幕,足不出户就可以和世界同步。

图 10-4　网易公开课首页

网易公开课免费,但是网易云课堂多是收费课程。类似的知识付费课程还有淘宝好学、CCtalk 等。

10.1.5　超星视频

超星视频(又称超星名师讲坛)是超星公司汇集国内外众多知名学者的学术精华,运用先进的数字化技术,实现师资资源的数字化与师资资源的共建共享的一个平台,囊括了文化、教育、科学技术、文学、艺术、历史、考古、法律、哲学、语言(包括英语和其他语言)等十余个社会学科,如图 10-5 所示。视频来自知名学者的研究精髓,数百位授课老师是来自"中国社科院"14 个研究所、北京大学、清华大学、复旦大学、华东师范大学等的国内外的知名学者和教授,他们大都是相关领域的学术权威和研究专家,代表着该领域的研究方向。

超星视频学科齐全,全面覆盖,是老师的充电站、学生的第二课堂。

10.1.6　哔哩哔哩

哔哩哔哩的网址为 https://www.bilibili.com/,如图 10-6 所示。

哔哩哔哩(bilibili)简称"B 站",于 2009 年 6 月 26 日诞生。"B 站"已从最初的 ACG 弹

图 10-5　超星视频主页

幕视频网站,转变为包含视频、直播、电商、漫画,游戏代理和自研、影视剧制作等业务的综合性视频服务的内容生态平台,囊括课程学习、生活窍门、数码科技、美食、美妆、汽车维修等方方面面的资源。

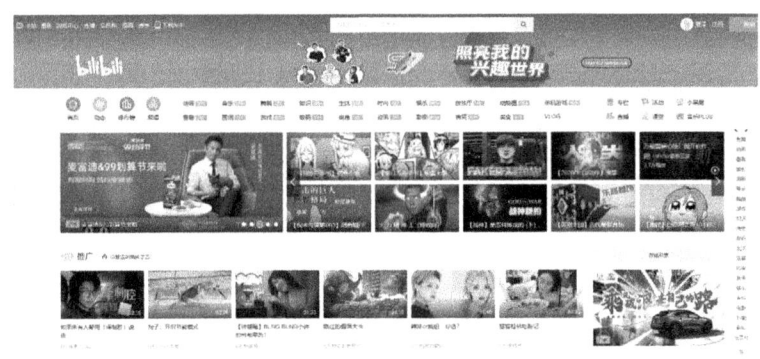

图 10-6　"B 站"主页

据 2019 年 4 月 17 日央视网报道,2018 年有近 2000 万人在"B 站"学习,相当于当年高考人数的 2 倍。央视网发布了一篇报道《知道吗？这届年轻人爱上"B 站"搞学习》。报道中写道:"周五下午 4 点,小明打开 bilibili 网站,观看讲解机器学习的课程;在美国读计算机科学硕士的留学生园园,在"B 站"开学习直播,成为她与孤独和解的方式。"学生们这么爱学习,"B 站"上自然是少不了许多好的学习课程。中国政法大学刑事司法学院教授罗翔老师,在"B 站"上,被称作"段子手",枯燥的法律课程,视频上却满屏弹幕;有四六级裸考 650 分以上的学霸 UP 主们分享的学习方法及技巧;有美国 UP 主 Real 麦克老师生活化地讲解如何说地道英语。"B 站"正在成为年轻人学习的首要阵地。另外,"B 站"也有 app。

10.1.7　一席

一席的网址为 https://www.yixi.tv,如图 10-7 所示。

一席是一个中文演讲平台,由一席话(北京)文化传媒有限公司出品。一席名称取自"听君一席话,胜读十年书"。其成立于 2012 年,通过现场演讲和网络视频等方式,分享知识、信息、见解、体验和对未来的想象,做有价值的传播。一席以平均每月一期的频率,邀请人文、科技领域有故事、有知识的嘉宾前来分享。例如,"无声的证词",演讲人是安徽公安厅法医、网红作家、法医秦明系列小说的作者秦明;"饿出来的生意",演讲人是"饿了么"的创始人张旭豪。这些演讲的特点是:选题吸引力强、讲述的是自己的故事、演讲质量比较高,而且都是中文演讲,不用担心听不懂。目前其现场演讲地多在北京、上海、广州、杭州、深圳、武汉、香港、台北等城市。一席也有 app 和微信小程序。

图 10-7　一席主页

10.1.8　抖音

抖音上也有很多学习资源,其特点是:时长短、废话少、易分享、"干货"多,很方便利用碎片化的时间学习一些技能和小技巧。例如"Word100 个常用技巧""Excel100 个常用技巧"等。用户可以通过直接搜索,或者关注一些相关主题的学习资源账号,这样会收到相关内容和新内容的及时推送。

除了以上资源网站和 app,类似的资源还有很多,搜索"学习必备 app"就会发现很多学习 app,可以根据需要,选择安装。

10.2　国外免费自学课程

10.2.1　世界名校精品课

世界名校精品课汇集了耶鲁大学、哈佛大学、剑桥大学、麻省理工学院、牛津大学、斯坦福大学、康奈尔大学、普林斯顿大学、宾夕法尼亚大学、哥伦比亚大学等世界名校的著名教授的视频课程资源,内容涉及人文、历史、经济、哲学、理科、工科、社会等学科,是学习者的一个视频学习资源平台,如图 10-8 所示。此外,平台对精品课视频资源进行翻译制作,使学习者知识获取无国界。该平台可以"按标题""按作者""按简介"进行搜索和分类浏览。

图 10-8　世界名校精品课首页

平台有移动版功能,每个视频右下角有二维码扫码功能,可以实现手机及移动终端的自适应界面在线观看,并可在微信朋友圈内分享、转发和收藏等,视频右下角可以实现下载及剪辑下载功能,为教师备课提供素材,满足教师的备课要求,如图 10-9 所示。

图 10-9　精品课视频界面

10.2.2　Coursera

Coursera 的网址为 https://www.coursera.org/,如图 10-10 所示。

Coursera 是大型公开在线课程项目,由美国斯坦福大学两名计算机科学教授创办,旨在同世界顶尖大学合作,在线提供网络公开课程。Coursera 的首批合作院校包括斯坦福大学、密歇根大学、普林斯顿大学、宾夕法尼亚大学等美国名校。Coursera 是一个教育平台,它与全世界最顶尖的大学和机构合作,提供任何人可学习的在线课程。目前新增的大学包括佐治亚理工学院、杜克大学、华盛顿大学、加州理工学院、莱斯大学、爱丁堡大学、多伦多大学、洛桑联邦理工学院、约翰·霍普金斯大学公共卫生学院、加利福尼亚大学旧金山分校、伊利诺伊大学厄巴纳-香槟分校以及弗吉尼亚大学。网站 2013 年 10 月进驻中国,北京大学、南京大学、上海交通大学、复旦大学等高校加入。网站注册学生为 68 万,其中约 41 000 人来自中国。

图 10-10　Coursera 主页

10.2.3　译学馆

译学馆的网址为 https://www.yxgapp.com/,如图 10-11 所示。

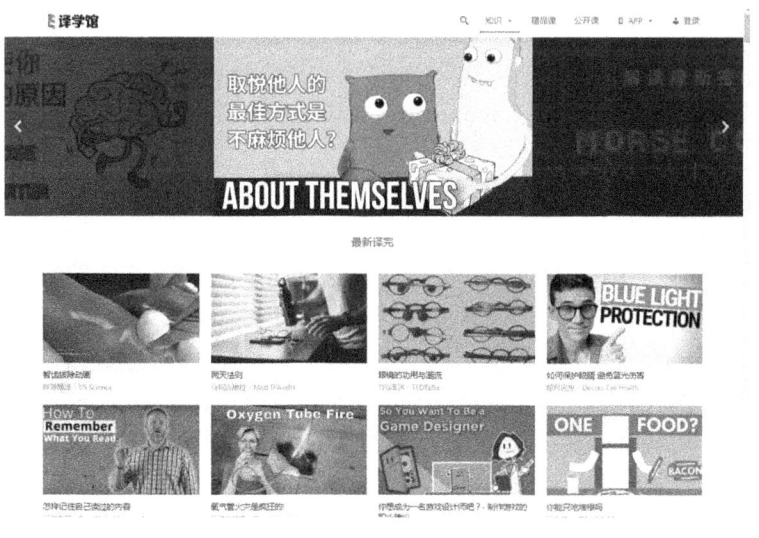

图 10-11　译学馆主页

译学馆是个外文知识视频平台。译学馆中的视频,都已经做了翻译,配中英文字幕。译学馆有网页版、手机 app。用户利用 app 看视频的过程中,可以选择自需的显示方式、调节视频播放速度,另外用户还可以对字幕的位置、风格样式进行设置,很适合学英语听力。比如第 1 遍看视频你可以开启中英文字幕,第 2 遍可以关闭中文字幕,第 3 遍可以把英文字幕也关了,这样循序渐进学英语、练听力效果可能比较好,使用户在学知识的同时提高英语水平。

10.2.4 可汗学院

可汗学院的网址为 https://www.khanacademy.org/,如图 10-12 所示。

可汗学院(Khan Academy)是由孟加拉裔美国人,麻省理工学院及哈佛大学商学院毕业生萨尔曼·可汗在 2006 年创立的一所非营利教育机构,用视频讲解不同科目的知识并解答网友提出的问题,内容包括数学、历史、医疗卫生及医学、金融、物理、化学、生物、天文学、经济学、宇宙学、有机化学、美国公民教育、美术史、宏观经济学、微观经济学及计算机科学等学科。可汗学院提供三种不同身份的使用界面(学生、教师、家长)供用户选择。可汗学院有完整的知识体系,可以先看视频,再做练习题。可汗学院有网页版、app 和中文网站(https://zh.khanacademy.org/),目前,在网易公开课、"B 站"等平台上还能找到带有中文字幕的可汗学院的课程视频。

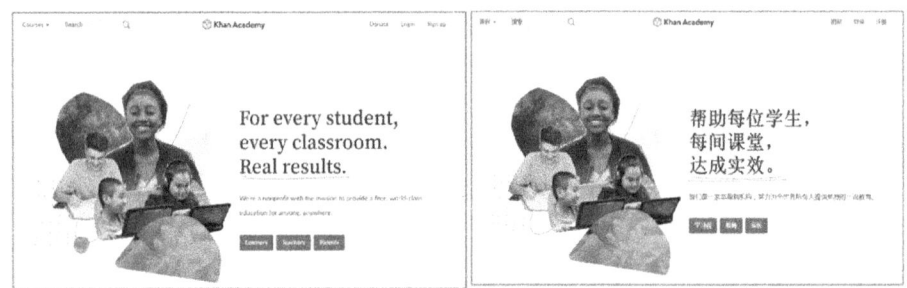

图 10-12 可汗学院主页

10.2.5 TED

TED 的网址为 https://www.ted.com/,如图 10-13 所示。

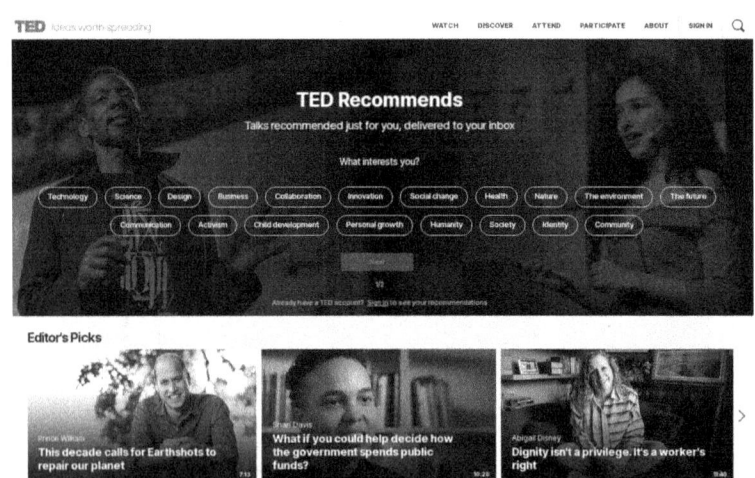

图 10-13 TED 主页

TED 是一个英语演讲视频平台,也有手机 app。TED 不仅可以听演讲,还能增长知识,帮助学习英语。TED 由 technology(技术)、entertainment(娱乐)、design(设计)三个单词的首字母缩写构成。TED 其实是美国的一家私有非营利机构,其之所以出名,是因为它组织的 TED 大会,每年 3 月,TED 大会召集各领域的杰出人物,分享他们的探索、思考和思想。在这个平台上可以找到近 2000 个现场演讲,涉及的领域远远超出了"TED"这三个字母所代表的范围。TED 不用注册登录,也没有广告,而且完全免费,使用非常方便。TED 的演讲观点明确、新颖,开门见山,"干货"多,废话少,不少演讲的时长不超过 20 分钟,每一个演讲视频下面不仅有演讲内容的简介,还有几十种语言的文字翻译。目前,在国内的网易公开课、新浪公开课、腾讯视频、译学馆、"B 站"等,都能找到 TED 的带有中文字幕的视频。

10.3　考试数据库和刷题 app

10.3.1　中科 VIPExam 考试学习资源数据库

中科 VIPExam 考试学习资源数据库(简称 VIPExam 数据库)是学生日常学习和复习备考的一站式服务平台。该数据库收录了海量权威学习资源,以视频课程为主,以历年真题和模拟试卷为辅。数据库现已收录外语、计算机、考研、公务员、司法、职业资格、医学等 12 大专辑 2100 余个考试科目,总试卷量已超过 26 万套,精品视频课程 4 万学时,如表 10-1 所示。

表 10-1　VIPExam 数据库资源列表

专辑(一级科目)	科目(二级科目)	科目子类(三级科目)	科目细类(四级科目)	2014 年以前的试卷	2015 年—2017 年		2018 年—2020 年	
					视频	试卷	视频	试卷
外语	26 类	107 类	123 类	14 347 套	95 课时(43.48 小时)	6424 套	369 课时(96.13 小时)	6860 套
计算机	34 类	110 类	130 类	12 180 套	0 课时(0 小时)	6219 套	951 课时(189.65 小时)	7318 套
考研	10 类	58 类	65 类	7754 套	0 课时(0 小时)	9745 套	709 课时(203.13 小时)	16 805 套
公务员	23 类	145 类	211 类	13 154 套	276 课时(94.83 小时)	12 468 套	1636 课时(465.27 小时)	12 873 套
职业资格	22 类	142 类	147 类	4564 套	2001 课时(563.62 小时)	3535 套	2797 课时(767.35 小时)	5325 套
财经	36 类	158 类	151 类	14 571 套	4707 课时(1327.63 小时)	6678 套	10 860 课时(2901.98 小时)	7288 套
工程	38 类	202 类	212 类	12 919 套	5184 课时(1450.18 小时)	5155 套	9311 课时(2509.20 小时)	7029 套

专辑 （一级 科目）	科目 （二级 科目）	科目 子类 （三级 科目）	科目 细类 （四级 科目）	2014 年 以前的 试卷	2015 年—2017 年		2018 年—2020 年	
					视频	试卷	视频	试卷
司法	5 类	7 类	10 类	2910 套	0 课时 （0 小时）	1316 套	698 课时 （184.82 小时）	611 套
医学	19 类	193 类	667 类	21 711 套	1417 课时 （362.83 小时）	9863 套	2120 课时 （499.32 小时）	10 152 套
专升本	2 类	37 类	37 类	2605 套	91 课时 （10.80 小时）	2014 套	241 课时 （75.07 小时）	3487 套
自考	7 类	229 类	229 类	3149 套	0 课时 （0 小时）	2651 套	406 课时 （103.08 小时）	4634 套
实用职 业技能	19 类	196 类	196 类	581 套	0 课时 （0 小时）	1093 套	271 课时 （69.37 小时）	1337 套
合计	241 类	1584 类	2178 类	110 445 套	13 771 课时 （3853.38 小时）	67 161 套	30 369 课时 （8064.37 小时）	83 719 套
总计		科目：2178 类｜视频课程：44 140 课时（11 917.75 小时）｜试卷：261 325 套						

VIPExam 数据库也是一个功能强大的“教考学”平台，内容包括课程学练、答卷自测、学习进展、错题记录、错题组卷、专项练习、智能考场等，如图 10-14 所示。

图 10-14　VIPExam 数据库

10.3.2　银符考试题库 B12 数据库

银符考试题库 B12 数据库涵盖 11 类考试专辑、300 类二级考试科目、近 900 种考试资源、15 万余套试卷、1000 万余道试题,如表 10-2 所示。题库紧扣国家资格类考试大纲,考题综合了大量的模拟考题和历年真题,可以在线答题,在线评分,交卷后有答案解析,适合进行考前的模拟练习。

表 10-2　银符考试题库 B12 数据库资源列表

专辑类别	二级科目	截至 2020 年年底数据量
语言类专辑	公共英语、大学英语、专业英语、资格英语、翻译英语、职称英语、金融英语、商务英语、水平英语、托业考试、HSK 汉语水平考试、高职高专英语、小语种	23 174 套
计算机类专辑	计算机等级考试:一级、二级、三级、四级。计算机水平考试:初级资格、中级资格、高级资格。公共试题、计算机应用能力考试、计算机职称考试、计算机认证考试	17 882 套
经济类专辑	会计资格考试(初、中、高级)、注册会计师考试、注册税务师考试、国家会计从业资格考试、经济师(初、中级)、物业管理师、地方会计从业资格考试、银行业从业资格考试、证券业从业资格考试、证券投资基金销售人员从业资格考试、期货从业人员资格、统计专业技术资格考试(初、中级)、保险代理从业人员考试、保险公估人资格考试、保险经纪人资格考试、助理企业信息管理师、助理企业培训师、高级企业信息管理师、注册内部审计师(CIA)、外贸跟单员、国际商务师、PMP 项目管理资格认证、国际货运代理员、证券经纪人考试、管理咨询师、金融分析师(CFA)、国际商务单证员、价格鉴证师、农村信用社招聘考试、调查分析师(初、中、高级)、全国外经贸从业人员职业资格认证、专利代理人	29 575 套
研究生类专辑	研究生入学考试、法律硕士联考、在职法律硕士联考、在职攻读硕士联考、同等学力申请硕士学位、MBA 联考、中医综合、西医综合、研究生入学考试专业课、会计硕士联考(MPAcc)、金融学硕士联考、公共卫生硕士专业学位联考、考博英语、工程硕士(GCT)、硕士研究生学位课程、GMAT 考试(研究生管理学入学考试)会计硕士	19 611 套
公务员类专辑	国家公务员、地方公务员、外销员、选聘高校毕业生到村(社区)任职考试	26 155 套
法律类专辑	司法考试(卷一、卷二、卷三、卷四、分类题)、企业法律顾问	4266 套
医学类专辑	执业医师考试、执业药师考试、卫生资格考试、医疗卫生系统招聘考试、CGNS(美国海外护士资格认证考试)	30 240 套
综合类专辑	导游资格考试、社会工作师、心理咨询师、教师资格考试、专升本、物流师、教师招聘考试、公共营养师、兽医资格考试、全国大学生英语竞赛、高职院校招生考试	15 709 套

续表

专辑类别	二级科目	截至 2020 年年底数据量
工程类专辑	一级建造师、二级建造师、注册安全工程师、注册造价工程师、注册咨询工程师、注册城市规划师、注册监理工程师、注册设备监理师、公路工程监理工程师、投资建设项目管理师、房地产估价师、注册结构工程师、注册岩土工程师、环境影响评价师、公路工程试验检测员考试、勘察设计(注)公用设备工程师、注册电气工程师、注册环保工程师、房地产经纪人、一级建筑师、二级建筑师、招标师、质量专业技术人员(初、中级)、土地代理登记人、土地估价师、资料员、测量员、注册化工工程师	26 896 套
自考类专辑	公共课、财经类、计算机(工学类)、文法类、理工农医类、行政管理类	8165 套
党建专辑	党建、党史	720 套

银符考试题库提供专项训练、随机组卷、在线答题、近期考试等功能(见图 10-15),可对某一薄弱的单一题型进行有针对性的练习,提高学习效率,考前模拟练习让学生进入考试环境能更好地应对各类考试。

图 10-15 银符考试题库 B12 数据库

10.3.3 新东方多媒体学习库和掌上学习平台

1. 新东方多媒体学习库

新东方多媒体学习库的网址为 http://library.koolearn.com/index? t=1607671470000,如图 10-16 所示。

新东方多媒体学习库是由新东方在线组织精英教师团队和优秀技术人员倾力打造的多媒体在线教育培训平台。该平台凝聚了新东方教育科技集团多年来的教学精华,内容涵盖留学考试、学历考试、职业教育、英语"充电"、多种语言、中学教育 6 大类,共计 2000 多门课程,让高校师生足不出校便能尽享新东方原创学习视听课程。

图 10-16　新东方多媒体学习库主页

2. 新东方掌上学习平台

新东方掌上学习平台的下载地址为 http://app. koolearn. com/zhuanti/lib。

新东方掌上学习平台是新东方在线为各大院校及图书馆量身定制的专业化移动学习平台。新东方掌上学习平台提供系统化、个性化、精准化的移动学习课程,同时附有图书馆信息服务功能,满足用户对移动学习、趣味学习、碎片化学习的需求。用户可在公共账号下注册个人账号登录,或使用借阅证号登录(仅部分图书馆支持)。

10.3.4　考研互动精品课程

考研互动精品课程是由北京育智兴邦教育科技有限公司旗下的高教网开发的一套高清考研辅导互动视频课程,如图 10-17 所示。该课程主要针对研究生入学考试考前复习,包含政治、英语一、英语二、数学一、数学二、数学三,覆盖全年基础、强化、冲刺阶段的所有课程。该课程力邀原国家命题组组长及成员教师作为主讲老师,并通过视频互动的方式给考生最生动、最正确的解题方法和复习方法。考生亦可通过此学习平台与全国报考同一院系和同一专业的考生组成互助小组,共同学习,共同进步。

10.3.5　刷题 app

学习是需要耐心、坚持的事,想要在考试中获得一个好成绩,需要通过大量的练习来巩固自己的知识,刷题一般是大多数人喜欢的练习方式,下面为读者介绍几个好用的刷题 app。

(1)"试题通"是一款可以导入自己题库的手机软件,导入的文档支持 Word、Excel、WPS、CSV、TXT、PDF 等文件格式,系统会自动生成考试题库,可以在手机、电脑、平板上选择多种刷题模式自由刷题。

(2)"考试宝"是一款不错的一站式组卷学习 app,提供在线学习、考试、组卷相关服务,可免费获取与分享试题资源。

(3)"考试 100"是一个智能刷题平台,专注于建工类、金融类、医学类职业资格考试培训题库和视频课程。

(4)"快考题"是一个制作在线考试的专业平台,在制作考试成功后可自动形成一个二维码,考生通过扫描二维码参加考试,直接在微信上即可答题。

图 10-17　考研互动精品课程主页

（5）"刷题神器"是一款一站式组卷学习 app，为用户提供免费的试题资源获取与分享。刷题神器具有智能练习、自创题库和试题分享三大功能。

（6）"万题库"是一个考试通关智能题库，内容包括大学类执业资格考试全部题库，历年真题及模拟题应有尽有。

此外，还有"二建刷题宝""计算机二级 office 题库""步知刷题""PLC 练习题""自考准题库""刷题菌""题刷刷""司法考试全题库""题王争霸""刷题先生"等刷题 app。

10.4　社区与论坛

10.4.1　知乎

知乎成立于 2010 年 10 月，也有 app，是个网络问答社区，连接各行各业的用户，用户相互分享彼此的知识、经验和见解，为中文互联网源源不断地提供多种多样的信息。对于概念性的解释、网络百科方面，知乎涵盖了用户的很多疑问。知乎不仅是对发散思维的整合，更是一个问答社区的典型代表，很多问题都能通过知乎得到很好的解答。知乎的用户有 200 多万，通过问题的长期积累，形成了重要的信息资源集合。知乎在形式上与百度知道类似，但其质量远远优于百度知道。最近几年尽管知乎上的"水贴"很多，但还是有很多优质的问题和答案，只要我们学会搜索和判断，知乎中可用的优质内容还是有很多的。很多同学在大学四年毕业以后，才后悔大学四年光阴的虚度，在知乎中搜索"大学四年应该如何度过"，这个问题的高票答案有很多，同学们不妨查看一下，引以为戒。

10.4.2　大家论坛

大家论坛是一个以考证为主题的学习论坛，也是一个综合性的学习门户，如图 10-18 所示。其中，英语、财务、计算机等领域的一些重点考试尤具优势，很多考试的访问量与影响力很高。大家在这个论坛中讨论考证问题，有的人分享考证的攻略，有的人分享考证资源，用户可以在电脑上通过浏览器查看，也可以在手机上安装一个 app 查看。论坛按照正式类别建有具体板块：大家考研论坛、大家考博论坛、大家英语考试网、大家英语学习网、注会论坛、初中级职称、税务、经济师、金融考试网、计算机专区、公务员、法考、教师资格、导游资格类考试、工程建设考试等。论坛包括二级建造师、英语、计算机、注会、注税、初中高级会计师、考研、考公务员、专利代理人资格考试等频道，还包括考研英语、考研数学、考研政治等考研、考博资源。

图 10-18　大家论坛主页

10.4.3　晓木虫

晓木虫的网址为 https://www.emuchong.com/，如图 10-19 所示。

图 10-19　晓木虫主页

晓木虫创建于 2001 年，是学术信息交流性质的综合科研服务社区，会员主要为国内各

大院校、科研院所的博、硕士研究生,企业研发人员,拥有旺盛的人气、良好的交流氛围及广阔的交流空间,已成为国内学术科研交流的第一站,为中国学术、科研免费提供动力。其内容涵盖化学化工、医学、物理,材料、地学、食品、信息科学等学科,此外还有基金申请、论文投稿、出国考试、考研、考博、招聘信息等实用内容。

第11章 学习工具

11.1 学习工具软件

随着信息技术的发展,各种工具软件和文献管理工具应运而生。作为一个有信息素养的大学生,随时关注新工具,运用新工具,会对提升学习效率起到事半功倍的作用。俗话说"工欲善其事,必先利其器",就是这个道理。

11.1.1 思维导图

思维导图又叫心智导图、心智地图、脑图、脑力激荡图、灵感触发图、概念地图、树状图、树枝图或思维地图等,是表达发散性思维的有效的图形思维工具。思维导图呈现的是一个思维过程,通过思维导图,学习者可以理清思维的脉络,掌握整个知识架构,从而有利于直觉思维的形成,促进知识的迁移,将大脑中的想法画出来。思维导图一般都有一个中心关键词,是以辐射线形状连接想法、任务或其他关联项目的图解方式,即从中心发散出来的结构框架。

思维导图诞生于20世纪七十年代,是由世界著名的心理学家、教育学家东尼·博赞在《启动大脑》一书中正式提出的,他曾经因为帮助查尔斯王子提高记忆力而被誉为英国的"记忆力之父"。思维导图被誉为"大脑使用说明书"和"思维工具中的瑞士军刀"。现如今,它已经成为风靡全球的革命性思维工具,被广泛地应用于生活、学习、工作等各个方面,在全球教育界和商界掀起了一场超强的思维风暴。

思维导图运用图文并重的技巧,把各级主题的关系用相互隶属与相关的层级图表现出来,把主题关键词与图像、颜色等建立记忆链接。思维导图充分运用左、右脑的机能,利用记忆、阅读、思维的规律,协助人们在科学与艺术、逻辑与想象之间平衡发展,从而开启人类大脑的无限潜能。思维导图因此具有梳理人类思维的强大功能。

思维导图诞生时是用笔在纸上画出来的,而如今各种思维导图工具软件层出不穷,基本功能大致相同。

思维导图工具种类很多,有免费版和收费版,对一般学习来说,免费版基本够用。

1. MindMaster

MindMaster是一个单中心节点的思维导图,有免费版和收费版,支持添加编号、附件、链接、图片等,可以导出为不同的文件格式,还能实现文本和思维导图之间的相互转换。MindMaster的基本使用方法如下。

（1）搜索、下载、安装 MindMaster。

（2）打开软件，选择样式，创建思维导图，如图 11-1 所示。

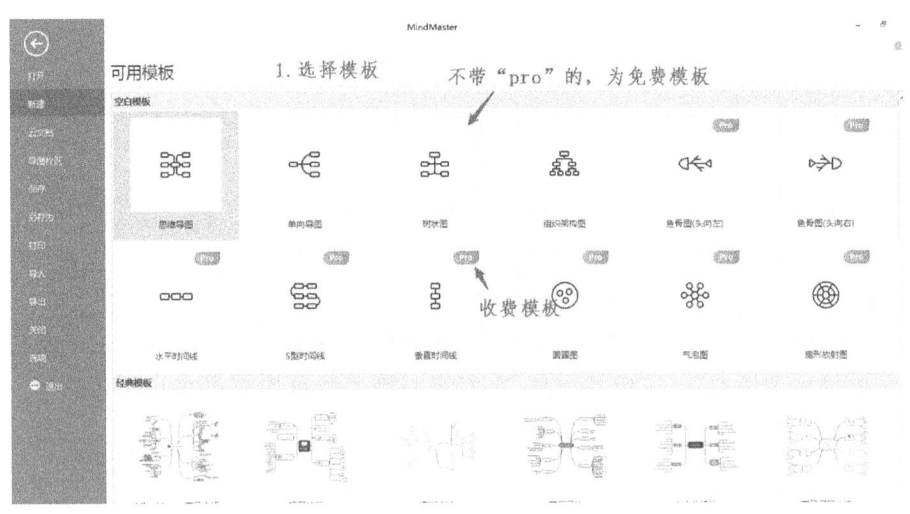

图 11-1　创建思维导图

（3）编辑思维导图内容，如图 11-2 所示。

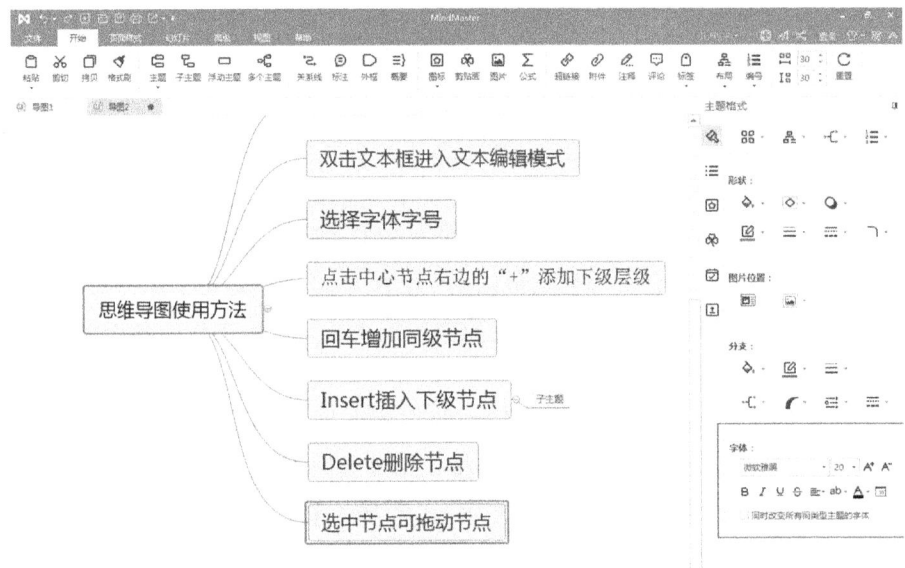

图 11-2　编辑思维导图内容

（4）选择连线样式，如图 11-3 所示。

（5）鼠标右键点击节点可添加图片、附件或链接，如图 11-4 所示。

（6）导出文件格式选择，导出思维导图，如图 11-5 所示。免费版中保存 Word 格式时带水印。如果直接复制思维导图，粘贴到 Word，没有水印。如果直接在导图界面全选导图粘贴到记事本或者 Word 中，可以将思维导图转换为文本。

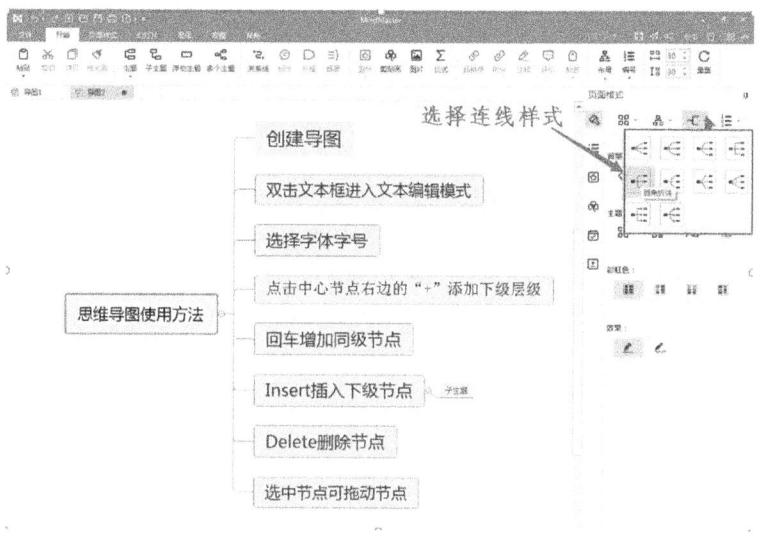

图 11-3　选择连线样式

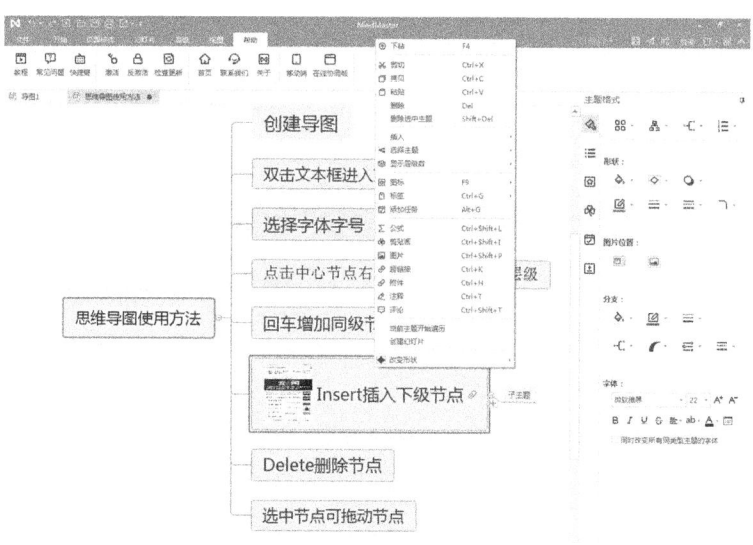

图 11-4　思维导图添加附件

（7）更多使用方法，可在"帮助"中获得，如图 11-6 所示。

MindMaste 除了有网页版，还有手机 app。

2. 其他常用思维导图工具

MindManager 是思维导图工具中的鼻祖，使用方法与 MindMaster 大致相同，功能键也基本一样，也有手机 app。另外还有幕布、百度脑图、MindLine、XMind、iMindMap、FreeMind、Mindomo、Coggle、MindMeister、SpiderScribe、Stormboard、MindNode 等思维导图工具。

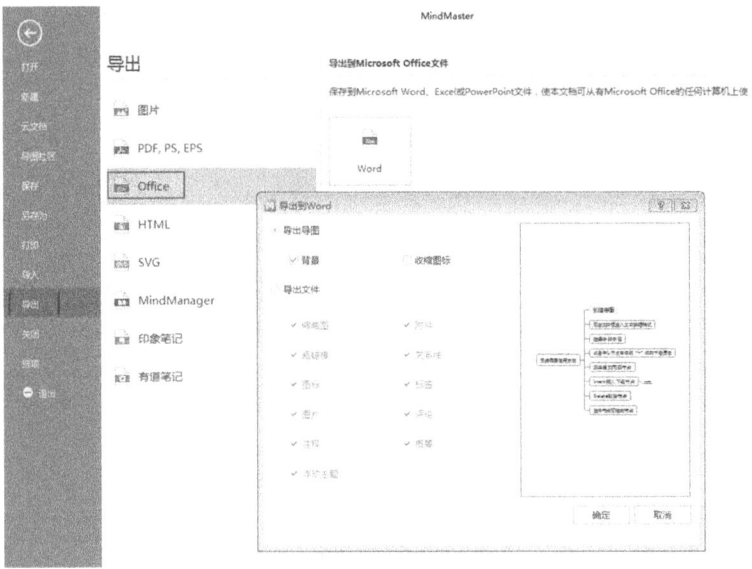

图 11-5　导出思维导图

图 11-6　使用教程查看方式

11.1.2　Snipaste

Snipaste 由截图(snip)和贴图(paste)构成,是一个简单但强大的贴图工具,也可以执行截屏、标注等操作。Snipaste 的优点是免费、无须安装。

Snipaste 的使用方法很简单,可直接下载、安装,其下载地址为 https://zh. snipaste. com/download. html。安装后双击启动,首次使用可以设置开机启动。启动后,右键点击任务栏的 Snipaste 图标,可看到截屏、贴图、首选项、帮助等选项,如图 11-7 和图 11-8 所示。

Snipaste 的使用方法与 QQ 的截图工具很像,具体使用方法,可查看帮助,如图 11-9 所示。与 QQ 截图工具相比,它有很多的优点,比如可以同时保存多个截图、支持逗号截图回放等。

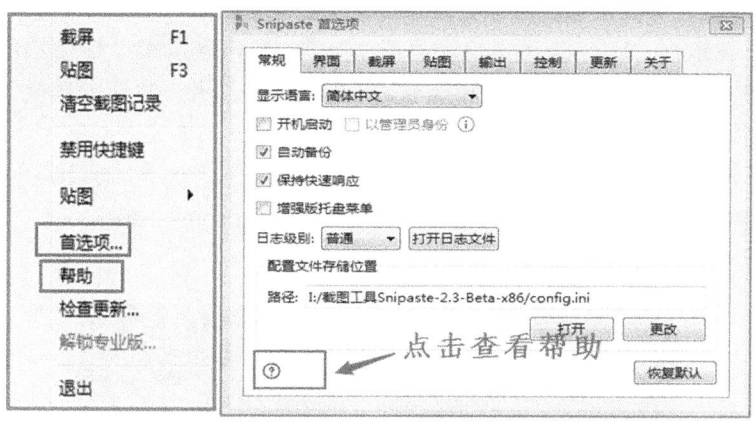

图 11-7　Snipaste 右键选项及首选项

图 11-8　Snipaste 工具条

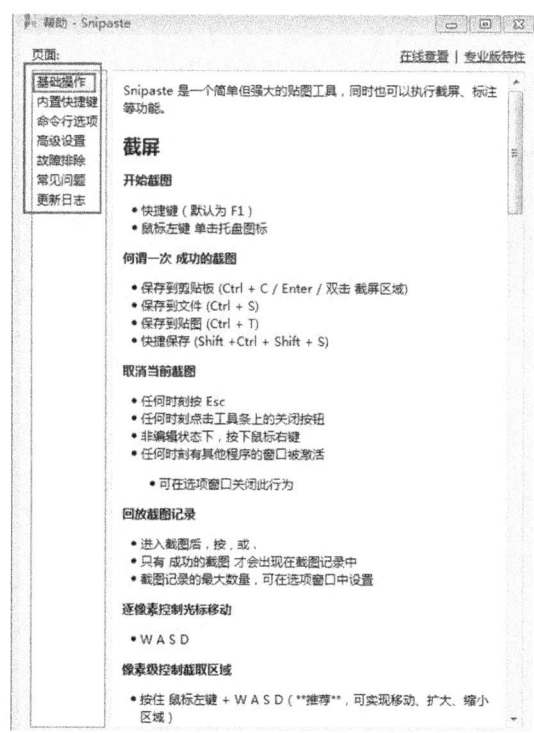

图 11-9　Snipaste 帮助

11.1.3　1Checker

1Checker 是一款英文校对润色软件,中文名字叫"易改",是一个英文自动校对和润色工

具，英文写作中词汇、语法错误或者不合适的表达，它都能自动识别出来，而且会提供修改建议，并且实现一键修改。1Checker 客户端集成了词典、翻译和搜索等辅助功能，独创性地把人工智能开发的纠错和智能润色引擎相结合，极大地提高了用户写作的成文质量，比百度翻译、有道翻译、谷歌翻译更专业，而且免费。

　　1Checker 桌面版提供一站式的拼写检查、语法纠错、样式检查、词级润色以及字典和翻译等写作辅助功能，其下载地址为 http://www.1checker.com/，如图 11-10 所示。

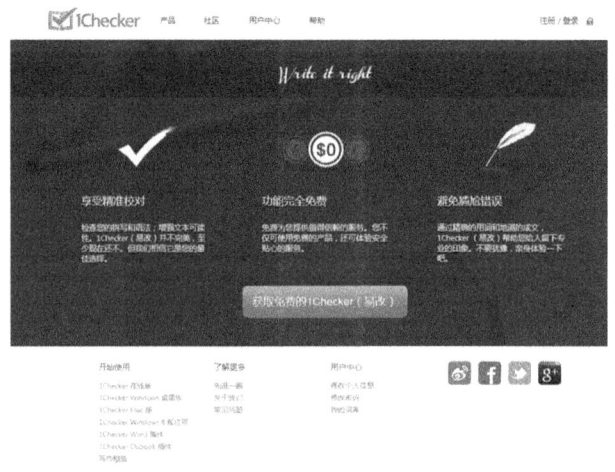

图 11-10　1Checker 官方下载页面

　　安装 1Checker 后需要注册、登录。第一次登录有使用向导，可以帮助用户快速掌握 1Checker 工具。例如按照提示导入一段英文进行检查，可以得到校对结果统计，如图 11-11 所示。检查后，正确的词列在对应的错误的词的下方，如图 11-12 所示。点击全部修改并确定，即可修改成功，如图 11-13 所示。对正确的内容可以选择另存或者复制转存。

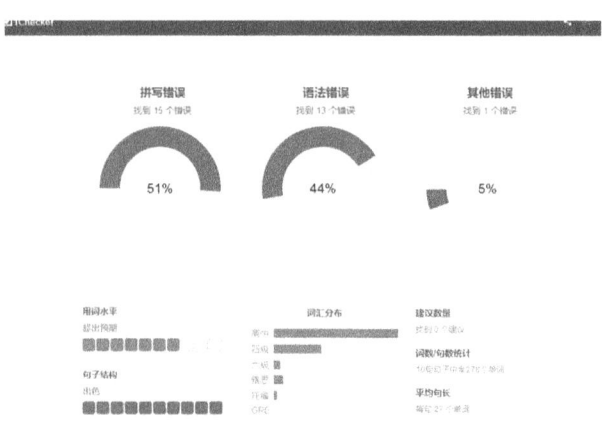

图 11-11　校对结果统计

　　1Checker 现在有在线版、Windows 桌面版、Mac 版、Windows 8 版、Word 插件和 Outlook 插件，可以根据不同的需求选择相应版本。1Checker 也有收费的企业版，为语言学校提供英文作文的自动批改，为教育机构提供全方位的学习管理和学习内容管理。

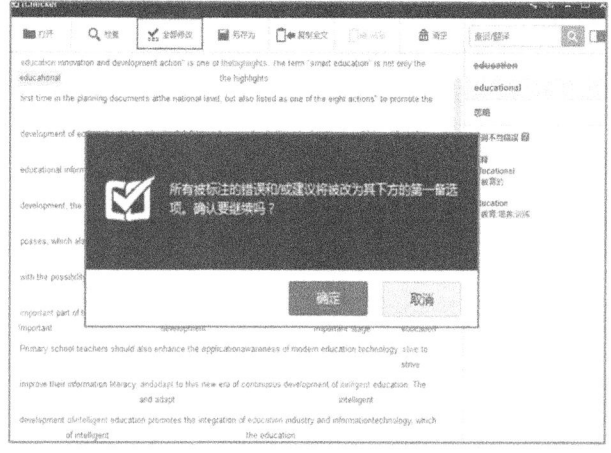

图 11-12　修改界面

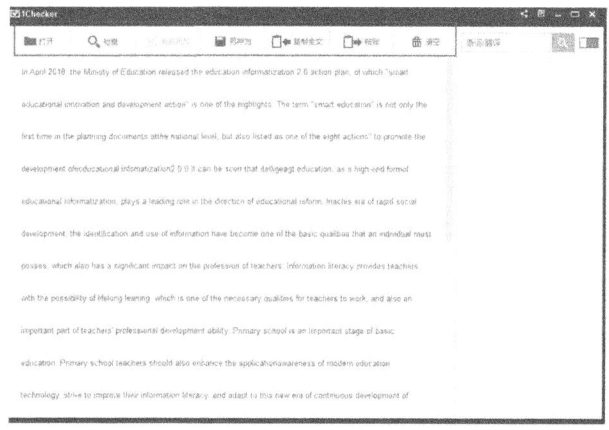

图 11-13　修改结果界面

11.1.4　本地搜索工具

1. Everything

Everything 是一款本地搜索引擎。Everything 与 Windows 自带的搜索功能相比,搜索速度快,而且支持各种类型的文件的搜索,还可按照用户的要求对文件进行重新管理,比如加入标签、查看搜索历史等。

Everything 与网络搜索引擎相比,原理都是一样的。但是,网络搜索引擎搜索的目标是搜索引擎建的数据库里面的内容,Everything 搜索的是电脑本地的文件。另外,网络搜索引擎只能对检索到的结果进行查看,不能进行排序和重命名,但 Everything 可以对搜索到的结果进行重命名、重排序、预览等。

Everything 的缺点是不能搜索内容,只能搜索文件名,所以,如果电脑中的文件名不规范,例如文件名都是"123",那么,Everything 搜出来的文件名也没有实质意义了。

Everything 的官方下载地址为 https://www.voidtools.com/zh-cn/。

选择下载、安装的版本很重要,一定要选择对应操作系统的版本。下载、安装好之后,右

键点击简单任务栏右下角的 Everything 图标，可以看其选项，如图 11-14 所示。Everything 的具体功能设置，可以参考 Everything 选项。

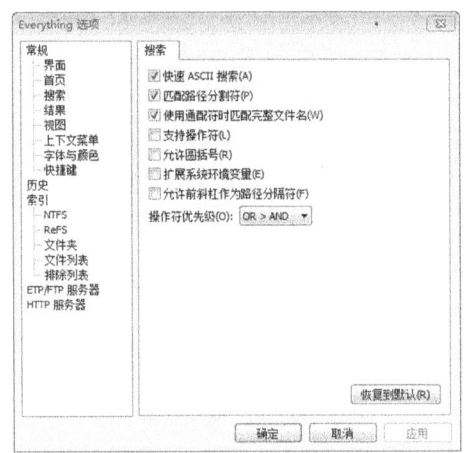

图 11-14　Everything 选项

Everything 的搜索方法：打开 Everything，在最上面的搜索框输入搜索内容，进行搜索。

2. Listary

Listary 是一款实用的本地搜索工具。它不仅可以搜索本地文件，还是一款 Windows 文件浏览增强工具，为 Windows 资源管理器增加智能命令、最近文档查找以及收藏功能，能提高用户日常收藏和文件整理的效率。

例如，当我们需要查找文件时，只要电脑安装了 Listary，在电脑屏幕任何地方输入要找的文件名，或者文件名首字母，屏幕的右下方就会根据用户的输入出现不同的选项，使用户能快速获得文件。

Listary 的下载地址为 https://www.listarypro.com/。

Listary 程序没有主界面，无须找搜索框，直接敲击键盘即可，操作完毕自动关闭程序，比 Everything 好用。如果正在使用其他软件，可以双击 Ctrl 键激活 Listary，Listary 还能帮用户快速启动应用程序和打开浏览器收藏夹里的网站，和查找文件一样快速。

例如，当需要用百度搜索"知识付费"时，只需双击键盘的 Ctrl 键，唤醒 Listary，在出现的文本框里输入"bd 知识付费"，点击下面出现的选项，如图 11-15 所示，就会出现百度搜索结果界面，如图 11-16 所示。

图 11-15　Listary 启动的百度搜索"知识付费"界面

以上两个例子就是 Listary 的两种模式：文件管理器模式和启动程序模式。Listay 内置了一些应用程序，所以可以直接输入唤醒常用程序，同时用户在其设置中可以添加其他需要快速启动的应用程序，使用非常方便。Listary 个人使用免费，集团用户使用 Listary pro 版收费。

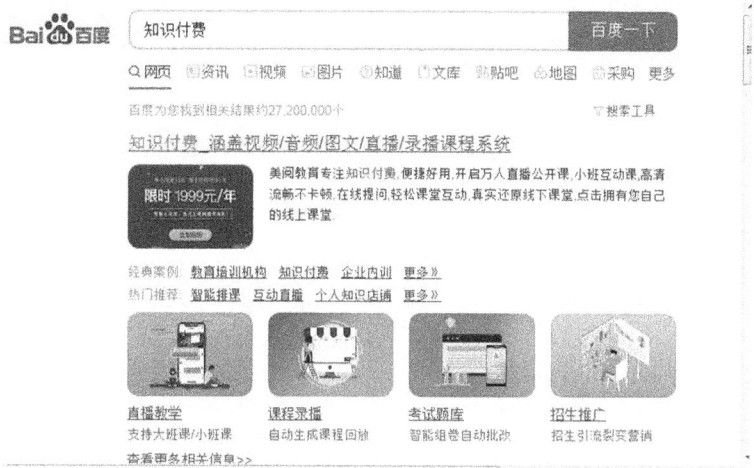

图 11-16 Listary 启动的百度搜索结果界面

3. filelocator

Everything 和 Listary 都是基于文件名的搜索,而 Filelocator 是基于文件内容的本地搜索工具,其下载地址为 https://www.mythicsoft.com/。下载、安装 Filelocator 后,选择中文简体界面。软件类型分为专业试用版(试用 30 天)、专业版(付费版)和免费版,免费版即可满足使用需求。Filelocator 的搜索界面如图 11-17 所示,Filelocator 支持全字匹配、布尔表达式、正则表达式、模糊搜索等多种文本匹配方式,可以指定文件属性、日期,可以搜索压缩文件。如果想让系统搜索得更快,最好尽可能缩小检索范围。

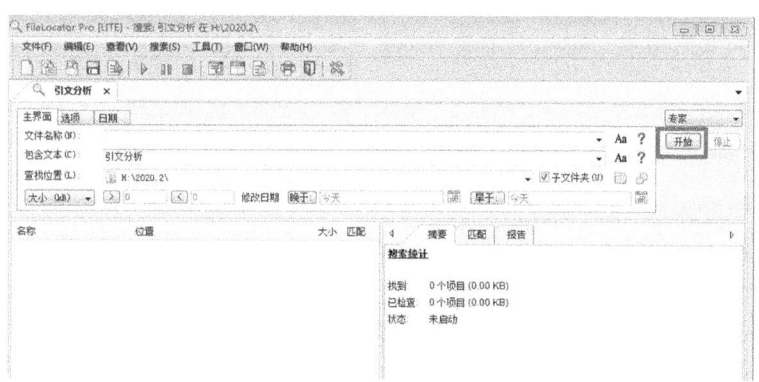

图 11-17 Filelocator 的搜索界面

Windows 的本地搜索虽然不及上述软件好用,有些功能也比较实用,特别是 Windows 10 多了搜索工具选项卡,支持限定文件大小、文件类型、文件修改日期等的搜索。

11.1.5 录屏和视频编辑软件

1. EV 录屏

EV 录屏是一款免费、无水印,集视频录制与直播功能于一身的桌面录屏软件,可实现分屏录制、实时按键显示、录屏涂鸦等功能。但是,如果想要对录制的视频进行编辑需要付费,

开通 vip 会员。

EV 录屏的官方下载地址为 https://www.ieway.cn/evcapture.html。

EV 录屏的官网有详细的使用说明,下载、安装后打开软件,界面如图 11-18 所示。

图 11-18   EV 录屏界面

2. Camtasia Studio 8

Camtasia Studio 8 是一款屏幕动作录制软件,提供了强大的屏幕录像、视频剪辑和编辑、视频菜单制作、视频剧场和视频播放等功能。用户可轻松使用屏幕操作的录制和配音、视频剪辑和添加动画、添加字幕和水印、制作视频封面和菜单以及视频压缩和播放等功能。当录制完一段视频后,Camtasia Studio 8 破解版软件内置了一个媒体播放器,可直接使用 Camtasia Studio 8 来播放、编辑、修改视频,甚至是对多段视频片段进行剪切、合成,实现视频剪辑。

11.1.6   讯飞语音输入法和讯飞有声

1. 讯飞语音输入法

讯飞语音输入法又叫讯飞输入法,是由中文语音产业领导者科大讯飞推出的一款输入软件,集语音、手写、拼音、笔画、双拼等多种输入方式于一体,又可以在同一界面实现多种输入方式平滑切换,符合用户的使用习惯,大大提升输入速度,而且能识别方言,包括粤语、上海话、闽南话、客家话、河南话、四川话等 23 种方言,同时支持英、日、韩、俄等语言的实时语音互译。

讯飞语音输入法精准率比较高,即便是很小的声音,它也能识别出来,1 分钟能输入 400 个字,通用语音识别率高达 98%,但是对语速较快的,识别会丢掉一些字、词、句,尽管如此,讯飞语音输入法开启语音识别新时代。目前有 Android 版、iPhone 版、iPad 版和 PC 版,可以很方便地提高学习和交流的速度,让记录更加便捷。

讯飞语音输入法的网址为 https://srf.xunfei.cn/,如图 11-19 所示。

在官方网站或者论坛上,能找到讯飞输入法所有版本的安装程序和使用手册。如果电脑上没有声音输入设备可以关联手机,用手机麦克风进行输入,前提是电脑和手机必须在同一个网络下,也就是同一个 wifi 下才能进行。

图 11-19 讯飞官方主页

2. 讯飞有声

讯飞有声是科大讯飞出品的一键朗读听书软件。它采用了先进的语音合成技术,支持文字转语音一键转换功能,让用户输入复制的文字或网页链接即可享受自然的朗读、听书服务,而且免费。

讯飞有声的网址为 http://xfyousheng.com/,也可以通过手机应用商店安装 app 使用。

讯飞有声可以有效解放双眼,让阅读更方便,特别是讯飞有声 app,能有效朗读长文章,并且可以根据需要选择 1.25、1.5、2.0 倍速的阅读速度。

此外,讯飞还有款讯飞听见软件,可以将录音转为文字,1 小时的录音 5 分钟转换完成。

11.1.7 插件

插件(plug-in,又称 addin、add-in、addon 或 add-on,又译为外挂)是一种遵循一定的应用程序接口规范编写出来的程序,只能运行在程序规定的系统平台下(可能同时支持多个平台),而不能脱离指定的平台单独运行,因为插件需要调用原纯净系统提供的函数库或者数据。很多软件都有插件,插件种类繁多。例如在 IE 浏览器中,安装相关的插件后,Web 浏览器能够直接调用插件程序,用于处理特定类型的文件。

1. 浏览器插件

浏览器插件就是浏览器的扩展程序,是一种遵循一定的应用程序接口规范编写出来的程序,简单来讲,就是一些小程序,安装后,"寄生"在浏览器上,为浏览器增加一些功能,比如 Flash 插件、RealPlayer 插件、MMS 插件、MIDI 五线谱插件、ActiveX 控件等。这里给读者推荐几款好用的插件。

1)广告终结者

广告终结者可以清除所有网页广告、恶意弹窗、跟踪代码,加快网页加载速度。广告终结者的大小只有 0.2 M,但是能过滤网页上 99% 以上的广告,减少系统负担,目前被广泛引入 360 极速浏览器、360 浏览器、Chrome 浏览器、搜狗浏览器、UC 浏览器等的应用商店。

2)翻译插件

翻译插件可以帮助用户实现外文网页无障碍阅读,比如"有道网页翻译""彩云小译""划

词翻译""翻译助手""百度翻译"等。这类插件可在浏览器商店中查找获得。

3)Kopernio

Kopernio 是一个 SCI 全文免费获取插件,被称为合法的 SCI-HUB,有了它,原来难以获取的 SCI 全文,现在就有可能很方便地找到了。

2. Word 插件——小恐龙公文排版助手

小恐龙公文排版助手是一个 Word 插件,安装后 Word 会增加许多功能,按照国标《GB/T 9704—2012 党政机关公文格式》制作,特别适合公文排版,而且小恐龙公文排版助手有删除所有空格、删除所有空行、中英文之间添加空格、标点符号(英转中)、标点符号(中转英)等功能。

3. PPT 插件

1)iSlide

iSlide 是一个 PPT 插件,能一键实现统一字体、段落和色彩风格等功能,能帮助用户节约大量时间,并提供大量 PPT 模板,模板有收费和免费之分。一般情况免费功能足矣。

2)PA 口袋动画

PA 口袋动画主要专注于各种酷炫的动画制作,可以用 PPT 制作出特效剪辑软件才能制作出来的酷炫动画,该插件还有智能图文功能、智能设计功能、海量的图标和图库以及流行的文字云功能。

11.1.8　文字识别软件

天若 OCR 是一个非常优秀的文字识别 OCR(optical character recognition,光学字符识别)软件,简单来说,就是识别图片上的文字。有些文字无法复制或者是图片格式,若是重新一个个字手打,可能相当费时、费力。

天若 OCR 是网友基于免费的 OCR 接口,编写的一款软件。我们可以使用它,进行文字识别,也可以将识别后的文字翻译成英文,还可以使用语音朗读功能。软件使用了腾讯 OCR 接口、百度 OCR 接口、有道 OCR 接口,没有使用次数限制,准确率也不错。

此款软件特别适合轻度文字识别,也不需要太过于专业的功能,完全可以满足需求。当然,对于一些重要的文档,在识别后还是要检查结果文本,以免出现错别字。

具体使用的方法也很简单,打开软件后,按 F4 键,框选要识别文字的区域,软件便会识别该区域的文字。这个 F4 键是可以修改的,可在设置里修改。需要注意的是,软件运行需要. net 4 框架。

主要优点:任何图片、不可下载的文档、PDF 图片上的文字均可一键识别,随意复制、粘贴;识别快,准确率相当高。

在科研工作中进行文献阅读和论文写作时,此软件是一个非常实用的工具,强烈推荐读者使用。

11.1.9　时间管理软件

1. 番茄土豆

番茄土豆是一个结合了番茄(番茄工作法)与土豆(to-do list 的谐音)的在线工具,可以提高工作效率。

番茄工作法是一种简单易行的时间管理方法,通过把一个任务划分为很多个小的番茄,每个番茄时间为 25 分钟,之后可以休息一下,然后再开始新的番茄时间。番茄土豆既能够让人保持高水平的专注,又能及时得到休息;土豆(to-do list)可以理解为代办事项列表,通过把要做的事情按照先后顺序依次记录,可以帮助我们明白事情的优先级,更合理地利用有限的时间完成更多重要的任务。番茄土豆还有历史数据查看功能,可以帮助我们可视化地看到一段时间内的任务完成数量趋势、效率最高的工作日、最佳工作时段等数据,有效防止拖延症,电脑手机都可以用。

番茄土豆的下载网址为 http://pomotodo.com/,也可从手机应用商店下载 app。

2. ManicTime

ManicTime 也是时间管理软件。它可以记录你使用电脑的各种数据,帮你了解时间都去哪了,比如什么时候开机、什么时候关机、什么时候进入屏保、做了多少正事、玩了多久游戏、看了哪些网页、编辑了什么文档、用了什么软件、分别花了多少时间等。ManicTime 的标准版免费,部分高级功能需要付费,其同样有电脑版和手机版。

ManicTime 的下载地址为 https://www.manictime.com/。

此外还有很多时间管理软件,如"应用计时"软件,可以将时间通过饼图、折线图和盒子面板三种方式呈现,更加直观。

11.1.10　坚果云

坚果云是一个多终端同步的云盘。现在网络有不少云盘,如百度网盘、腾讯微云、新浪微盘等,都是不错的云盘。但是坚果云可以多终端同步,无缝衔接。比如,在办公室电脑做了一个文本策划,下班后,在地铁上可开启手机进入云盘,打开未做完的文件,继续思考,继续做;下午带笔记本去喝杯咖啡时,同样可以启动笔记本,继续完善这个文件。晚上开会用会议室的公共电脑登录网站,下载做好的同一个文件,不用 U 盘、不发邮件,也不用手动上传网盘,无缝衔接自动完成,如同一个设备。这就是坚果云的优点。

使用坚果云的方法:
(1)登录坚果云网站(https://www.jianguoyun.com/)注册;
(2)电脑上下载、安装坚果云客户端,手机下载坚果云 app;
(3)设置坚果云同步文件夹,用来存储同步文件,也可在多个不同的终端都设置指定文件夹;
(4)登录坚果云网站,登录个人注册账号,随时下载云端文件到不同的设备上。

坚果云还有多人网络协作、云盘文件分享等功能,使用非常方便。免费注册用户在一个月内有上传 1 G、下载 3 G 的使用空间,一般来说足够使用。若用户上传量大,可以付费扩充存储空间。

11.1.11　二维码生成器

二维码技术是指用某种特定的几何图形按一定规律在平面分布的黑白相间的图形,记录产品数据信息的技术。二维码技术被广泛地应用在各个领域。用户通过手机微信、QQ 等设备扫描二维码,就能读取到发布者想要你读取的信息,这些信息可以是名片、信息、图片、文献、数据、网址、地理位置、音视频等。任何人都可以通过二维码发布信息。网络上能

免费使用的二维码生成器有很多,如草料二维码生成器(见图 11-20)、联图二维码生成器(https://www.liantu.com/)、微微二维码生成器(https://www.wwei.cn/)等。

图 11-20　草料二维码生成器界面

11.1.12　中文在线词频统计工具——语料库在线

学术研究离不开对研究热点问题的识别。研究热点问题识别的方法有很多,其中,基于词频统计的热点识别方法,是一种常用的方法。语料库在线的词频统计可以帮助我们进行热点词频统计,如图 11-21 所示。语料库在线的网址为 http://www.aihanyu.org/cncorpus/CpsTongji.aspx。

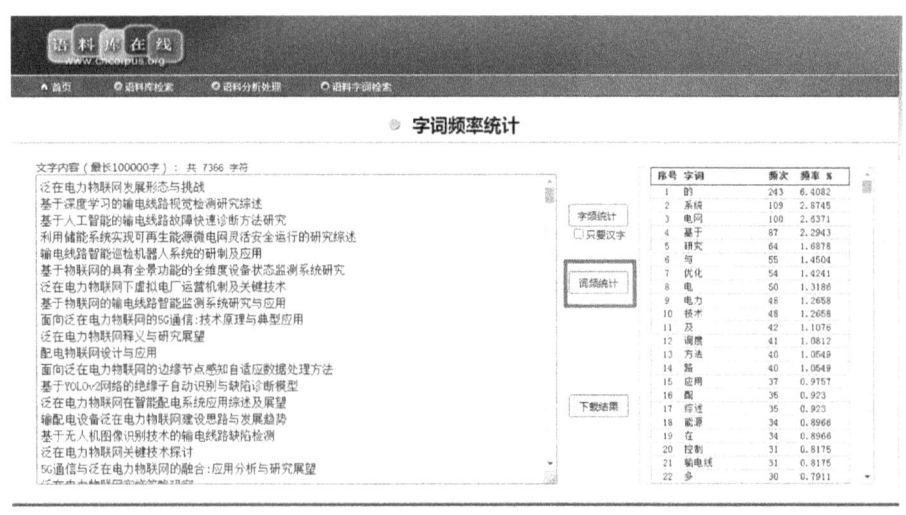

图 11-21　语料库在线字词频率统计界面

用户可以利用中国知网或者万方数据库,检索某个学科一段时间内发表的高被引文章,根据文章的题目、关键词、摘要,利用在线词频统计工具,就可以看到高频词统计结果,从而得到这一领域研究的热点问题。

11.1.13　免费在线抠图工具

1. PhotoScissors

PhotoScissors 是一款实用的在线抠图工具,无须安装,并且免费,也不需账号登录。PhotoScissors 的网址为 https://online.photoscissors.com。用户只需直接拖拽或者上传要抠图的图片到指定窗口,在线操作。工具有使用向导,用户能快速上手,简单实用。

2. 稿定抠图

稿定抠图的网址为 https://koutu.gaoding.com/。

3. CLIPPING MAGIC

CLIPPING MAGIC 的网址为 https://zh.clippingmagic.com/。

11.1.14　在线文档

在线文档能够实现多人同时在线编辑功能,是团队协作的常用工具。

1. 腾讯文档

腾讯文档(https://docs.qq.com/desktop)除了在线文档、在线表格、在线幻灯片等工具,还有在线收集表工具,能自动收集、汇总、导出所要搜集的信息,不用担心多人同时编辑时的相互覆盖问题,也不用担心个人隐私的泄露。

2. 石墨文档

石墨文档的网址为 https://shimo.im/。

3. 金山文档

金山文档的网址为 https://www.kdocs.cn/。

11.1.15　问卷星

问卷星(https://www.wjx.cn/)是一个专业的在线问卷调查、测评、投票分析平台,专注于为用户提供功能强大、人性化的在线设计问卷、采集数据、自定义报表、调查结果分析系列服务,如图 11-22 所示。

图 11-22　问卷星主页

使用前需要注册,或者选择微信、QQ 登录,手机号码验证,方可使用。

11.2 RSS 订阅——文献追踪

11.2.1 概述

互联网让我们足不出户就能领略大千世界的无限精彩。那么,有没有一种方式,让我们不用频繁使用浏览器访问网站和数据库,就可以及时、高效地获得感兴趣的网络信息和跟踪最新文献信息呢? 有,RSS。

2005 年 5 月 9 日,中央电视台科教频道"科技之光"栏目播出了 RSS 技术的专题报道,并以看天下网络资讯浏览器(下文统一简称为看天下)为例,介绍了 RSS 的具体应用。看天下作为一款综合了信息订阅、自动获取和管理等功能的专业 RSS 阅读器,让我们足不出户,就可以领略互联网的无限精彩和获取专业学习研究的最新成果和资讯。

1. RSS 的概念

RSS 的全称是简易信息聚合(really simple syndication)。

我们知道,人是信息的集合体。当我们看到什么,我们就会想到什么,这一点非常重要,我们每天获取哪些信息,就决定了我们每天想哪些东西,而这个信息不仅仅包括我们看到的事物和现象,还包括我们读到的文章以及别人告诉你的信息。有了想法就会有行动,有了行动就会有结果,即信息决定想法,想法决定行动,行动决定结果。所以说信息在某种程度上就决定我们未来的一个走向,因此,我们每个人给自己输入的信息质量决定我们的人生成就。所以要把握好我们人生的入口关,这就是中国古代"孟母三迁"故事的经典之处。环境不仅仅会影响孩子,也同样会影响成人。所以说信息的质量造成了人与人之间的差异。信息质量不一样,决定了想法不一样、认识不一样。见多识广,视野才会更加开阔。

如何才能见多识广? 怎样才能获得高质量的信息? 如何降低信息获取成本,提升信息获取效率? 答案就是 RSS。

在网络环境下,用户常规获取信息的方式是逐个打开提供信息的网站,如图 11-23 所示,比较费时。有了 RSS 的支持,用户只需订阅各网站提供的 RSS Feed 文件,无须访问网站,即可通过 RSS 客户端工具(RSS 阅读器)获取并阅读各网站的更新信息,如图 11-24 所示,大大提高了获取信息的效率。

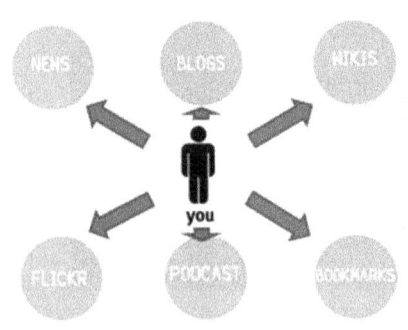

图 11-23 传统信息获取方式

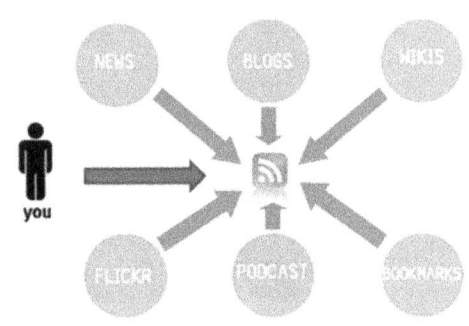

图 11-24 基于 RSS 的信息获取方式

RSS 的优点可以概括为一站式服务，节约时间；获取信息及时；阅读效率高；便于信息管理；便于分享；免受广告的骚扰；无须提供私人信息；界面简洁，学习效率高等。

RSS 与搜索引擎的最大区别：搜索引擎是主动式检索，检索的是我们知道自己不知道的内容；而 RSS 看到的是我们不知道自己不知道的内容，也就是我们没有想到的内容。

应用 RSS，离不开 RSS Feed 文件和 RSS 阅读器。RSS Feed 文件反映网站最新的更新信息，RSS 阅读器则用于订阅、读取和分析 RSS Feed 文件，进而及时获取网站的更新信息。

2. RSS Feed

RSS Feed 是为 RSS 阅读器提供种子的文件。支持 RSS 的网站作为网络信息提供者，向用户提供了一些以 XML（xtensible markup language，可扩展标记语言）编写的 RSS Feed 文件，以记录并发布该网站（栏目、频道或版块）更新的信息。RSS Feed 文件内容随网站信息的更新而同步更新，但文件网址保持不变。

提供 RSS 服务的网站，通常采用以下两种方式向用户提供 RSS Feed 文件的相关信息。

1）单独放置方式

单独放置方式是在数据库或者网站（栏目、频道或版块）首页的显要位置标注其 RSS Feed 文件的网络链接，一般采用有"XML"或"RSS"字样的小图标进行标记，如图 11-25 所示。

图 11-25　CNKI 期刊 RSS 源

中国知网和万方只支持整本期刊的订阅，不支持关键词订阅。Web of Science 的核心合集支持关键词订阅功能。

2）集中放置方式

如图 11-26 和图 11-27 所示，人民网 RSS Feed、科学网订阅源，都是集中放置的 RSS Feed，按照类别统一向用户提供。

在流量就是金钱的当下，很多网站不再支持 RSS 订阅，但是学术文献订阅没有受到影响，并且有工具能对不提供 Feed 的网址，生成 RSS 订阅源，如 RSSHub。

RSSHub 是一款能够给任何内容生成 RSS 订阅源的工具，而 Easy to RSS 则是可以发现 RSSHub 生成的订阅地址的 Chrome 扩展，与 RSSHub 形成一个完美的组合。

3. RSS 阅读器

RSS 阅读器是用于订阅、读取和分析 RSS Feed 文件，进而及时获取网站的更新信息的软件，或者说是一个程序，这种软件可以自由读取 RSS 提供的文档。RSS 阅读器种类很多，功能大致相同，其实质都是为了方便地读取 RSS 文档。但是不同的阅读器在功能强弱上会

图 11-27 科学网订阅源

有区别,比如一次抓取的信息条数、阅读管理等操作的功能性等。同时,有不少阅读器既提供 PC 版,也提供移动版,信息可以同步,对用户来说非常方便。用户可根据自己的需求特点,加以选择。

RSS 阅读器基本可以分为四类。

第一类阅读器是运行在计算机桌面上的应用程序,也叫离线的 RSS 阅读器,通过添加订阅源,可自动、定时添加订阅的网页和文献资源。所以,需要先安装一个 RSS 阅读器。如国内的 irreader(http://irreader.fatecore.com/)、PPReader(看天下 RSS 阅读器)等,国外的 FeedDemon(http://www.feeddemon.com/)、RSSReader(http://www.rssreader.com/)、Awasu(https://awasu.en.softonic.com/),都是该类阅读器,都提供免费试用版和付费高级版。

第二类是在线的 Web RSS 阅读器,直接注册使用。其优势在于不需要安装任何软件就可以获得 RSS 阅读的便利,并且可以保存阅读状态,推荐和收藏自己感兴趣的文章,如国外的 The Old Reader(网址为 https://theoldreader.com/home)、digg、Inoreader、Feedly,国内的有道阅读(http://account.youdao.com/login? service=reader)。

使用方法：登录提供 RSS 的网站注册账号；登录网站，搜索订阅源，选择订阅，也可以在互联网上查找 RSS Feed，添加种子。

第三类通常是内嵌于浏览器中的 RSS 插件，如 Maxthon 浏览器、谷歌浏览器和 360 浏览器的插件 RSS Feed Reader。

第四类是手机 app 版，如简 RSS、Feeder、Inoreader 等。

4. RSS 的使用方法

(1) 注册账号并登录阅读器。

(2) 订阅 RSS。查找 RSS 源（带有 RSS 或 XML 的网址链接），将 RSS Feed 网址添加到阅读器或者 RSS 网站，完成新订阅。有些软件支持没有 RSS 链接的订阅，如 irreader 等。

(3) 阅读订阅信息。订阅信息可设置不同的显示方式，如仅显示标题、显示标题和摘要、显示全文，以及显示每页记录条数等，便于高效、快捷地浏览阅读最新信息。在阅读的过程中，可对有价值的信息进行标记。当文件越来越多时，RSS 阅读器会自动清理已阅读的信息，但是标记过的信息不会被清理。

(4) 管理订阅信息包括创建文件夹；归类订阅来源，如新闻、土木工程；删除、移动订阅种子；导入订阅；导出订阅；分享订阅等。导出指将其他 RSS 订阅源的链接导出，导出的文件格式是 OPML 格式文件；导入订阅指将保存的 OPML 文件，导入新的 RSS 阅读器中。

需要注意的是，不同的阅读器，订阅方法略有不同，同一种阅读器，如果使用不同的浏览器，使用电脑端和手机端，订阅方法也会有所不同。下面我们来看看几个典型阅读器的使用方法。

11.2.2　The Old Reader 在线 RSS 阅读器的使用方法

1. 登录

登录 https://theoldreader.com/home，注册账号，也可以使用谷歌账号登录，如图 11-28 所示。

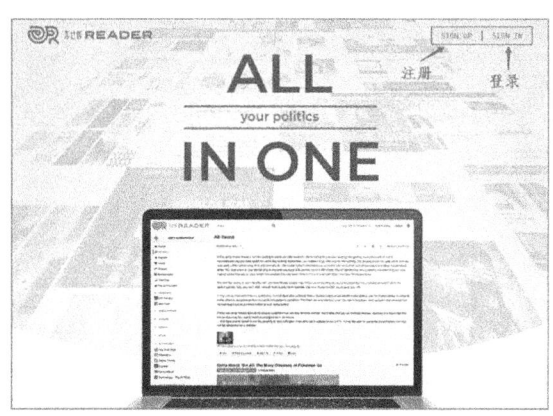

图 11-28　The Old Reader 主页

2. 语言选择

点击个人账号名称右侧，在设置中选择语言，如图 11-29 所示。

3. 关键词订阅

The Old Reader 不仅支持 Feed URL 订阅,而且支持关键词订阅。如图 11-30 所示,在订阅栏搜索"大学慕课",可直接在搜索结果中订阅。普通账号可添加 100 个订阅源,可免费使用,没有广告。付费账号可以添加 500 个订阅源,收费标准为 3 美元/月或 25 美元/年。

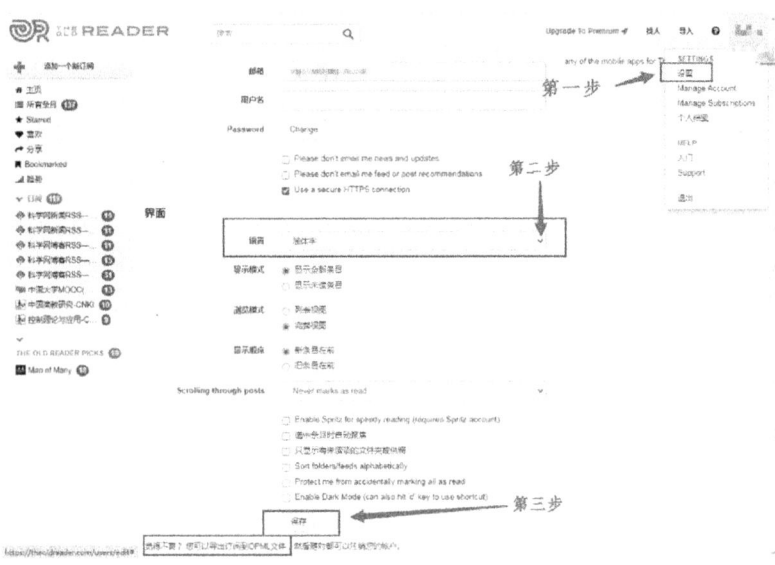

图 11-29　语言选择

图 11-30　关键词订阅

4. 期刊订阅

订阅中国知网的期刊时,先查找期刊订阅源 RSS 种子。

在中国知网中,利用期刊导航,将个人经常阅读的期刊,如《土木工程学报》找出,右键点击"RSS 订阅"图标,点击"复制链接地址",如图 11-31 所示;或者左键点 RSS 图标,如图 11-32 所示,复制 RSS Feed 链接,添加到 The Old Reader 的订阅栏,如图 11-33 所示,订阅后的界面如图 11-34 所示。

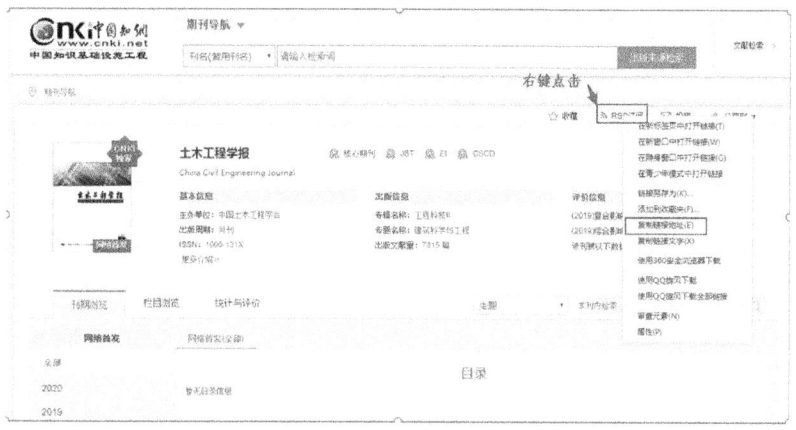

图 11-31　复制 CNKI 期刊链接地址的方法 1

图 11-32　复制 CNKI 期刊链接地址的方法 2

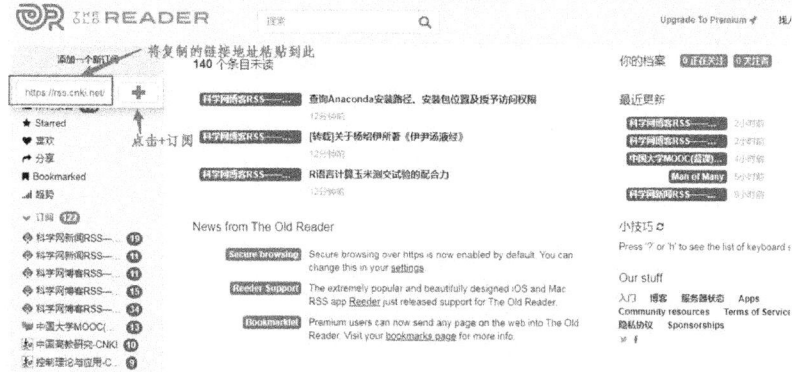

图 11-33　添加订阅源的方法

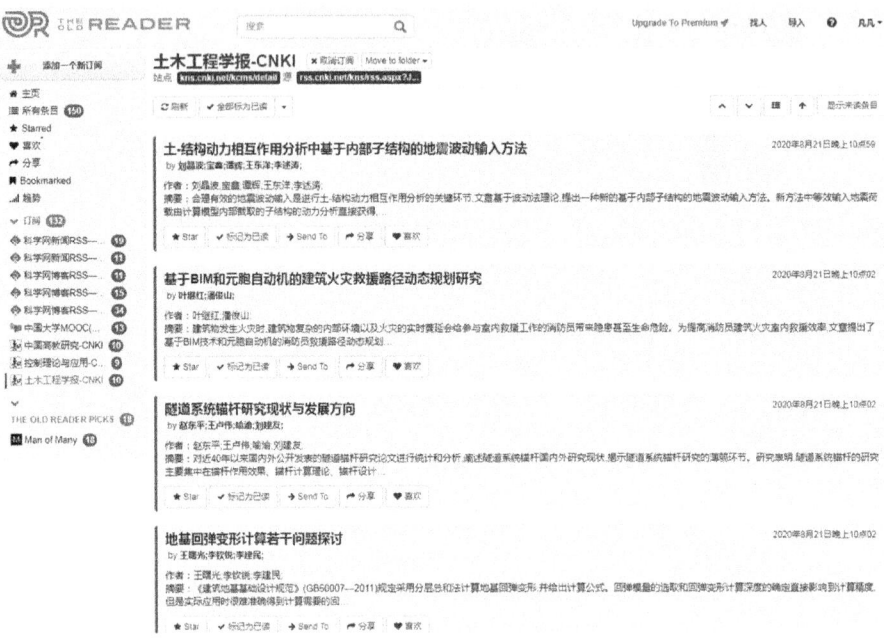

图 11-34　订阅后的界面

5.阅读方式选择

根据个人习惯,可在列表视图和完整视图两种阅读方式间随意切换,如图 11-35 所示。

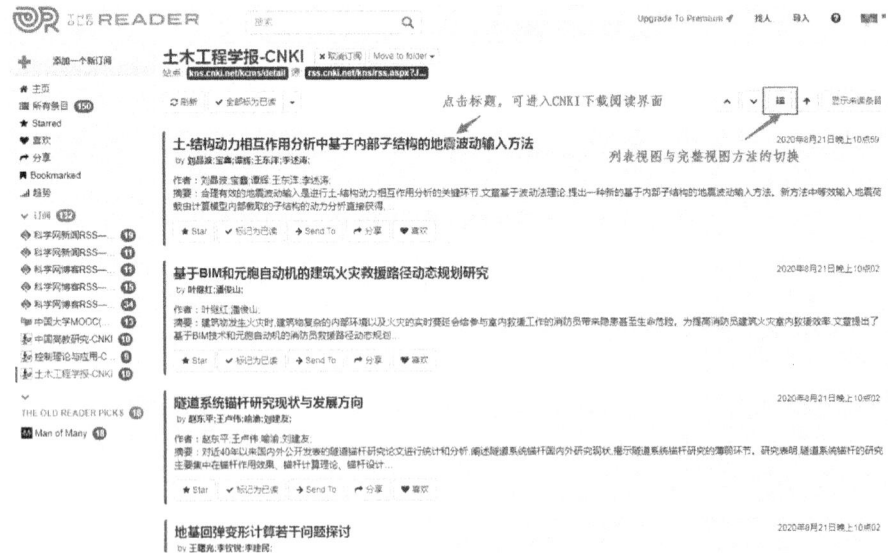

图 11-35　阅读方式选择

6.期刊论文订阅源的阅读

期刊论文订阅源的阅读如图 11-36 所示。

图 11-36　期刊论文订阅源的阅读

11.2.3　FeedDemon 离线阅读器的使用

FeedDemon 的下载地址为 http://www.feeddemon.com/，如图 11-37 所示。

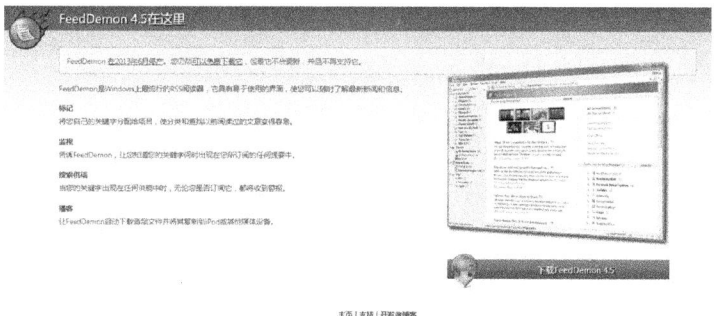

图 11-37　FeedDemon 主页

1. 下载、安装

FeedDemon 是一款专业的 RSS 阅读器，下载、安装后，界面如图 11-38 所示。

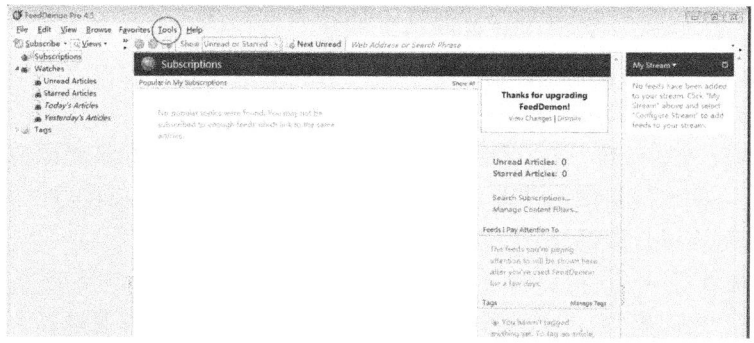

图 11-38　安装好的 FeedDemon 界面

2.阅读器语言选择

下载、安装后,软件的默认界面是全英文的,可以通过 Tools—选项—语言—下载其他语言包进行修改,如图 11-39 所示,选择简体中文,如图 11-40 所示,运行简体中文界面,如图 11-41 所示。

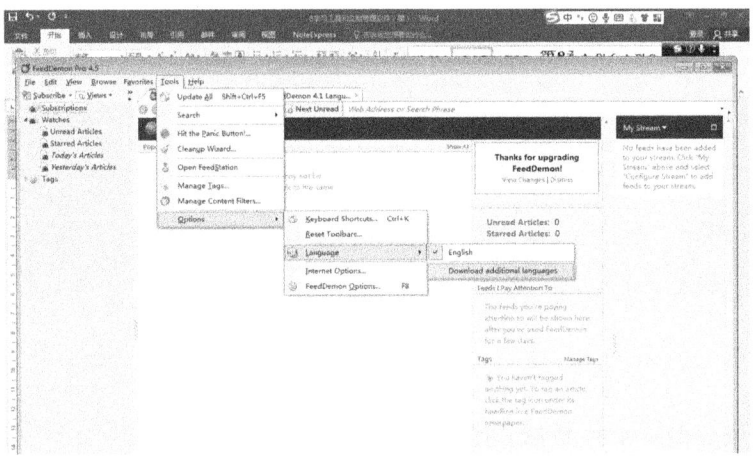

图 11-39　下载其他语言包

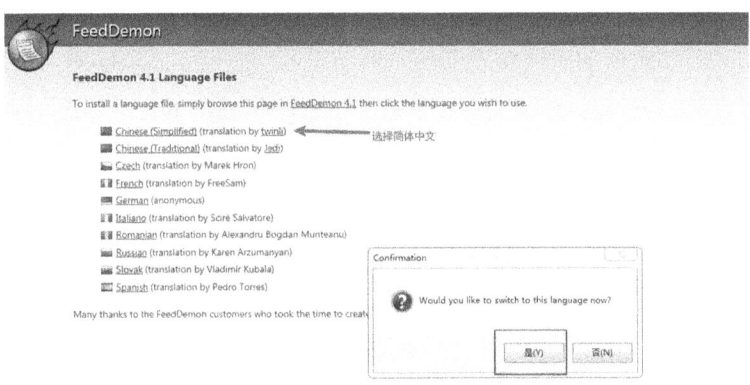

图 11-40　选择简体中文

3.复制 Feed 种子链接

为了添加新订阅,先在数据库或者网站复制想要订阅的信息源 Feed,方法与 The Old Reader 相同。

4.添加订阅源

点击图 11-41 中的新建—新订阅(或直接按 Ctrl+N),出现添加订阅源窗口,如图 11-42 所示,将复制的订阅源链接粘贴进来。一般复制链接后,会自动出现在需要粘贴的窗口中。点击下一步,即可完成订阅,如图 11-43 所示。

5.阅读方法

点击"阅读""未阅读"标记文献信息,一般进行整页阅读,只需查看题目。对有价值的内容,点实星号标记,作为细阅读标识;对没有价值的信息内容,按 Ctrl+D,把当前页面的全部

图 11-41　简体中文界面

图 11-42　添加订阅源窗口

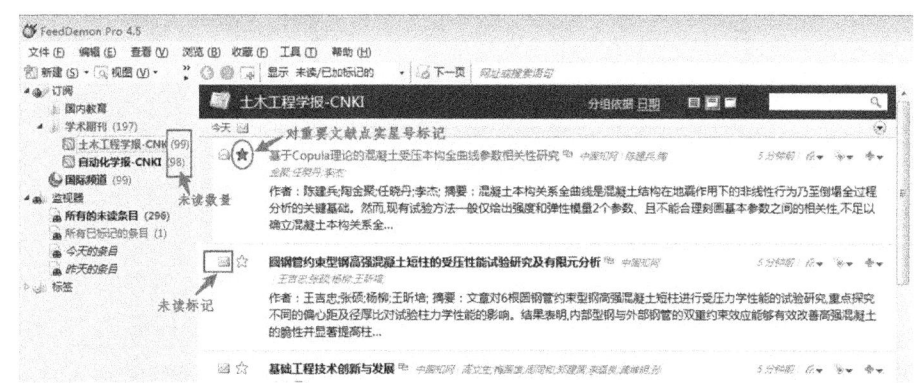

图 11-43　完成订阅的窗口和阅读界面

内容标记为"已读",即可转到下一未读条目。即便订阅的源很多,但是很多内容其实只读标题就够了,并不一定需要深度阅读。所以每天 300 个条目,阅读起来不超过 20 分钟。

6.导出订阅源的方法

点击图 11-44 中的文件—导入导出—导出,进行操作。导出的文件格式为 OPML 格式。

图 11-44　导出订阅源

11.2.4　irreader 离线阅读器

irreader 的下载地址为 http://irreader.fatecore.com/，如图 11-45 所示。

图 11-45　irreader 主页

irreader 的中文名为立刻阅读器，下载、安装后，先注册，再登录，添加订阅源。免费版的订阅源仅限 10 条；vip 版可多个终端同时使用，订阅源不受限制，收费标准为 15 元/月、120元/年、360 元/永恒 vip。登录后，在面板上有使用教程链接，如图 11-46。

irreader 离线阅读器与 FeedDemon 阅读器使用方法类似，在初始界面有使用教程视频，很方便学习。

11.2.5　RSS 浏览器插件——RSS Feed Reader 的使用

RSS Feed Reader 是一款 Chrome 浏览器中的 RSS 阅读插件，通过 RSS Feed Reader 插件用户可以快速地订阅相关网站的最新内容。除了 Chrome 浏览器以外，360 浏览器也支持

图 11-46　irreader 初始界面

RSS Feed Reader 插件的安装和使用。

1. 安装方法

用户可以在浏览器扩展程序中查找 RSS 获得 RSS Feed Reader。在 Chrome 浏览器商店中查找 RSS,如图 11-47 所示,添加至 Chrome 后,在扩展程序中选择"固定扩展程序",即可在浏览器右上角显示 RSS 图标。

如果是 360 浏览器,可以在浏览器的 360 市场中查找 RSS 扩展程序,如图 11-48 所示;如果是 360 极速浏览器,可通过工具—管理扩展—获取更多扩展程序—搜索 RSS—添加进行添加,也可以在互联网中查找下载 RSS 浏览器插件,安装或者添加扩展。

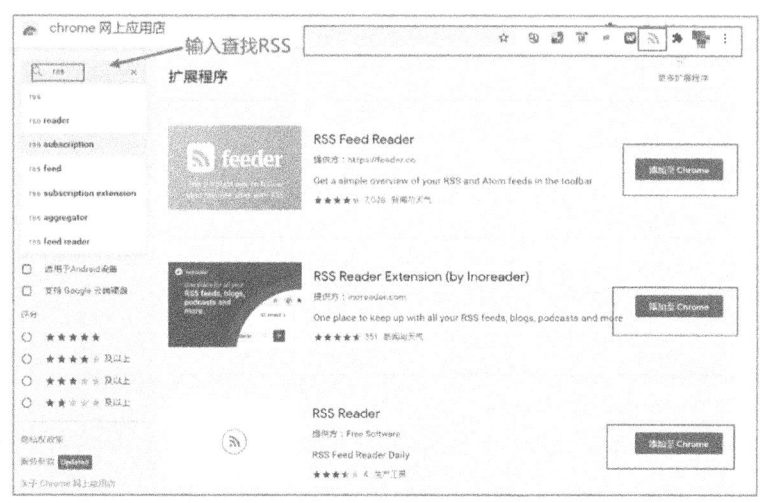

图 11-47　Chrome 浏览器插件安装方法

2. 添加 RSS Feed

使用浏览器插件时,点击 RSS 图标,需要注册、登录,可以使用 Chrome 的用户名进行登录,也可以不注册直接使用,如图 11-49 和图 11-50 所示。

3. 阅读追踪文献

点击 RSS 图标,选择要阅读的期刊,浏览器呈现追踪期刊中的论文题名,点击题名可直接进入 CNKI 阅读界面。阅读 RSS 追踪的期刊全文如图 11-51 所示。

图 11-48 360 浏览器安装 RSS 的方法

图 11-49 Chrome 浏览器追踪期刊的方法

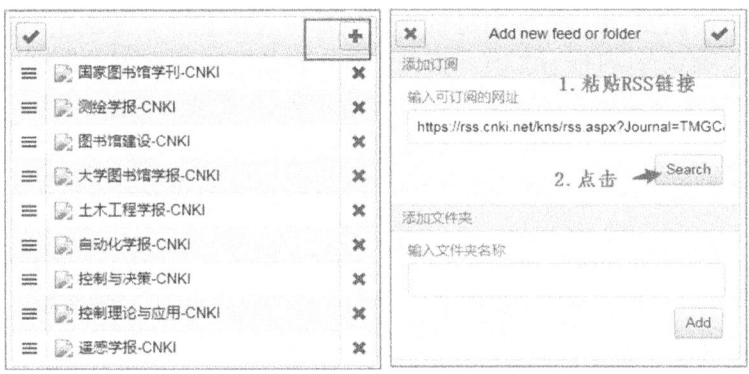

图 11-50 360 浏览器追踪期刊的方法

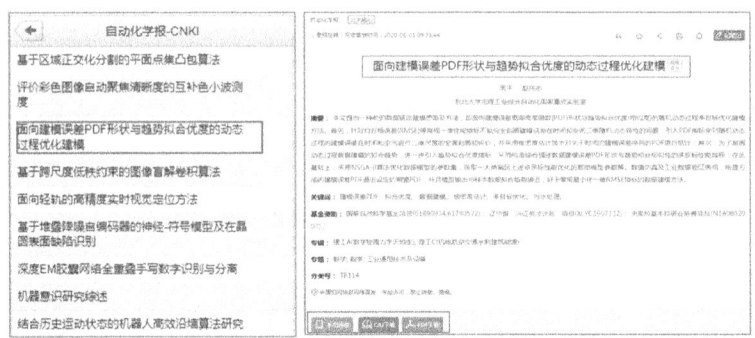

图 11-51 阅读 RSS 追踪的期刊全文

11.3　笔记软件

11.3.1　记录笔记的原因

移动互联网技术的大规模推广应用,使人类进入知识信息爆炸的时代,在日常的学习和阅读中,一定会有很多比较重要的信息,需要保存起来,这就是记录。记录的理由主要有以下七点:记录是信息保存的手段,起到很好的备忘作用;记录是释放压力的一种手段;记录也是重要的知识加工的步骤;记录是实现个人成长、提高生产力的手段,可减少重复学习的时间;记录是捕捉灵感、实施、创新、创意的第一步;记录是充分利用碎片化时间的有效手段,可保存思考成果;记录是最重要的一个习惯。

传统的记录方式是记录在纸质的笔记本中,这样的记录不方便检索、查询,并且记录时可能匆匆忙忙,想看时,会发现记录得不够完整,还可能字迹潦草,认不清字迹。有了电脑之后,记录的方式发生了变化,可以存储在计算机中,但离开电脑就无法查阅,并且保存方式至少需要 9 个步骤。如今,网络技术发展,记录是不是可以一键存储在云端,并且方便多终端阅读、存储、检索和分享呢? 答案是肯定的,就是笔记软件。

笔记软件是个人知识管理工具,它既是信息收集工具,也是信息管理工具。相比于传统笔记本,数字笔记本最大的区别在于数字化,不仅载体从纸质实体变成数字化的软件,更重要的是记录的内容也实现了数字化,呈现为文字、图片、视频、音频等各种数字形式。实践证明,将笔记记录保存在云端,使用更方便,也更安全。

11.3.2　常用的笔记软件

笔记软件有很多,常用笔记软件主要有为知笔记、印象笔记、有道云笔记、OneNote 等,如图 11-52 所示。常用笔记软件用户较多,功能也较强。常用笔记软件都是收费的,但是从价格上来看,为知笔记是价格最便宜的一款,印象笔记其次,最贵的是有道云笔记。也有一些笔记软件较为小巧,如轻笔记、棉花笔记、记事本、笔记本、纸草笔记本等。手机上的记事本也能帮助我们保存信息,起到简便笔记本的作用。

图 11-52　常用笔记软件的图标

1. 为知笔记

为知笔记定位为高效率工作笔记,其起始于网文快捕(CyberArticle),2009 年开始研发基于互联网的个人知识管理软件。为知笔记支持任意格式的文件作为附件插入笔记中,支持多平台同步,具有检索、分类、样式、置顶等功能,除了常用的笔记功能保存的网页、灵感笔记、重要文档(Word、Excel、PPT)、照片、便笺等,在个人工作笔记和团队协作方面功能较强,能较好满足团队记录和团队协作沟通的需要,可以随时随地记录和查看有价值的信息,所有

数据在电脑、手机、平板、网页可通过同步保持一致。其使用费用较低。

2. 印象笔记

印象笔记(Evernote)是美国 Evernote 专门为中国用户推出的云端笔记服务,它也是一款高效的个人知识管理工具,同样支持笔记检索、分类管理和标签功能,可以通过不同网络终端使用和管理信息。其同样支持任意格式的文件作为附件插入笔记中,实现跨平台同步,方便任意格式的资料在不同平台之间的管理。印象笔记的特色功能:思维导图、OCR、支持图片搜索。图片搜索可以搜索图片内的印刷体中文和英文及手写英文,此搜索对文字版的PDF 文件同样有效。缺点是费用较高、不能直接进行团队协作。2020 年推出的印象团队,与印象笔记不在一个客户端,需要另外交费。

3. 有道云笔记

有道云笔记是网易旗下专注办公提效的笔记软件,同样支持多终端同步,用户可以随时随地对线上资料进行编辑、分享以及协同,其采用了"三备份储存"技术以防资料丢失,提供 2 G 初始免费存储空间,并且随着在线时间的增长,登录账号所对应的储存空间也可以同步增长。有道云笔记的特点是增量式同步技术,只同步每次修改的那部分内容,同步变得更快、更省流量。有道云笔记所占内存比印象笔记小一些,是本土化的产品,更贴近国人习惯,其突出的缺点是费用高。

4. OneNote

OneNote 是微软出品的一款笔记软件,用于快速记事,收集、组织工作和生活上的各种图文资料,如文本、图片、录音和录像等,方便将所需的信息保留在网端,从而有助于提高工作效率。OneNote 提供了 OCR 文字识别和强大的搜索功能,可使用户迅速找到所需内容。OneNote 通过邮件方式共享笔记本内容,实现团队用户信息管理和协同工作。OneNote 的缺点是在国内的同步速度较慢。

11.3.3 为知笔记使用方法

为知笔记是一款高效的个人知识管理工具,它支持笔记检索、分类管理和标签功能,可以在不同网络终端(PC 端和手机端)同时使用和管理信息。同时它也是一个团队分享、协作的工具。

为知笔记的官方地址为 https://www.wiz.cn/zh-cn/。

下载、安装后,注册,可在 Windows 客户端、Android 客户端、iPhone 客户端、iPad 客户端、macOS 客户端和 Linux 客户端使用,vip 用户支持多个平台同时使用。手机端可以通过手机应用商店进行下载、安装。为知笔记注册后,提供 100 天的 vip 试用期。试用期到期后,vip 账号每年的使用费是 60 元,相对于印象笔记和有道云笔记,价格最低。为知笔记的核心功能主要有以下几点。

(1)便捷的信息记录。不管是在 PC 端还是移动端,可随时随地记录多种信息。

(2)多终端自动同步。任何设备上记录的信息,自动同步到云端。

(3)强大的管理功能和团队共享写作功能。多级目录、分类,团队共享知识协作等。

为知笔记既是信息搜集的工具,也是信息管理、分享、协作的工具;具有 Word 的属性,还具有资源管理器的属性,网盘同步属性和协作、共享、交互的功能。

1. 为知笔记界面介绍

为知笔记默认的是三栏式布局,也可以在图 11-53 顶部设置成两栏或全屏等。PC 端安装好后,在桌面会有一个为知笔记的工具条,可以随时调出使用,方便快捷,如图 11-54 所示。

图 11-53　为知笔记 PC 界面

图 11-54　PC 为知笔记桌面工具条

2. PC 端笔记新建

(1)打开为知笔记,利用界面按钮新建笔记。新建的笔记格式可以选择为知笔记已有的模板,如会议记录、工作日志等,也可以自定义模板。

(2)利用快捷键 Ctrl＋N 新建笔记。

(3)在为知笔记没有打开界面的情况下,利用快捷键 Ctrl＋Alt＋N 新建笔记。

(4)添加附件。为知笔记跟 Word 是有区别的,可以添加附件。

(5)批量导入文件。选择导入文件或者导入 Evernote。导入的文件格式如果是 TXT,可以直接呈现出来,如果是 DOC、PPT 或 PDF 格式的文件,导入后以附件的形式呈现出来。

(6)通过发送邮件的方式新建笔记,邮件发送到用户注册时设置的为知笔记邮箱。

(7)网页收藏的笔记新建。选中需要的文件右键保存到为知笔记,或者在浏览器中添加为知笔记插件。安装浏览器插件的方法如下:登录为知笔记主页(https://www.wiz.cn/zh-cn/downloads-webclipper.html),下载、安装对应的浏览器插件,也可以在浏览器的商店(比如 Chrome 商店)中直接查找、安装。安装好后,会在浏览器的右上角显示为知笔记插件图标,如图 11-55 所示。

(8)通过微信、微博(@mywiz)添加笔记。此操作的前提是在为知笔记账户设置的偏好设置中,绑定用户的微博和微信账号。

图 11-55　为知笔记浏览器插件

3.移动端新建笔记

手机安装为知笔记。安卓手机双手捏合,调出窗口小工具,就可以把为知笔记的小窗口调出,如图 11-56 所示。有了为知笔记,新建笔记变得特别方便,如图 11-57 所示。为知笔记在移动端新建笔记的方式有以下几种。

图 11-56　手机为知笔记小窗口图标

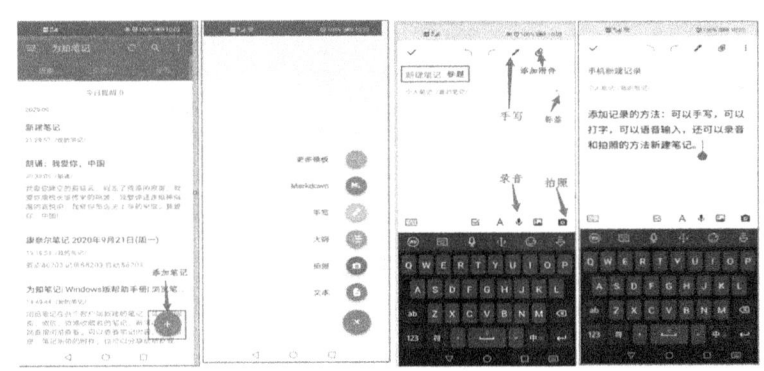

图 11-57　新建笔记

(1)新建笔记文本。

(2)拍照新建笔记。

(3)录音新建笔记。

(4)指画记录。

4.管理与使用

(1)通过文件夹来管理。可以新建根文件夹、子文件夹;也可以拖动文件夹进行分类,记录时,最好先设置一个默认文件夹,再对默认文件夹里面的笔记进行分类;还可以对文件夹进行排序,右键点击总文件夹,可以看到排序选项。

(2)通过置顶管理常用文件。

（3）通过颜色样式将某些文件与其他文件进行区分，起到强调的作用。

（4）通过搜索，快速找到以前记录的笔记。搜索式可以保存到快速搜索，相当于对所有的搜索结果统一加了标签，如图 11-58 所示。点击快捷方式"已保存的搜索"下的文件名，可直接看到上次搜索的结果，相当于在桌面上添加了上次检索结果的快捷阅读方式，如图 11-59 所示。

图 11-58　搜索结果保存到快速搜索

图 11-59　保存搜索快捷应用

（5）支持关联笔记，支持 markdown 格式，支持文本与图片的混排。

（6）阅读。单击列表笔记题目在面板右侧打开，双击列表笔记题目另外开启阅读窗口；快捷键 F11 为阅读界面最大化，F7、F8 为翻页（有时可能会冲突，可以自定义快捷键）。

（7）查看笔记属性信息。单击标题上方工具栏的"i"图标，查看笔记属性信息：笔记大小，字数，笔记创建时间，最后修改时间等。在笔记属性窗口中单击"定位"按钮可以定位笔记所在的文件夹，查看笔记所在目录，如图 11-60 所示。

（8）附件管理。每个笔记都可以添加多个附件。

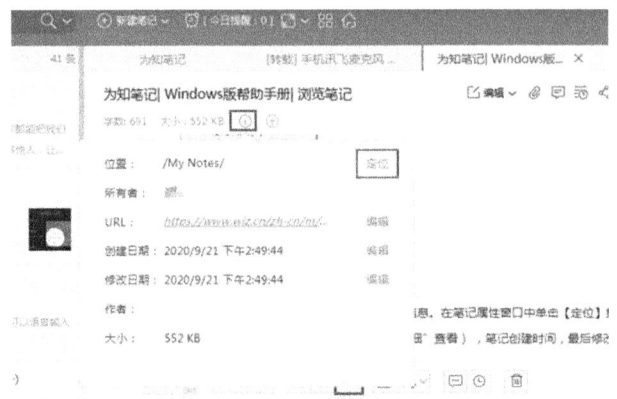

图 11-60　查看笔记属性信息

（9）排序。可以在图 11-53 列表区域上方选择排序方式，可以选择按日期、题名等方式排序，也可以通过点击主页日历列表查看建立笔记的时间，还可以通过属性搜索、创建时间、修改时间进行查看。

（10）选项。点击图 11-53 右上角"文件"可看到选项，里面的内容很多，包括热键设置，用户可以自行修改，如图 11-61 所示。

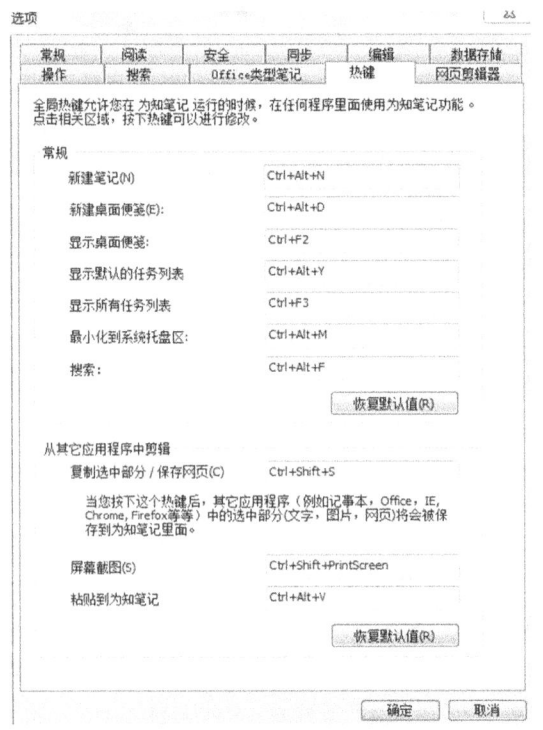

图 11-61　为知笔记选项界面

（11）分享与发布。为知笔记绑定微博账号以后，可以将笔记直接分享到微博和现有笔记群组，如图 11-62 所示。

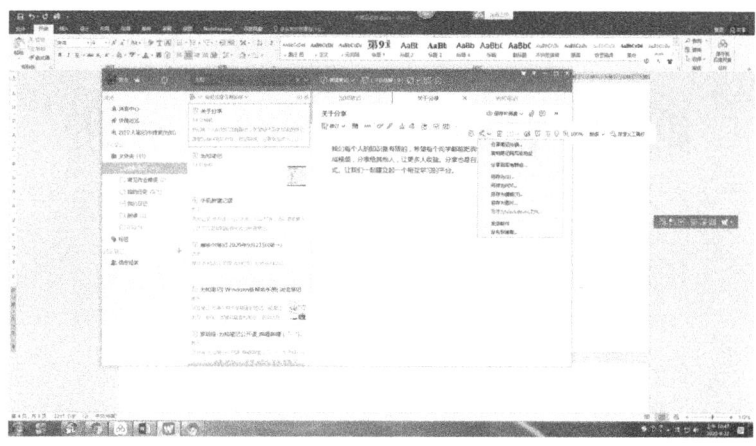

图 11-62　笔记分享界面

5. 团队分享与协作

在为知笔记界面的左下角有个"团队笔记"按钮,点击右边的"＋"可以创建共享团队。创建完成后,通过发送邮件的方式进行队员邀请。群组成员的权限可分为群组管理员、超级用户、编辑、作者和读者五种,群组管理员可根据具体情况进行设置。应用场景一般为课题组研究报告、实验记录的共建等,可以通过为知笔记及时互通想法、进展、实验成果和记录,这一点很重要,也很方便实用。团队笔记具有了网盘和即时通信的功能。

群组成员权限对比如表 11-1 所示。

表 11-1　群组成员权限对比

权限名称	管理团队成员	管理群组成员	维护目录（创建、删除、重命名）	恢复已删除的笔记	编辑、删除他人笔记	创建笔记	阅读笔记
群组管理员	×	√	√	√	√	√	√
超级用户	×	×	√	√	√	√	√
编辑	×	×	×	×	√	√	√
作者	×	×	×	×	×	√	√
读者	×	×	×	×	×	×	√

读者可以根据需要,选择适合自己的笔记软件,练习使用。

第 12 章 文献管理与分析

12.1 文 献 管 理

12.1.1 文献管理工具概述

任何工具的诞生都是因为背后的需求。由于信息爆炸式的冲击,研究人员面对的不再是信息量的不足,而是如何管理浩瀚的信息,并善于利用这些信息建立个人的知识库,将时间和空间从烦琐的文件管理和文书处理当中释放出来,专注于本领域的课题研究,这就是科研人员的需求。

文献管理软件的诞生,带来的价值仍然是时间的节省和效率的提升。有了它,科研工作者可以在相同的时间阅读更多的文献、更好的文献,获得更多的信息,同时视野更加开阔。

文献管理软件基本包括以下功能。

(1)文献的收集与存储。文献管理软件可将本地或远程数据库中的参考文献导入文献库,实现参考文献的有序组织。

(2)文献的检索。文献管理软件可对文献库中的既有资料通过特定字段如期刊、作者等进行检索。

(3)文献管理。文献管理软件可对文献进行排序、去重、分类;也可实现笔记、分析等功能;还可下载全文,通过附件实现全文管理。

(4)文献利用。在撰写论文时,文献管理软件可自动添加参考文献,并可根据投稿期刊的规范对参考文献的格式进行自动编辑。

目前,国外文献管理软件有 EndNote、Reference Manager、ProCite、RefWorks、Biblioscape、Zotero、Mendeley 等;国内文献管理软件有 NoteExpress、PowerRef、NoteFirst、医学文献王、知网研学等。这些软件有单机版,也有网络版;有免费的,也有收费的。

12.1.2 EndNote

EndNote 是由 ISI Thomson(美国汤森路透)公司开发的文献管理软件,具备数据库文献的检索、管理功能,并和 Word 编辑软件集成,不仅可以方便科研工作者在 Word 中插入参考文献标记,自动生成参考文献列表,更能使科研工作流程化,提高科研工作效率。

1. 安装 EndNote

安装 EndNote 前关闭 Word,选择默认安装,系统自带 500 种参考文献格式。

2. 新建 My EndNote Library

点击文件(file)、新建(New)可新建一个数据库,用来存放文献,选择保存位置,EndNote

会在保存的地方生成两个文件夹,一个是"My EndNote Library. Data"文件夹,另一个是"My EndNote Library. enl"文件夹,如图 12-1 所示。

新建的 My EndNote Library 界面如图 12-2 所示。

图 12-1　新建 My EndNote Library

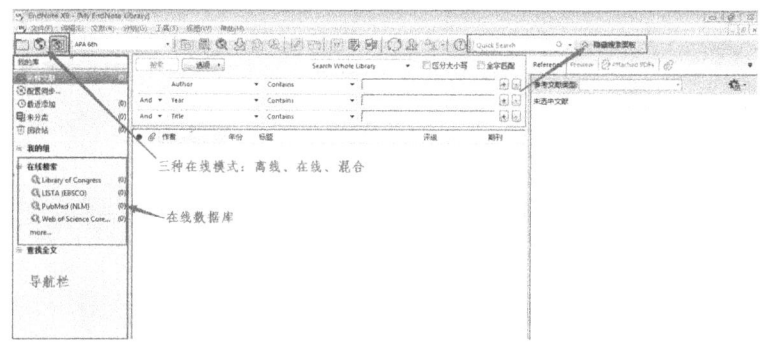

图 12-2　新建的 My EndNote Library 界面

3. 导入参考文献

可以通过手工导入、在线检索导入、导入文件夹、导入文件等方式建立文献数据库。

(1)在线检索导入。调出检索窗口,选择左侧在线数据库直接进行检索,下载题录,例如利用 PubMed 在线检索,当检索结果很多的时候(如图 12-3 所示,CNKI 导出文献选择检索结果为 41 335 条),可以选择前 100 条导入。

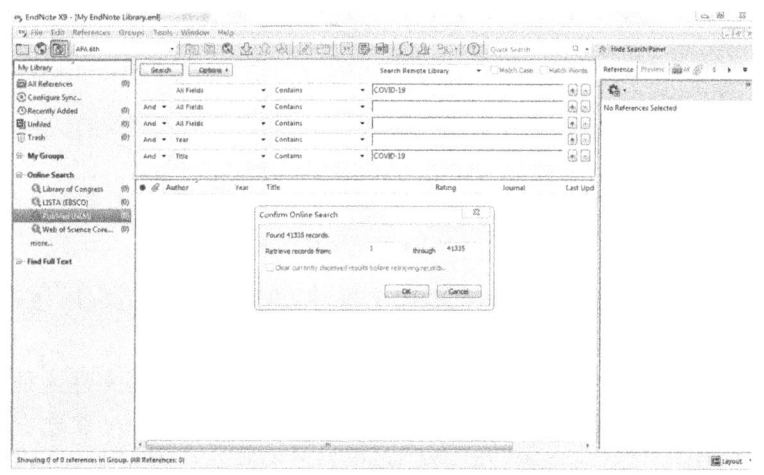

图 12-3　PubMed 在线检索

（2）从其他数据库网站检索导入。从其他数据库网站检索导入的好处是可以在数据库中选择文献类别进行检索导出，也可以直接在数据库中选择高被引文章进行下载题录导出。例如，在中文的 CNKI 数据库中，选中检索结果列表中的文献，选择导出文献题录，如图 12-4 所示，选择 EndNote 格式，点击导出，如图 12-5 所示，则可导出一个文本文件。这时，打开 EndNote，点击文件、导入，可选择刚才保存的文本文件进行导入，如图 12-6 所示。

图 12-4　CNKI 导出文献选择

图 12-5　CNKI 导出文献格式选择

（3）导入 PDF 文献方法。如果是单篇 PDF 文件，可以选择导入文件，格式选择 PDF，如图 12-7 所示。

（4）批量导入 PDF 文件夹文件。如图 12-8 所示，系统可以侦测文件夹是否有新文件加入，如果有，EndNote 可以随时把新文件加进来，前提是需要在编辑—首选项中设置监测的文件夹，如图 12-9 所示。特别注意：导入的 PDF 文件中必须包含文章的 DOI 号码；如果文件夹中包含 CAJ 格式的文件，不能被导入，EndNote 不能识别 CAJ 格式的文件。

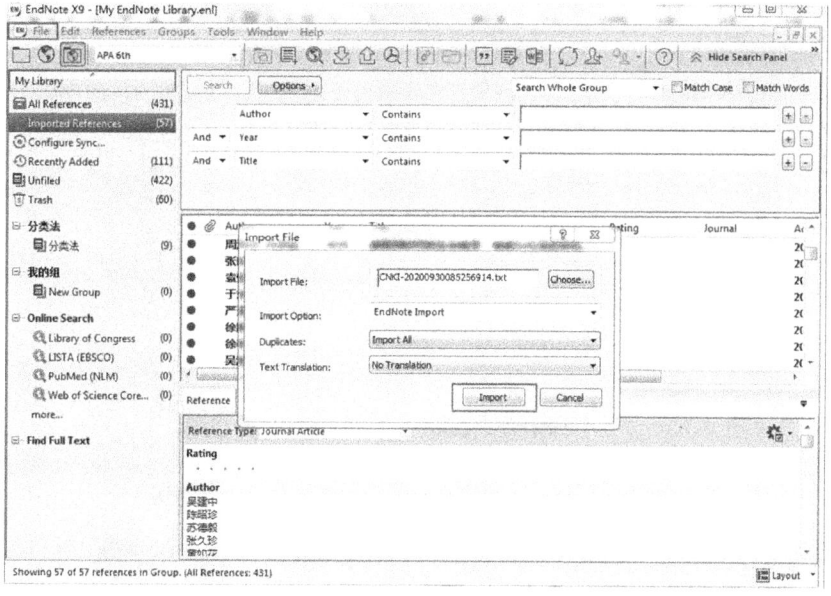

图 12-6　导入文献

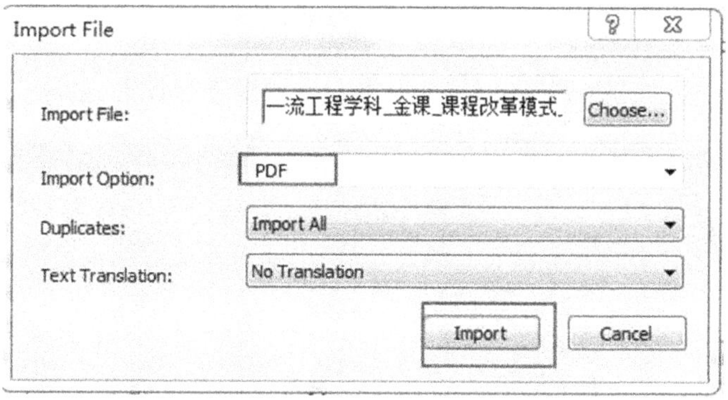

图 12-7　导入单篇 PDF 文件

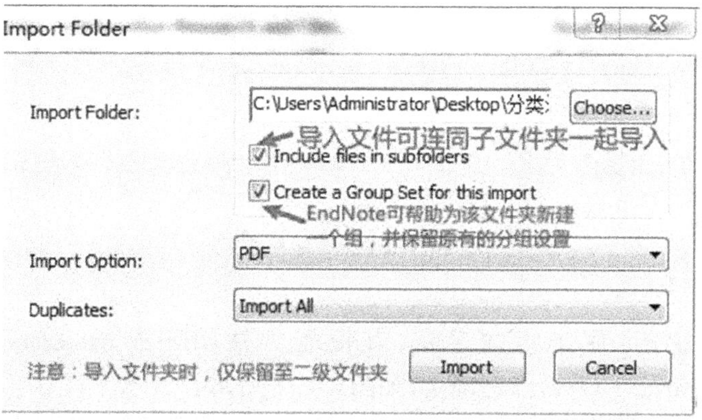

图 12-8　导入文件夹文件

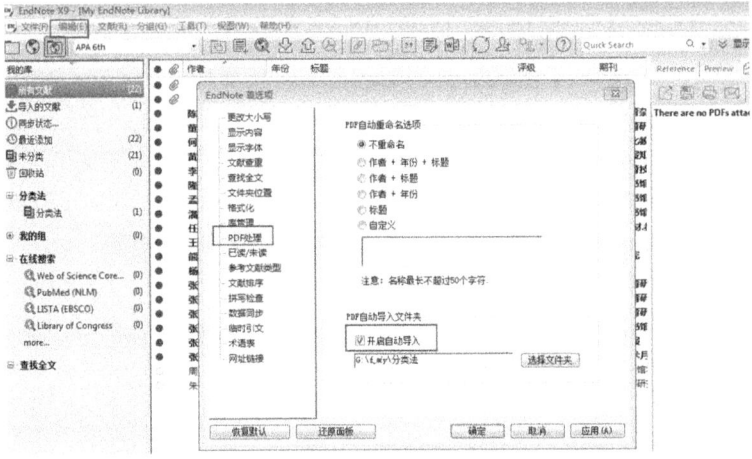

图 12-9 设置指定侦测文件夹新增文件的自动导入

如果添加的文件信息不全,可以右键点击文件名选择"查找文献更新"进行添加,前提是网络通畅,并且有数据库的访问权限。

(5)手动输入文件信息。

4. EndNote 的文献管理

1)界面设置

在 EndNote 右下角选择界面设置,可根据个人习惯进行设置,如图 12-10 所示。

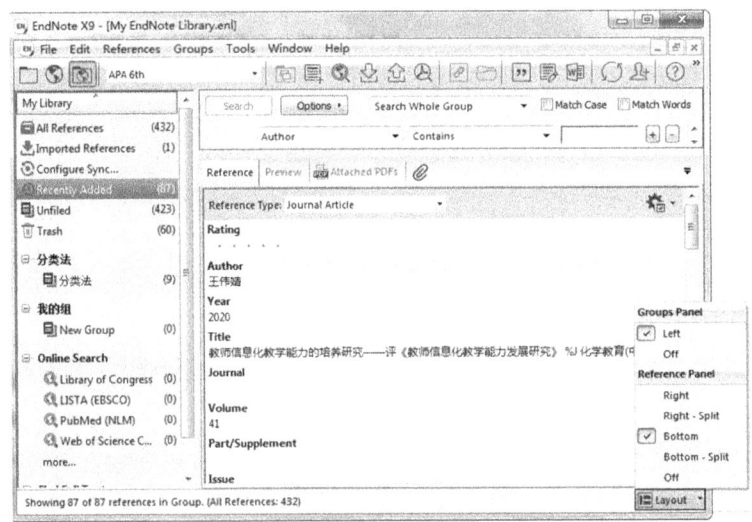

图 12-10 界面设置

2)添加笔记

首先添加笔记栏,便于添加笔记,其设置方法:Edit—Preference—Display Field,Column 选择 Research Notes,点击确定,如图 12-11 所示。

(1)添加单篇笔记。将光标定位在 Research Notes 栏下,用键盘上、下键翻阅时做笔记,如图 12-12 所示。

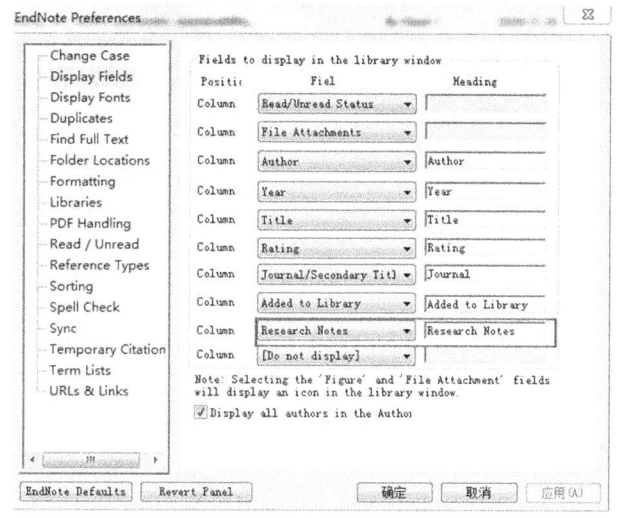

图 12-11　添加笔记栏

图 12-12　添加单篇笔记

（2）批量添加笔记。先选中所有需要标记的文献并右键点击"Show Selected References"（只针对选中文献标记），然后点击 Tools—Change/Move/Copy Fields，在下拉菜单中选择 Research Notes，添加笔记后，点击确定，如图 12-13 所示。

3）删除重复导入的文献

建立数据库时，由于是在不同的数据库进行的查找和导入，难免会出现重复的文献，这时，可以对数据库进行去重。选择 References—Find Duplicates，如图 12-14 所示，出现重复左右对比栏，如图 12-15 所示，可以选择保留任意一边。

如果重复记录较多，可以选择"Cancel"，这时我们可以看到默认的重复记录在记录中都呈现被选中状态，可以直接右键选择"Move References to Trash"批量删除重复记录，如图 12-16 所示。这时可在回收站中看到这些被删除的记录。

4）文献查找

直接在任务栏搜索框搜索，就能在文件标题和正文中高亮显示检索词，如图 12-17 所示。

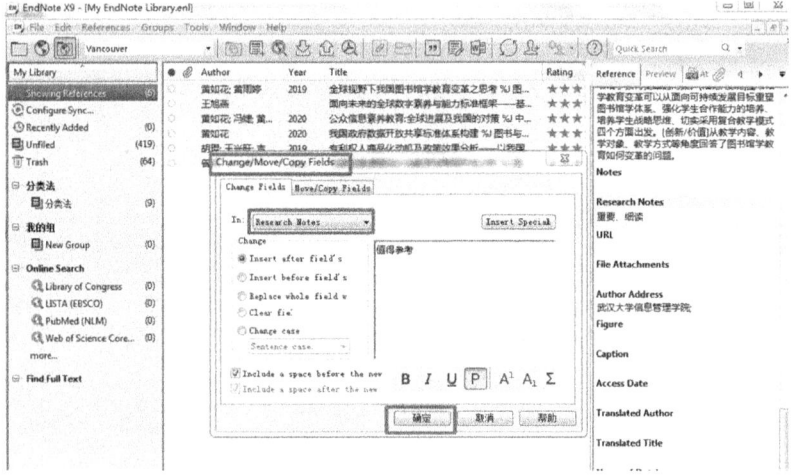

图 12-13　批量添加笔记

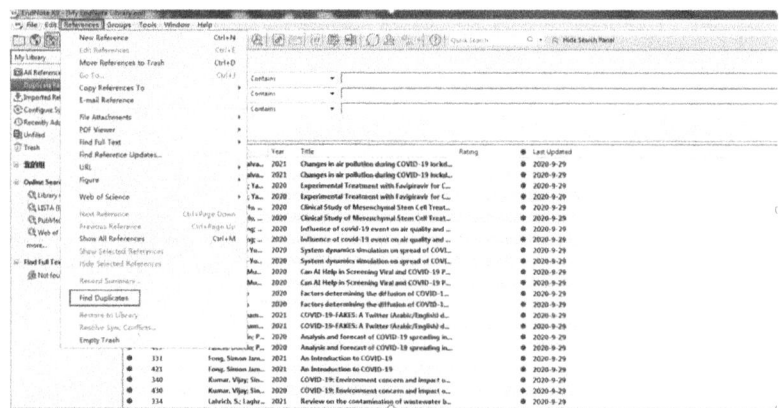

图 12-14　去重选项

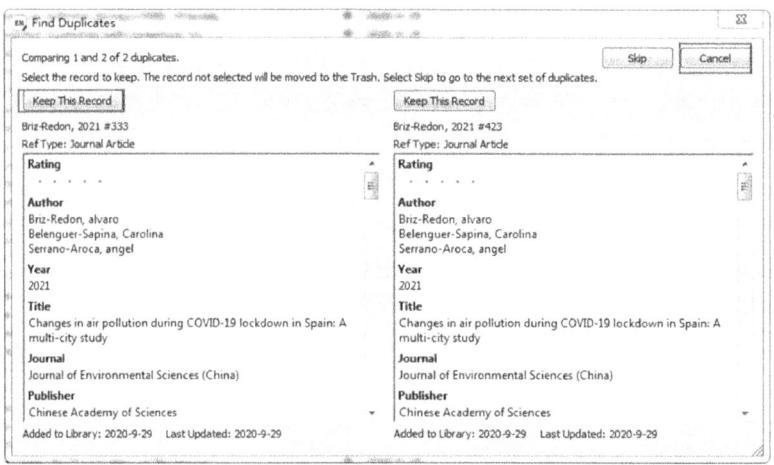

图 12-15　重复对比栏

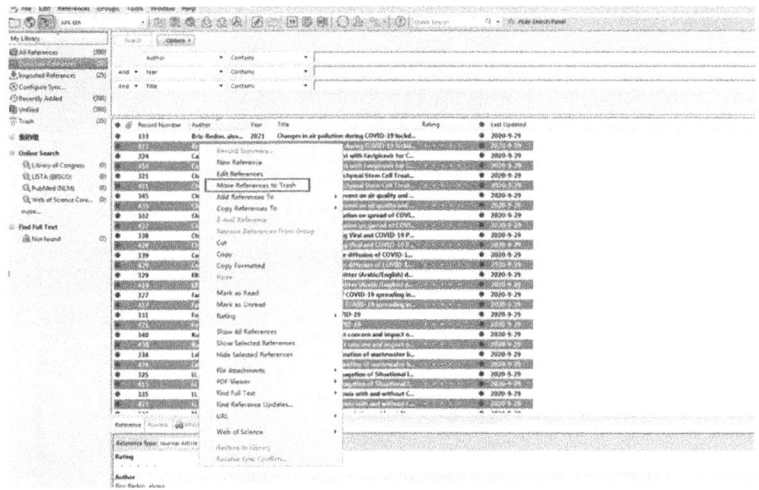

图 12-16　批量删除重复记录

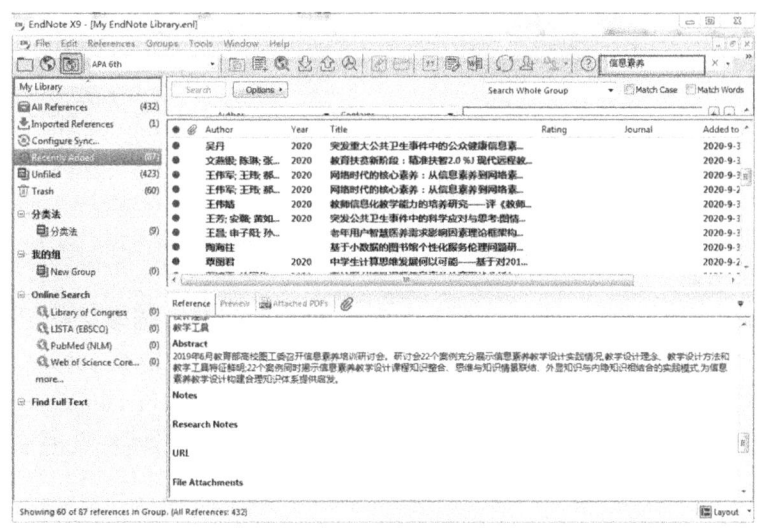

图 12-17　文献查找

5）文件分组

根据需要，可对文件进行分类分组，右键点击"My Groups"即可创建分组，如图 12-18 所示。文件分组包括三类：①Create Group；②Create Smart Group；③Create Group Set。这三类分别是创建组、智能分组以及组集。

6）文件阅读

导入的新文件前面都有实心标记，题目文字加粗显示。阅读过的文件前面的标记为空心，文字不是加粗。阅读过程中可对文件进行重要程度星级标注，某个主题文件摘要阅读完之后，可对星级进行排序保留，删除不用的文献，这时可以对重要文件下载全文细读。

7）记录笔记

阅读过程中，可随时对单个文件添加记录笔记，记录阅读时的想法，节约时间。最后按Research Notes 对文献进行排序，即可从整体上把握文献阅读研究情况，如图 12-19 所示。

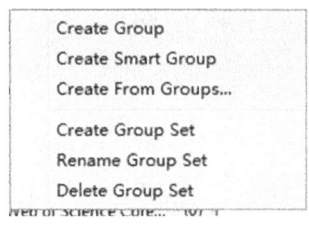

图 12-18　文件分组选项

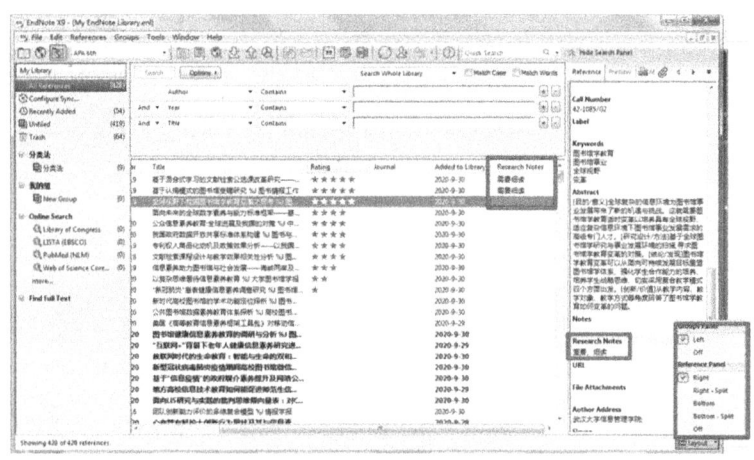

图 12-19　记录笔记

8）文献分析功能

EndNote 提供了对文献记录的基本统计功能，例如对当前数据库文献记录发表的第一作者（author）、作者地址（author address）、年份（year）、期刊名称（secondary title）以及关键词（keywords）等进行统计分析。具体方法是点击 Tools—Subject Bibliography，在弹出的 Select Fields 列表中选择统计量，点击确认按钮即可查看统计结果（可点击 Records 进行排序）。

9）添加全文

添加全文有两种方法。一种方法是把下载好的全文拖拽到对应的记录中，如图 12-20 所示。另一种方法是在线下载全文，前提是要有数据库的访问权限，如图 12-21 所示。注意，受知识产权的限制，一次不能过量下载全文。

5. Word 中插入参考文献

安装 EndNote 后，Word 中会相应地生成 EndNote 插件，如图 12-22 所示。

在 Word 文档中，将光标插入要加参考文献的位置，点击"Go to EndNote"图标，切换到 EndNote 界面，在 EndNote 中，选中需要的参考文献，点击"Insert Citation"图标，该文献即插入 Word 中，并且 Word 文档结尾出现插入的该文献的信息，如图 12-23 所示。

12.1.3　NoteExpress

NoteExpress 是北京爱琴海乐之技术有限公司开发的一款专业级别的文献检索与管理系统（简称 NE），其核心功能是帮助用户搜集、整理文献资料，方便用户进行知识应用和挖

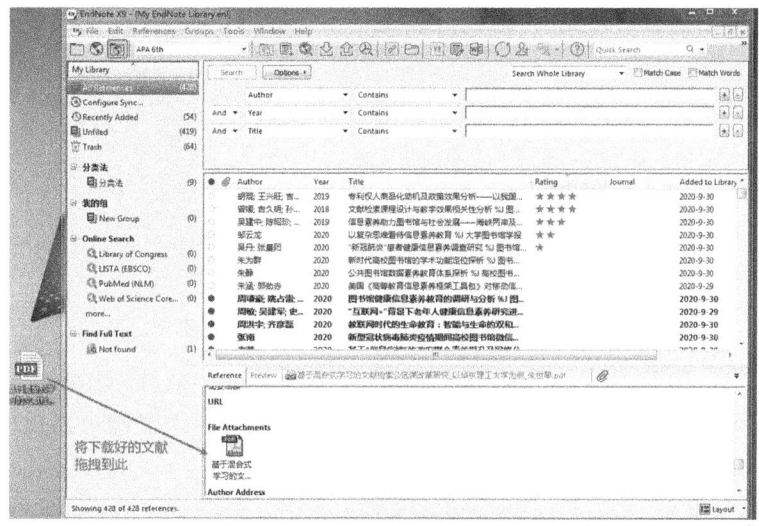

图 12-20　拖拽加载全文

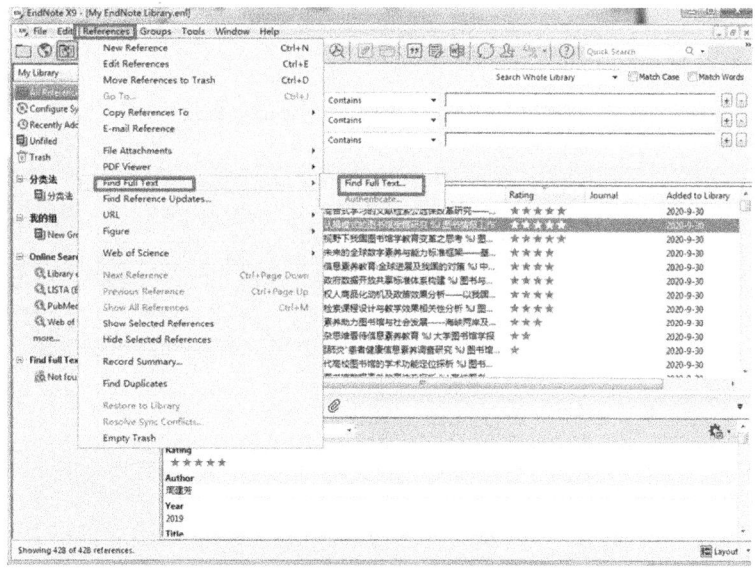

图 12-21　在线下载全文

图 12-22　Word 工具栏中的 EndNote 插件

掘,是学术工作者进行学术研究和知识管理的必备工具,也是发表论文的好帮手。

1. 安装 NoteExpress

安装 NoteExpress 时选择默认安装即可,安装好后,会在 Word 文档中,看到

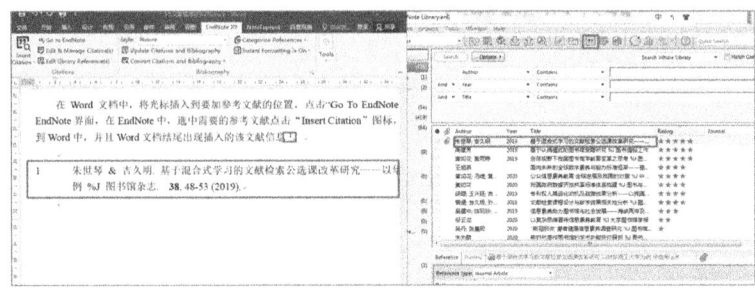

图 12-23　Word 中插入参考文献的方法

NoteExpress 插件,如图 12-24 所示。如果 Word 中没有这个插件,可在 NoteExpress 的工具—选项—扩展中,找到"安装",如图 12-25 所示,重新安装。为了避免出现问题,最好在第一次安装 NoteExpress 前,关闭 Word,再开始安装。

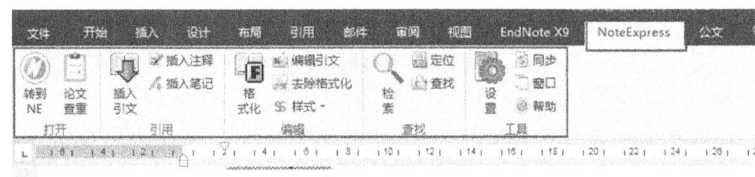

图 12-24　Word 中的 NoteExpress 插件

图 12-25　Word 中没有 NoteExpress 插件的补救方法

2. 界面设置

安装好后,使用界面可以根据自己的习惯进行修改,方法是选择工具、选项、显示,系统提供三种布局格式,如图 12-26 所示。

3. 新建数据库

安装 NoteExpress 之后,需要点击文件,新建.nel 数据库,如图 12-27 所示。在新建的时候注意,使用文献较多时,提前规划类别分组管理,可以把不同来源或者不同类型的文献

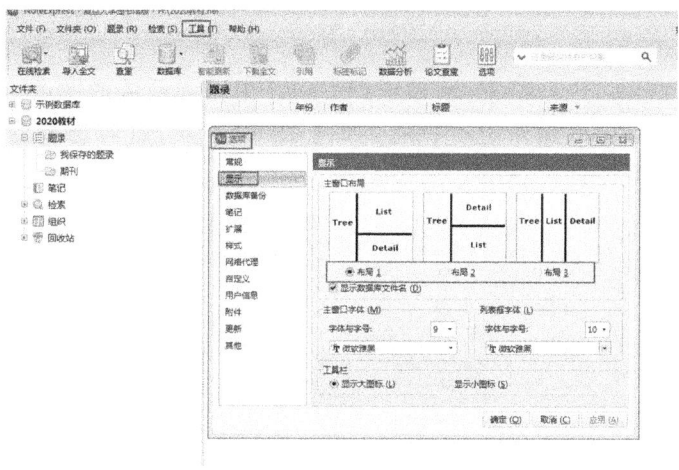

图 12-26　NoteExpress 布局设置

进行分组管理。方法是鼠标右键点击"题录"添加文件夹,如分别添加"图书""期刊""标准"文件夹等,如图 12-28 所示。

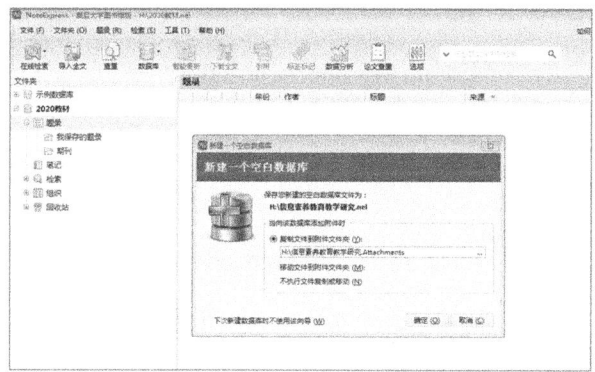

图 12-27　新建 . nel 数据库

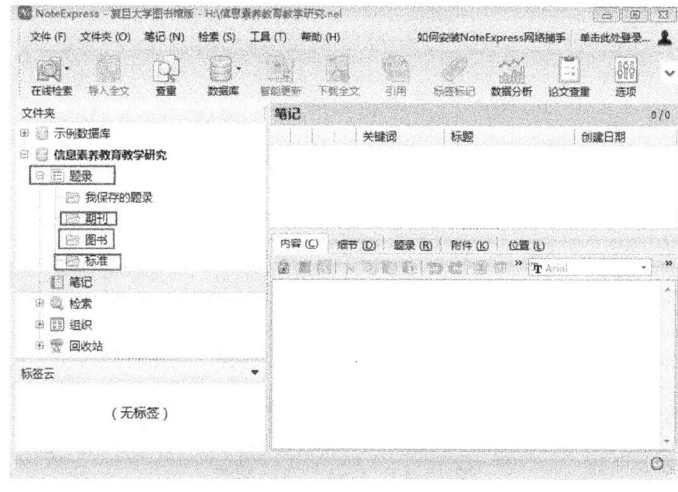

图 12-28　新建文件夹

4. 导入文献

1) 在线导入

选择需要的数据库,进行检索,例如选择 CNKI 中国知网数据库进行检索,如图 12-29 所示。勾选检索结果中的题录进行保存,如图 12-30 所示,这时选择的文献题录已经在 NoteExpress 中了,如图 12-31 所示。

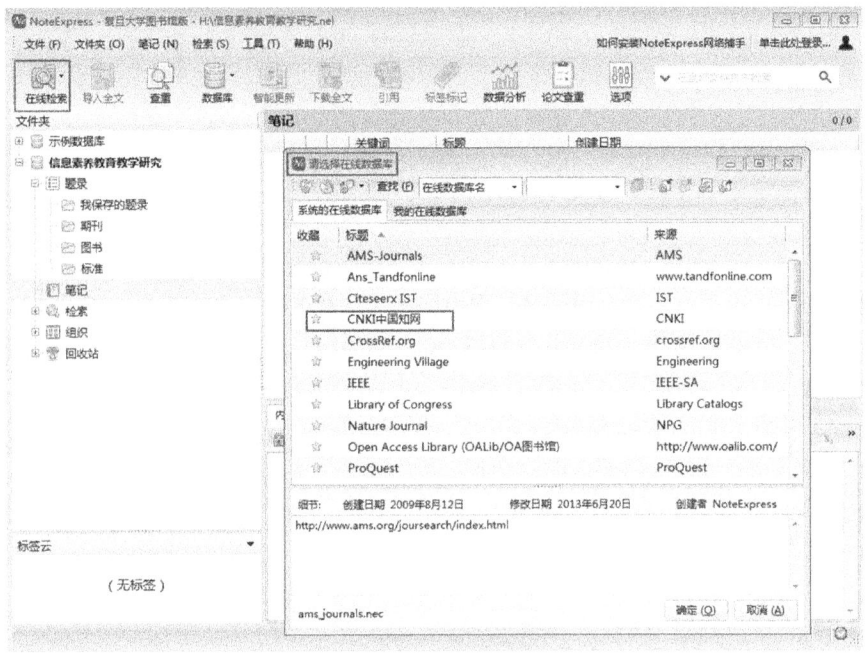

图 12-29　在线选择数据库

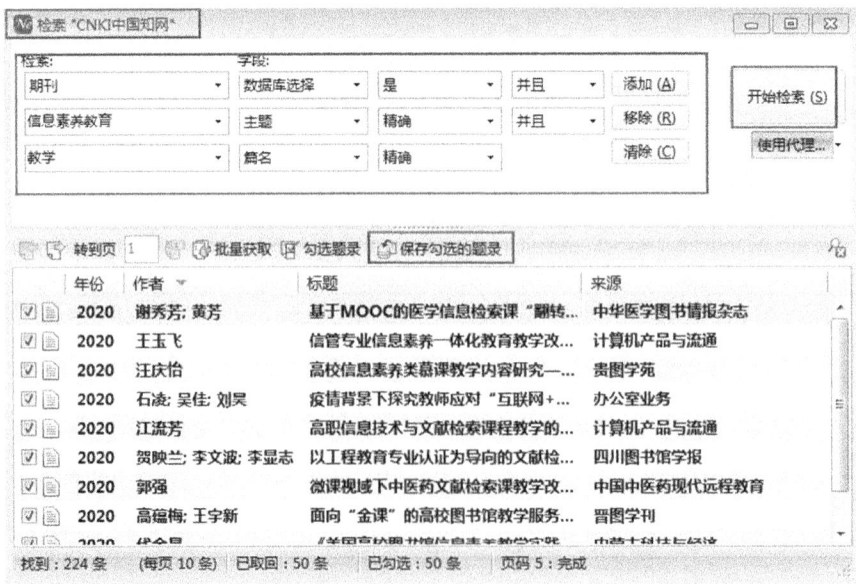

图 12-30　CNKI 在线搜索

图 12-31　加载后的界面

2）导入全文

在 NoteExpress 直接进行检索到的结果，只是个题录，并不能判断选中文献的质量。所以最好是直接在数据库中进行检索和筛选后，下载全文，导入 NoteExpress。导入题录的方法：把下载好的全文直接拖拽到 NoteExpress 中。如果下载的全文是 CAJ 格式的，比如说学位论文，NoteExpress 同样可以导入，这也是它与 EndNote 的不同之处。

3）外文数据库检索导入题录

外文数据库中检索到的文献导出时，没有 NoteExpress 格式，这时可以导出为 EndNote 格式。

4）图书的导入

NoteExpress 不能识别图书的题录信息，需要手动添加题录信息。

5. 标签的使用

对重要文献进行标记，可以区分文献的重要性，如图 12-32 所示。

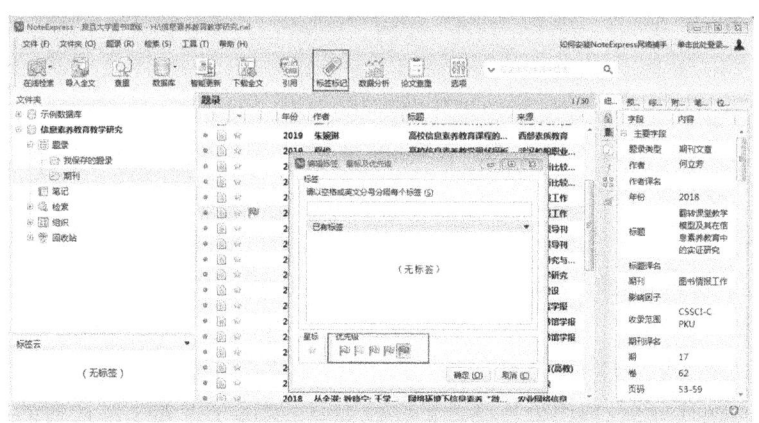

图 12-32　标签的使用方法

6. 添加笔记

添加笔记如图 12-33 所示。

7. 添加样式

如果系统中缺少我们要的参考文献格式，我们可以根据需要修改添加样式，方法是依次

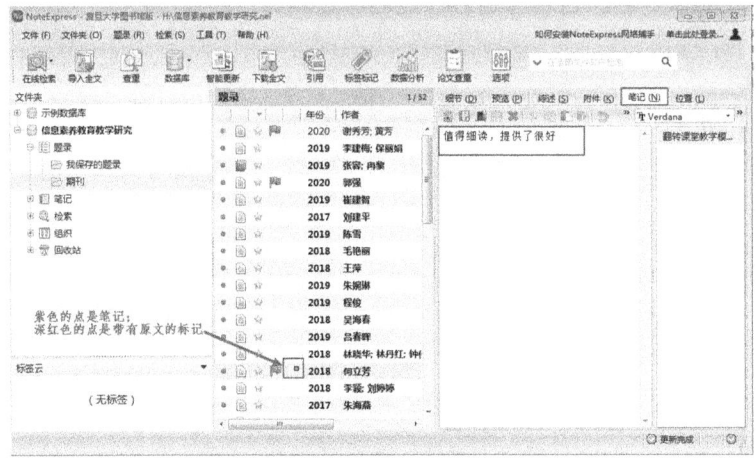

图 12-33　添加笔记

点击工具、样式、样式管理器，在样式管理器中进行修改，如图 12-34 所示。

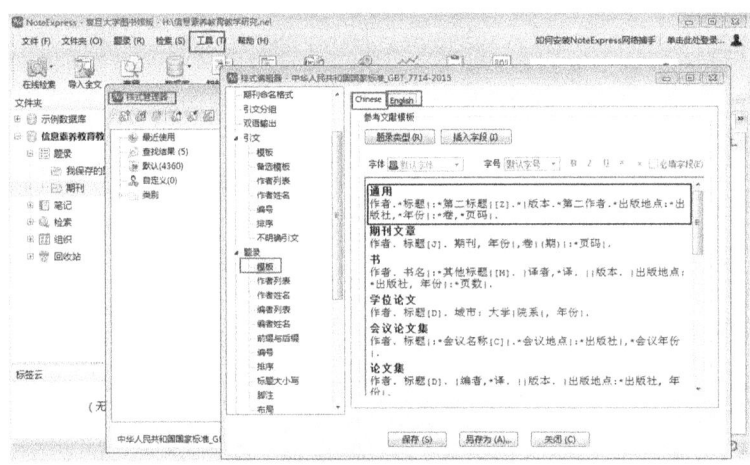

图 12-34　参考文献格式样式的修改

8. 去重

来自不同时间、不同方式的添加文献，难免重复，NoteExpress 同样可以去除重复文献，方法是直接点击工具栏按钮"查重"，系统会对选中的重复文献进行删除，如图 12-35 所示。

9. 数据分析

选中文件夹或文献，点击工具栏的"数据分析"可对收集到的目标文献的来源、作者、关键词等信息进行统计分析，利用分析结果的年度分布，展示该课题文献研究的发展趋势。

10. Word 中插入参考文献的方法

选中 NoteExpress 系统中需要插入的引文，在 Word 中找到插入的位置，点击 Word 中的"插入引文"图标，或者先在 Word 中把光标点在需要插入引文的位置，再在 NoteExpress 中选中参考文献直接点"引用"，如图 12-36 和图 12-37 所示。

11. 修改插入的参考文献的格式

如果插入的参考文献的格式不是用户想要的，可以在 Word 中点击"格式化"工具，浏览

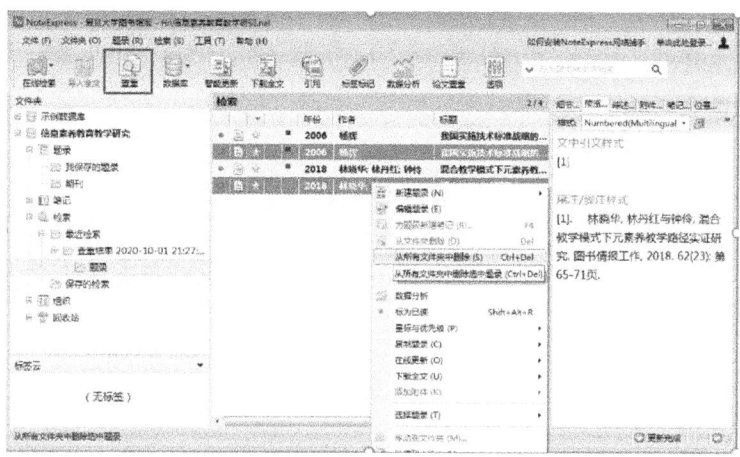

图 12-35　删除重复文献

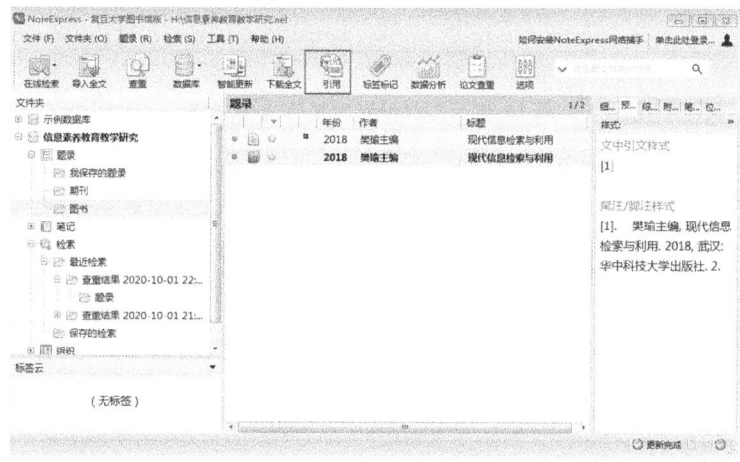

图 12-36　选中参考文献

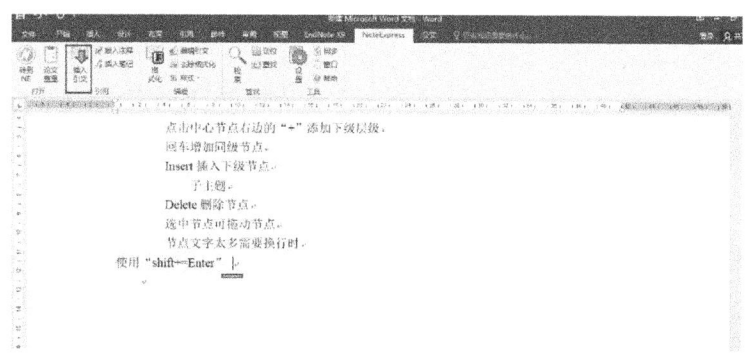

图 12-37　Word 中选好插入引文的位置

参考文献样式,如图 12-38 所示。在浏览窗口上方直接搜索需要的参考文献样式"GB",出现最新的 GB/T 7714—2015 国家标准格式样式,确定,如图 12-39 所示。Word 插入参考文献后如图 12-40 所示。

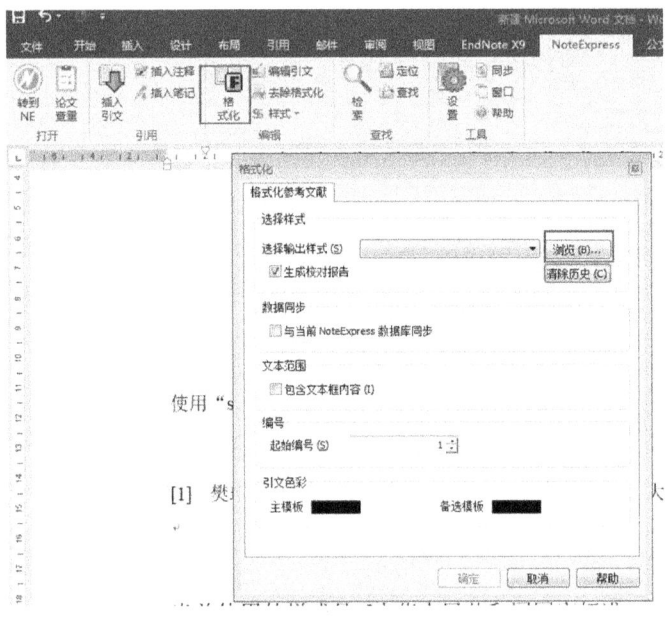

图 12-38 寻找参考文献样式的方法

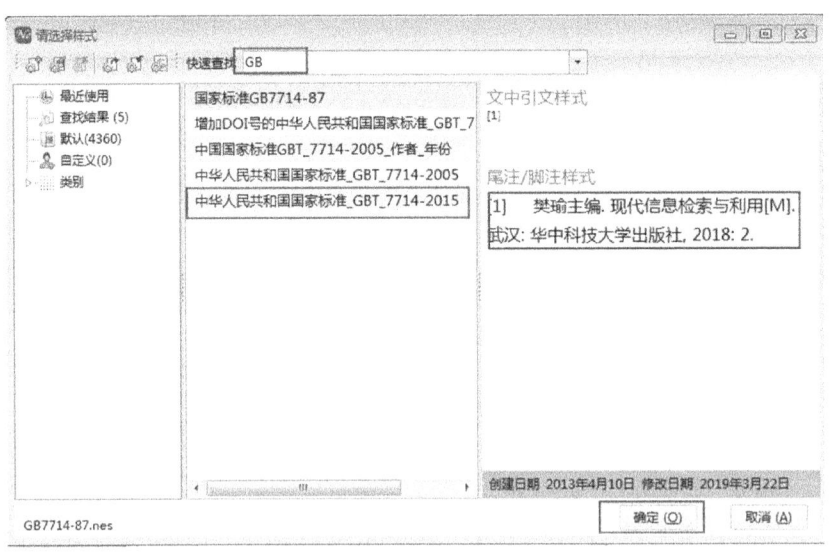

图 12-39 搜索所需参考文献样式

文献管理软件的好处就是,在正文中添加或者删除参考文献之后,不用担心参考文献的排序问题,系统会自动排序和更新,如果参考文献太多,更新不过来,只需点一下 Word 中的"格式化"实现手动更新。

需要注意的是,如果把 Word 进行投稿,或者发给其他人,上面的参考文献是有参数、可编辑的状态,所以要手动清除域代码。方法是点击中间的"清除域代码",如图 12-41 所示。这时如果再插入参考文献,就不会更新原文参考文献的顺序和号码了,所以一定要提前做好备份。

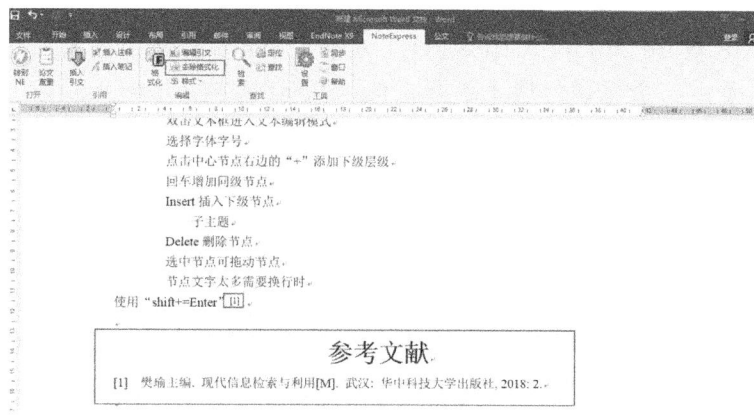

图 12-40　Word 插入参考文献后

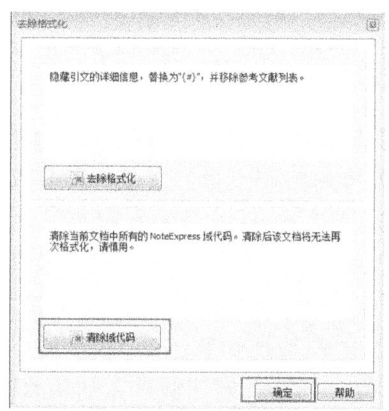

图 12-41　清除域代码

12.1.4　知网研学

知网研学可通过扫描图 12-42 所示的二维码进行学习。

图 12-42　知网研学学习二维码

12.1.5　免费文献管理软件

1. Mendeley

Mendeley 是一款免费的跨平台文献管理软件,也是一个在线的学术社交网络平台,可

一键抓取网页上的文献信息添加到个人的 library 中。Mendeley 有网页版,也有 PC 客户端,用户安装 MS Word 和 OpenOffice 插件,方便在 Word 文档中插入和管理参考文献。Mendeley 最早是由三个德国的博士生开发的,现在已经被 Elsevier 收购。Elsevier 利用 Mendeley 整合自己的资源,方便用户使用,并且 Elsevier 承诺,永远保持 Mendeley 的开放性。

2. Zotero

Zotero 也是一个开源的免费文献管理软件,由安德鲁·W. 梅隆基金会、斯隆基金会以及美国博物馆和图书馆服务协会资助开发,并且有浏览器插件,方便用户收集、组织、引用、共享和管理文献。通过浏览器插件可以直接抓取文献资源,直接拖拽添加到 Zotero 文献管理软件中,方便用户使用。

除了以上两种免费的文献管理软件,还有很多免费和部分功能免费的文献管理软件,如 Docear、ReadCube 和 NoteFirst。

12.2 文 献 分 析

文献的快速增加,超出我们的阅读能力。通过前几章的学习,我们已经掌握了各个文献类型数据库的检索,相信读者都能检索到大量的文献。但是面对浩瀚的文献,我们没有那么多时间全部阅读,那么怎样找到最重要、最需要的文献呢? 如果对某个领域比较熟悉,可以直接选择综述文章或者业内权威机构、权威人士的文章。但是,当我们面对某个陌生的新领域,想了解其发展趋势时,综述文章不一定看得明白,这就需要我们找一些专著和教材进行阅读,然而这些专著和教材又是比较基础和宽泛的,不会涉及前沿领域。怎么办? 首先,我们可以请教身边的专家、导师、同行;第二,利用数据库的检索分析功能;第三,利用文献管理软件的分析功能;第四,利用文本分析工具、引文分析工具。所以,文献分析变得越来越重要。需要注意的是,分析不能代替阅读,但能够提高效率。

12.2.1 文献分析概述

文献分析是文献计量学的范畴,文献计量学是以文献体系和文献计量特征为研究对象,用数学、统计学的计量方法,评价和预测科学技术的现状与发展趋势的学科。随着信息网络化和信息技术的飞速发展,文献计量学从对文献评价指标的研究扩大到对文献计量学理论、方法和应用的研究,并向网络化、综合化和信息技术可视化发展。与此同时,针对文献计量分析的软件也不断变化和创新,从对文献数量、作者、学科、期刊等最简单的文献外部特征的统计,到通过数据挖掘、信息处理、知识计量和图形绘制,显示文献引文关系、文献聚类、文献内容等特征,揭示知识领域的动态发展规律,为学科研究提供切实的、有价值的参考。现在,文献计量分析软件的功能逐步增强,可视化的展示功能,使得文献计量分析内容和表现形式更深入、直观和丰富多样。

12.2.2 数据库和文献管理工具的分析功能

1. CNKI 文献统计分析功能

当我们利用 CNKI 检索某一主题文献时,对检索结果可以直接进行计量可视化分析,以环境治理主题为例,分析结果如图 12-43 所示。从图 12-44 可以看出环境治理越来越得到重视。从图 12-45 可以看出此方面文献的来源分布,为作者投稿提供帮助。

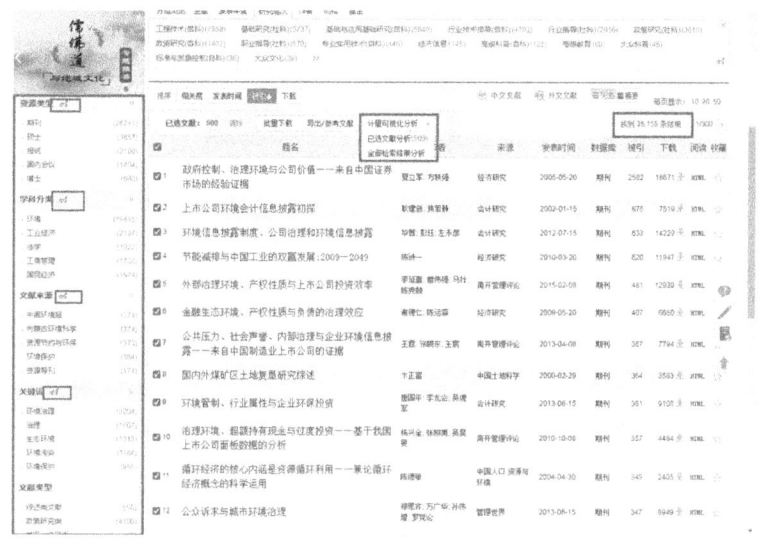

图 12-43　环境治理检索结果的资源类型、学科分类、文献来源、关键词分析结果

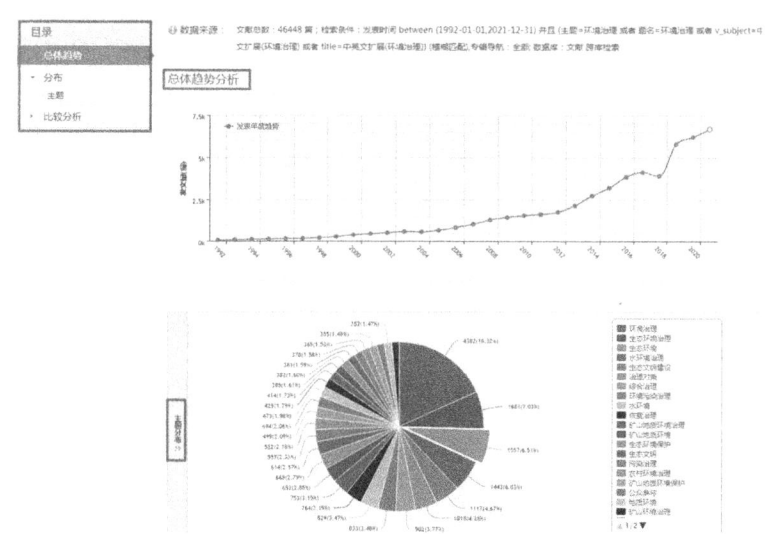

图 12-44　CNKI 环境治理检索结果可视化分析图

2. Web of Science 的文献分析

Web of Science 中核心合集文件检索结果的右侧,有检索结果的分析入口,如图 12-46 所示。点击该入口可以得到用户检索的分析结果,如图 12-47 所示。

3. EndNote 中的文献分析

用户对 EndNote 中管理的文献,可依次点击 Tools、Subject Bibliography 进行分析,如图 12-48 所示。EndNote 中的文献分析可进行期刊来源、作者、年代分析,如图 12-49 至图 12-54 所示。

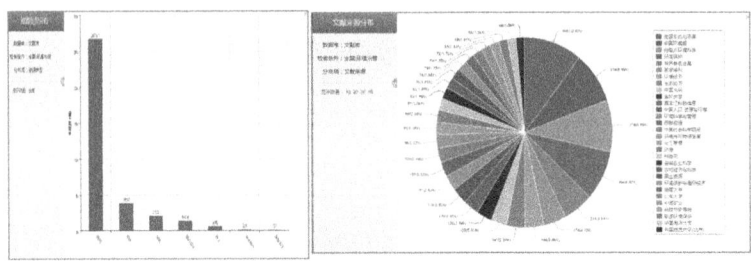

图 12-45　资源类型分布和文献来源分布

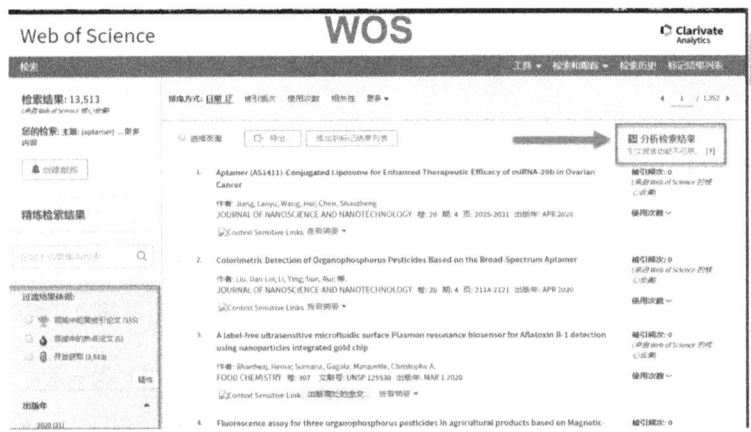

图 12-46　Web of Science 核心合集文件检索结果的分析入口

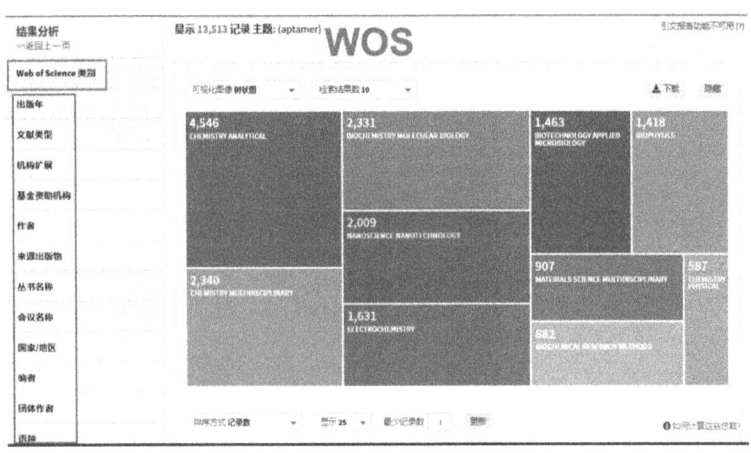

图 12-47　Web of Science 核心合集检索的分析结果

12.2.3　文献计量分析软件

　　文献计量分析可以是对已发表文献的关键词的分析,也可以是对引文进行的分析,属于文献计量学范畴。文献计量分析,大多是对引文进行的分析,引文分析是文献计量分析方法中的一种。我们知道,每一篇论文都有参考文献,这些参考文献就是引文。引文分析从引文这个角度统计文献之间的相互关系,利用统计学的方法,总结和发现一些规律和特征,分析

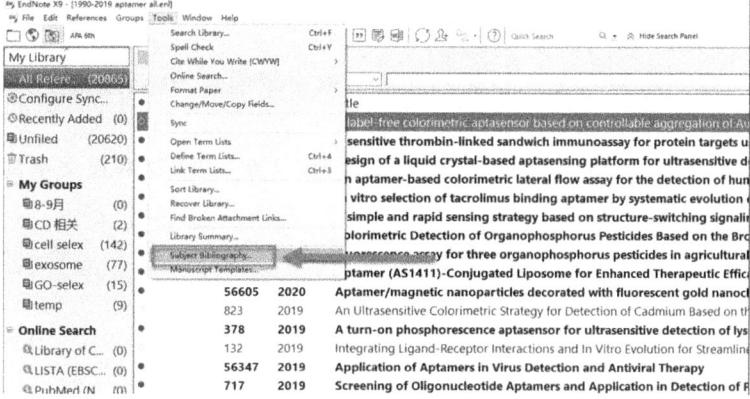

图 12-48　EndNote 文献分析入口

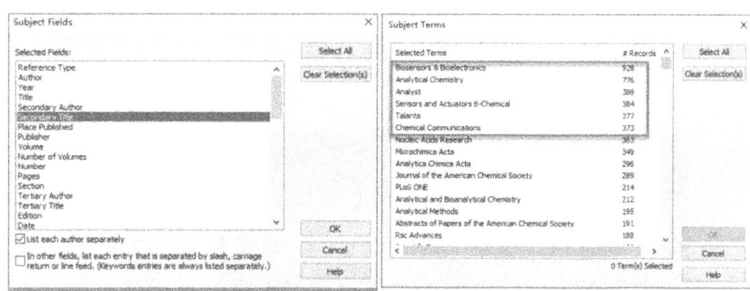

图 12-49　EndNote 期刊来源分析

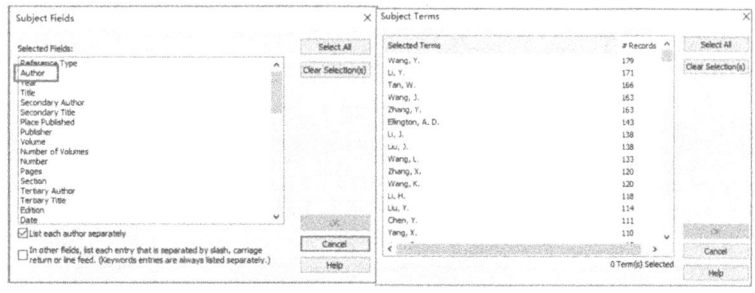

图 12-50　EndNote 作者分析

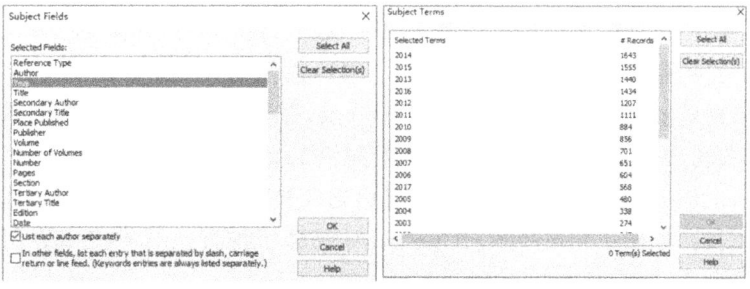

图 12-51　EndNote 年代分析

某个领域的发展趋势和发现重要性文献。

引文分析中有两个概念需要掌握。

(1)共被引:如果有两篇文章经常一起被其他文章引用,这两篇文章之间就是共被引关系。

(2)文献耦合:如果有两篇文章,经常引用相同的文章,说明这两篇文章具有很强的相关性,这种相关性就叫作文献耦合。

文献计量分析软件很多,下面简要介绍其中较具有代表性的一些文献计量分析软件。

1. CiteSpace

CiteSpace 的网址为 http://cluster. ischool. drexel. edu/~cchen/citespace/download/,如图 12-52 所示。

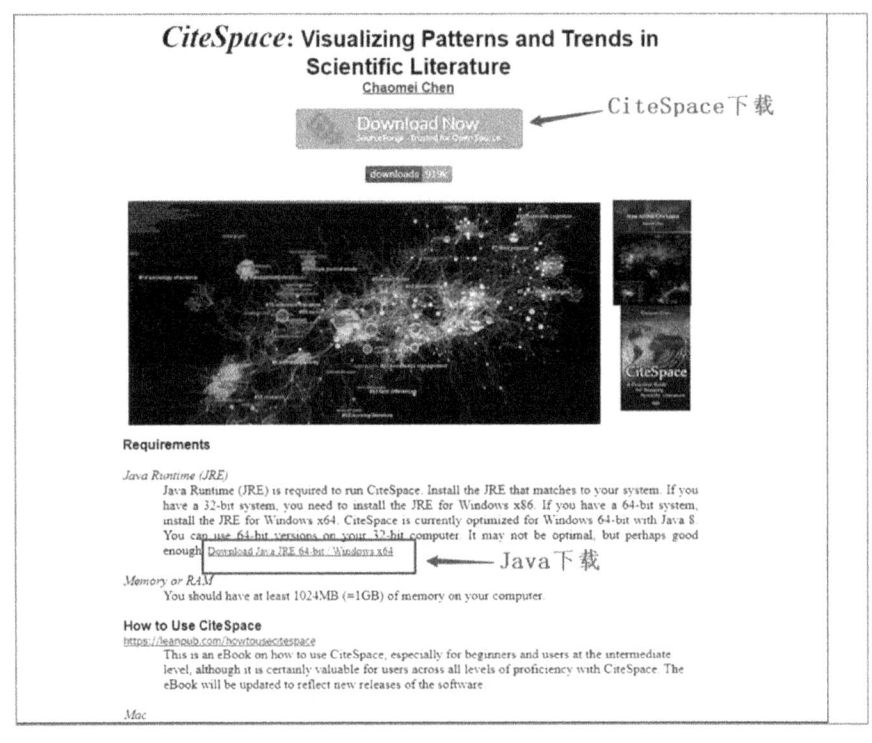

图 12-52　CiteSpace 主页

CiteSpace 是由美国德雷塞尔大学信息科学与技术学院的陈超美教授使用 Java 语言开发的信息可视化分析软件(免费的),使用前需要配置 Java 环境,如图 12-53 所示。

CiteSpace 主要基于共引分析理论和寻径网络算法等,对特定领域文献(集合)进行计量,以探寻学科领域演化的关键路径和知识转折点,并通过一系列可视化图谱的绘制来形成对学科演化潜在动力机制的分析和学科发展前沿的探测。应用的数据可来自 SCI、SSCI、A&HCI、Scopus、PubMed、Derwent、CNKI 和 CSSCI 等数据库。经过预处理、参数设置等,得出分析结果图谱,如图 12-54 所示。CiteSpace 的分析挖掘主要有三个方面:知识基础、学科结构、研究前沿。

CiteSpace 的使用方法,可以在"B站"上找到陈超美教授亲自做的教学视频进行学习。

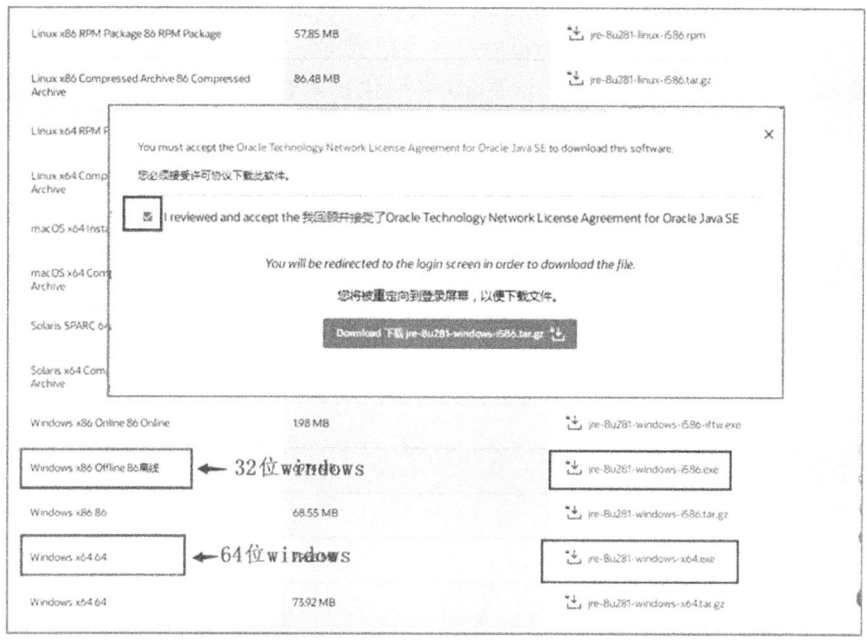

图 12-53　下载电脑操作系统对应的 Java

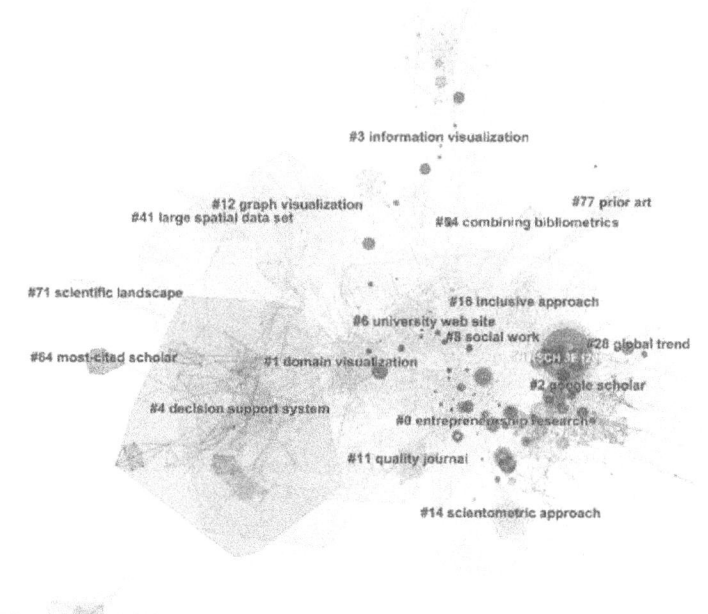

图 12-54　CiteSpace 呈现的知识聚类图谱

2. VOS viewer

VOS viewer(http://www.vosviewer.com/)是荷兰莱顿大学开发的免费软件,如图 12-55 所示,它是 Van Eck 等人基于 VOS 可视化技术针对文献开发的可视化软件,其突出特点是图形展示能力强,适合分析大规模样本数据,它不能从文献数据中抽取和构建共线矩阵,需要数据预处理。

图 12-55　VOS viewer 主页

3. HistCite

HistCite 是引文分析创始人加菲尔德及其团队于 2001 年推出的一款文献计量分析和可视化软件,隶属汤森路透公司。HistCite 借助 Web of Science 的引文文献,通过软件分析得到文献被引频次列表、关键词列表、作者、机构和刊名列表及重要的引文编年图谱,实现知识领域的可视化分析。HistCite 的主要功能就是发现、研究与某领域密切相关的核心文献。2016 年 10 月,汤森路透公司的知识产权与科技业务被 Clarivate Analytics(科睿唯安)公司收购了,从此 WOS 也归该公司所有,因此导出的数据纯文本也发生了些许变化,从而不能直接导入 HistCite 进行分析,不过,现在用户可以使用王庆改写的 HistCite Pro,完全兼容新的文件格式,使用更方便了。

HistCite 的下载地址为 https://zhuanlan.zhihu.com/p/20902898。

HistCite 的使用方法如下。

(1)从 Web of Science 检索题录、下载数据,选择导出,选择全记录与引用的参考文献,保存为纯文本格式,导入 HistCite 文件包的 TXT 文件夹中,如图 12-56 所示。

(2)运行"main.exe"文件,如图 12-57 所示,运行时请勿关闭此窗口。系统默认用 IE 浏览器打开,如果 IE 浏览器无法打开,打开其他浏览器,直接输入 htp://127.0.0.1:1925 即可。

(3)排序。导入数据后,可以按文献出版时间、作者、出版来源排序。也可以按 LCS、GCS、LCR、CR 进行排序,如图 12-58 所示。

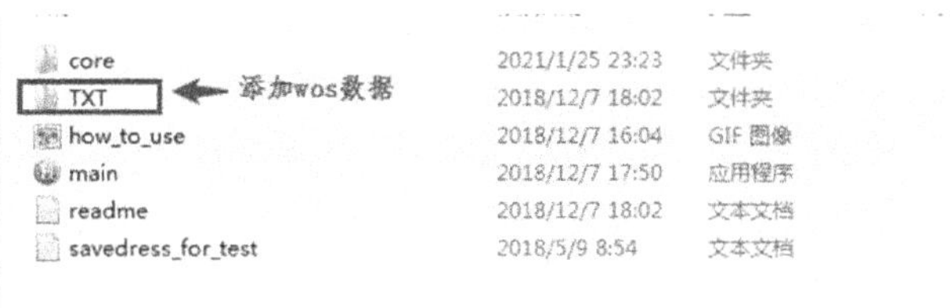

图 12-56 添加数据

图 12-57 运行"main. exe"文件时的界面

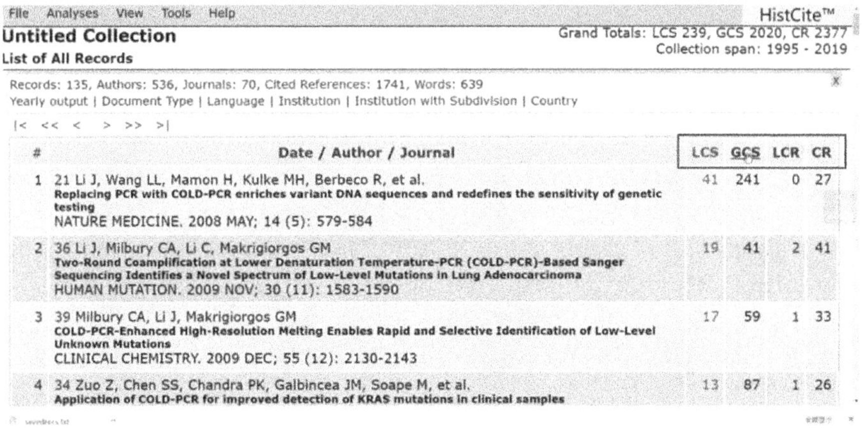

图 12-58 HisteCite 中按 LCS 排序界面

GCS(global citation score)指某一文献在 WOS 数据库中的总被引用次数。有些引用这篇参考文献的文章可能和某个研究方向毫无关系,但 GCS 还是会把这个引用数据记录下来。

LCS(local citation score)指某一文献在本地数据集(WOS 中输入关键词搜索后导出的所有文献)中的被引用次数。因为导入 HistCite 的文章都是和检索词有关系的,因此如果某一篇文献的 LCS 值很高,就意味着它是某个研究领域内的重要文献,很有可能是领域内的

开创性文章,注意,LCS 高的文献和 GCS 高的文献不一定是同一篇。

LCR(local citedreferences)指某一文献引用本地数据集中参考文献的数目。根据 LCR 值的排序,可以快速定位近期该领域的重要文献,因为某一篇文献引用当前数据集中的文献数越多,说明它非常关注检索的这个研究方向的文献,可以从该文章中发现新动向。

CR(cited references)指某一文献引用 WOS 数据库中参考文献的数目。这个值越高,说明这篇文献很可能是综述性文献,根据该值的排序,可快速定位综述文献。

Recs(records)指本地数据集中的文章数。

(4)点击 Tools—Graph Maker,作分析图,图上的信息可以通过左侧工具栏进行设置和放大,如图 12-59 和图 12-60 所示。

图 12-59　HisteCite 作图工具

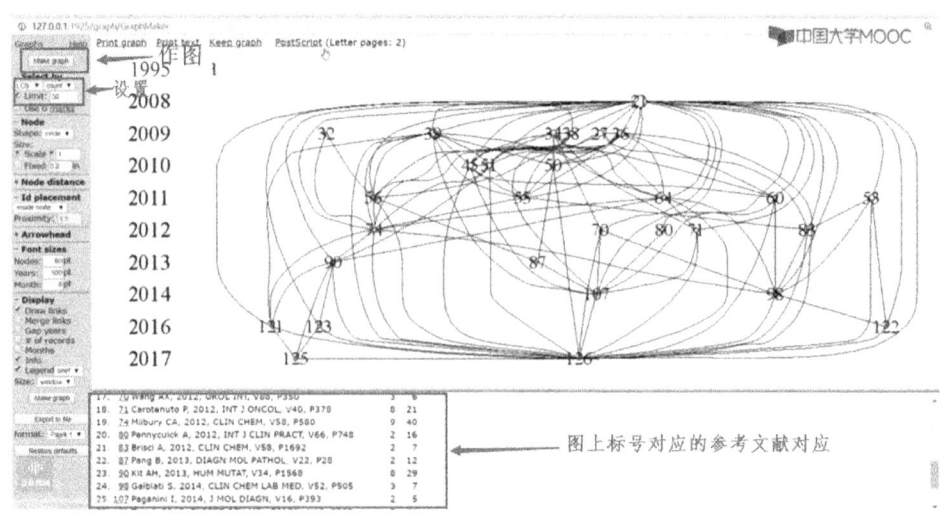

图 12-60　HisteCite 分析结果图示例

(5)导出分析结果中的重要文献。选择 Tools—Mark & Tag 导出,导出前可设置导出文献参数,如图 12-61 所示。

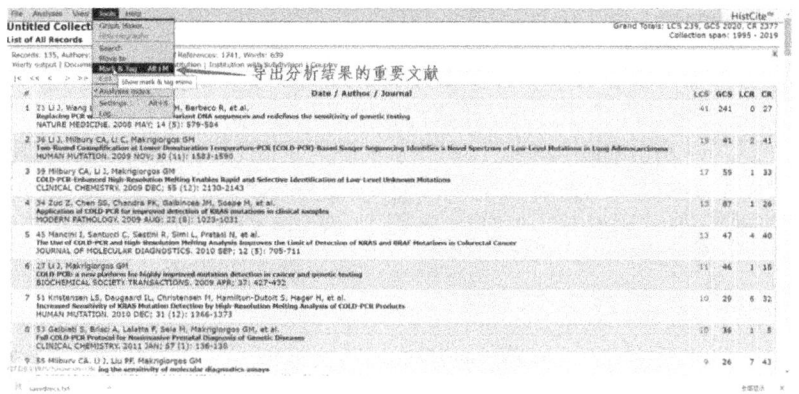

图 12-61　导出数据库工具

导出数量设置中,可以先按 LCS 进行排序,选择前 1～30 篇,点 Mark 做标记,如图 12-62 所示,再按照 LCR 进行排序,选择前 1～20 篇,进行标记。标记的文献会叠加在图 12-63 中的 Marks 中(数量之所以不是两次数量相加,是因为两次导出的文献可能有重复,显示的是去重后的结果)。导出前需要点击图 12-63 中的标记 1,才会在图中标记 2 中呈现数量,否则导出的还是原来导入的全部。导出工具选项卡位置如图 12-64 所示。

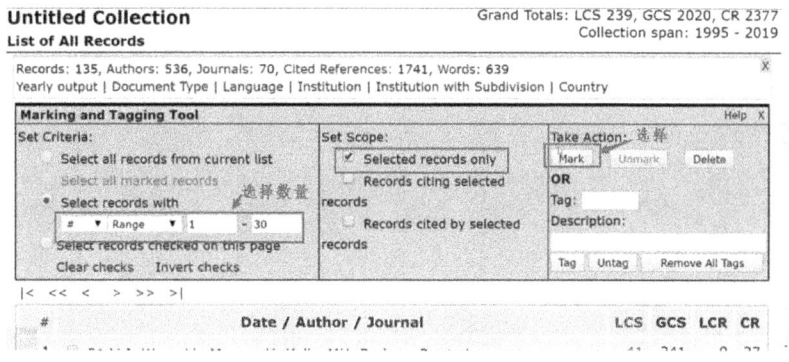

图 12-62　导出设置

图 12-63　导出数量选择

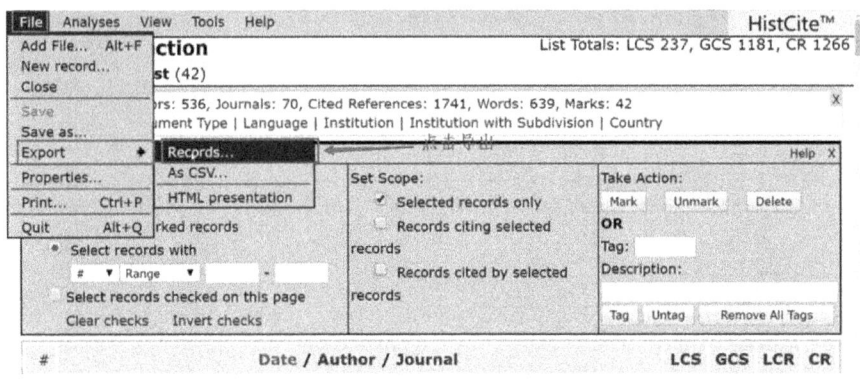

图 12-64　导出工具选项卡位置

导出的文件保存时，一定要将默认的".hci"格式，改为".txt"格式，如图 12-65 所示。

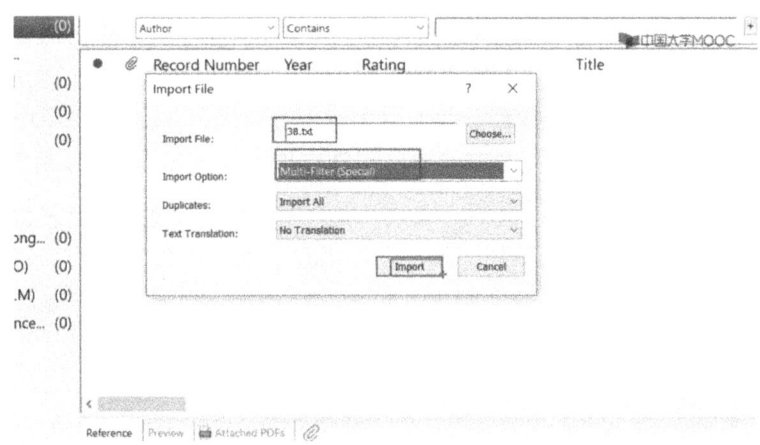

图 12-65　导出的文件保存时的格式选择

（6）将前面导出的.txt 格式的文件导入 EndNote 进行文献的全文下载和阅读。

需要注意的是，我们在导入 HistCite 分析前，如果在 WOS 数据库中检索的文献策略不够完善，经过分析会被发现，可以随时修改检索策略，重新进行分析，也可在分析中重新发现的一些重要文献进行补充。

通过 HistCite 引文分析工具，可以帮助我们发现陌生领域和新领域的重要文献，快速了解其发展现状和趋势，提高科研效率。

（本节图片来源于中国大学慕课中罗昭锋老师的文献管理与信息分析教学视频）

第 13 章　学术论文写作

13.1　学术论文概述

信息检索的目的之一就是为学术论文的写作服务。学术论文也称科学论文、科研论文或研究论文,国家标准(GB7713—87)对学术论文的定义是:某一学术课题在实验性、理论性或观测性上具有新的科学研究成果或创新见解和知识的科学记录,或是某种已知原理应用于实际中取得新进展的科学总结,用于提供学术会议上宣读、交流或讨论,或在学术刊物上发表,或作其他用途的书面文件。

13.1.1　学术论文的特点

学术论文是科学研究成果的书面表达形式,其内容涉及自然科学、工程技术、社会科学、人文科学各个领域。无论是哪一方面的学术论文,都是人类创造性活动的总结和概括,所以具有共同的特点。

1. 学术性

学术性是学术论文区别于其他文体的本质特征。学术是指较为专门、系统的学问,有较深厚的实践基础和一定的理论体系知识。学术论文的学术性表现在学术论文属于某个专业学科领域,是在进行了系统的学术研究的基础上写作的,着重探讨事物的内在联系和客观规律,反映作者对所研究课题的了解、把握程度及专业上的素养,具有一定的深度。

2. 科学性

科学性是学术论文的前提。学术论文是应用概念、判断、推理、证明和反驳等逻辑思维手段来分析、阐明原理、规律和技术方法等各种问题及成果的议论文章。因此,学术论文具有严密的科学性,主要表现在:论文的观点和研究成果必须有理论和事实根据;内容真实可信,忠于事实和材料;论证要客观、公正,分析、推理和判断应符合逻辑。

3. 创新性

科学研究的意义在于不断地发现新领域、探索新现象、提出新见解、解决新问题、取得新进展,因此,科学研究的成果——学术论文,具有创新性。创新性是衡量学术论文是否有价值的根本标准。创新性主要表现在以下几个方面:①开拓新的研究领域,提出全新的论点;②深化和发展前人的研究成果;③从新的角度,以新的论证方式或利用新资料来研究老问题,提出新见解。

4. 规范性

为了便于交流和应用,学术论文必须按一定格式写作,必须具有良好的规范性。在文字表达上,要求语言准确、简明、通顺,条理清楚,层次分明,论述严谨。在技术表达方面,包括符号的使用、图表的设计、计量单位的使用、文献的著录等,都应符合规范化要求。

13.1.2 学术论文的类型

学术论文的种类繁多,有不同的划分标准。根据写作目的不同,学术论文可分为两种类型,即科研论文、学位论文。

1.科研论文

科研论文是指进行科学研究的各学科专业科研人员在表述科研成果时撰写的专业性论文,它是用来提交给科研部门、学术机构,或用以在学术会议上宣读、交流、讨论,或发表在专门的刊物和报刊上的学术文章。

这种论文是大量的,它反映各学科领域最新学术水平,对促进科学事业的发展、经济建设和社会进步具有重要的作用。

2.学位论文

学位论文是指大学生、研究生在毕业时,或申请学位的同等学力人员为申请学位而撰写和提交的论文,也叫毕业论文。学位论文通过答辩和评审,学生获得学位。学位论文分学士学位论文、硕士学位论文和博士学位论文。

学士学位论文是高等院校本科毕业生的毕业论文,学士学位论文要求对所研究的课题有一定的心得,能反映作者有从事科学研究的能力。

硕士学位论文是攻读硕士学位的研究生的毕业论文,硕士学位论文要求对所研究的课题有新的见解,能反映作者有独立从事科学研究的能力。

博士学位论文是攻读博士学位的研究生的毕业论文,博士学位论文要求在科学或专门技术上做出创造性的研究成果,能反映作者有渊博的理论知识和很强的科研能力。除此以外,学术报告、考察报告、调查报告等,也具有学术论文的性质。

13.2 学术论文的基本格式和写作要求

13.2.1 学术论文的基本格式

在人们长期的写作实践中,学术论文已形成一套比较稳定的基本结构形式,并在反复运用中逐步完善,走向规范化和定型化。按照国家标准 GB7713—87 的要求,学术论文一般必须包括八个组成部分,如图 13-1 所示。

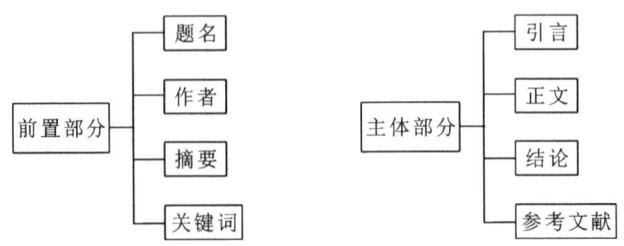

图 13-1 学术论文的基本组成

13.2.2　学术论文各部分写作要求

1. 题名

题名又称标题、题目。论文有好题目等于文章成功了一半。题名是学术论文的眉目,表达学术论文的特定思想内容,从题名中可以看到全文的精髓。题名表明作者的写作意图,反映最重要的学术信息。它的总体要求是能用准确、精炼、醒目的文字揭示论文的主旨。

(1)准确就是要求论文题名能准确表达论文内容,恰当地反映论文的研究范围和深度。这就要求论文题名既不过于笼统、空洞,也不模棱两可、华而不实,要紧扣论文内容,题名中的词语有助于选取关键词。

(2)精炼就是要求论文题名用最少的字数来表达论文主题。对于论文题名多少字才算符合要求,并没有统一的规定。一般来说,中文题名不要超过 20 个字,外文题名不宜超过 10 个实词。当然,要求论文题名精炼并不意味着论文题名越短、字数越少越好,要根据论文内容的实际情况而定。当简短的题名不足以完全揭示论文内容时,可以用副题名来补充说明论文中的特定内容,如《向往光明,追求真善美——丰子恺哲理散文浅论》。

(3)醒目就是要求论文的题名让人一看就能明白,不费解。

同时题名用语要准确,不要产生歧义,避免出现不常见的缩略词、代号、公式等。

2. 作者

学术论文都应署上作者的真实姓名和所在单位,还要列出单位所在地、邮政编码等,以便于读者与作者联系。给论文署名,不仅表示给予作者尊重和应有的荣誉,还表示文责自负。对于合作完成的论文,应按作者对研究工作与论文撰写贡献的大小排序,贡献最大者列为第一作者。署名列于标题之下,独占一行,位于正中的位置,单位及邮政编码列于下一行正中的位置。

3. 摘要

摘要也称内容提要,许多核心期刊要求写英文摘要。摘要是学术论文的重要组成部分,是论文内容的浓缩,是对论文内容不加注释和评论的简短陈述。摘要应当具有独立性,能够使读者不阅读论文的全文,就获得论文所能提供的主要信息。摘要是一篇完整的短文,要有数据、有结论。它的总体要求是简短、精炼、忠于原文。摘要一般说明研究对象、主要目的和内容、实验方法、结果和最终结论等,重点是结果和结论。摘要在字数上有一定的要求,一般说来,中文摘要的字数为 200~300 字,外文摘要的字数不宜超过 250 个实词,学位论文的摘要则不受此字数的限制。

4. 关键词

关键词是指为了文献标引工作从论文中选取出来用以表示全文主题内容信息的名词或名词性词组。每篇论文一般选取 3~8 个关键词,另起一行,排在摘要的左下方。为了国际交流,应标注与中文对应的英文关键词。

关键词的选择方法是:作者在完成论文写作后,纵观全文,选出最能表达论文主题的信息和词汇,这些信息和词汇可以从论文标题中选,也可以从论文内容中找,这些词汇在整篇论文中出现的频率较高。

5. 引言

引言又称绪论、前言、导言等,它是论文的开头部分,是文章的开场白,属于整篇论文的

引论部分。对引言的要求:能简明扼要地讲清论文写作的目的、动机和意义;简要评述前人对该问题的研究成果;提出问题,确立中心论点。引言虽然很重要,但它不是论文的核心部分,因而文字不宜过多。引言的写作要简明扼要,开门见山,不要与摘要雷同,不能成为摘要的注释。引言的篇幅应视论文篇幅及论文内容的需要来确定,大的篇幅可为 700~800 字或1000 字左右,小的篇幅可不到 100 字。

6. 正文

正文是学术论文的主体和核心部分,占论文的绝大部分篇幅。文章的论点、论据、论证及要达到的预期目的都要在这一部分论述,它最能体现研究工作的成就和学术水平。作者在这一部分要对所研究的问题进行分析、论证,阐明自己的观点和主张。文章的质量、价值关键取决于正文。正文的内容由观点和材料构成。观点是文章的灵魂,是材料的统帅,没有观点,文章就会不知所云。但观点来自材料,是对大量的、丰富的、合乎实际的材料进行提炼而形成的,材料是观点的依托。因此,在正文部分,要使观点和材料紧密结合起来,形成有机的统一整体。

由于学术论文涉及的学科、选题、研究方法、实验方法、结果表达方式等有很大的差异,对正文的内容不能做统一的规定,但是必须实事求是,客观准确,合乎逻辑,层次分明,简练可读。

7. 结论

结论又称结束语,它是对论文全部观点的归纳和总结,是论文的全面概括。它将作者的判断和主张,尤其是独创性见解,鲜明而集中地表现出来。结论主要包括三个方面的内容:一是对所论证的论题及论证的内容做出结论或对已经得出的结论予以强调;二是对所研究的论题的发展趋势进行展望,指明进一步研究的方向;三是对有关问题做简要说明。结论的措辞必须准确、完整、明确、精炼。

8. 参考文献

参考文献是学术论文的重要组成部分。科学具有继承性,科学研究需要学习、借鉴和参考他人的研究成果和经验,需要在他人研究工作的基础上发展和延续,所以学术论文在文后要列出参考文献。

参考文献的作用:①表示在前人研究成果的基础上的继承和发展,表明作者从事研究工作的真实的科学依据和严肃的科学态度;②表示作者对他人劳动成果的尊重和承认;③提供引用资料的出处,便于读者扩大检索范围。

所列参考文献应是公开发表过的资料,包括书籍、报纸、杂志、专利文献等,参考文献列于正文之后。

中华人民共和国国家标准 GB/T 7714—2015《信息与文献 参考文献著录规则》,分别对文后参考文献著录项目与著录格式有明确的规定,其中几种主要参考文献著录的格式如下。

(1)连续出版物。主要责任者.题名[文献类型标识].期刊名称,年,卷(期):起止页码.

示例:徐俪成.侍从、书记的合流与南朝政治文化中"笔"体地位的提升[J].文化研究,2019(03):344—360.

(2)专著。主要责任者.题名:其他题名信息[文献类型标识].版本项.出版地:出版者,出版年:起止页码.

示例:张伯伟.全唐五代诗格汇考[M].南京:江苏古籍出版社,2002:288.

(3)专利.专利申请者或所有者.专利题名:[文献类型标识].作者所在地:专利号公告,公开日期.

示例:吴少杰,罗领先,方改霞,黑笑涵,杨广建.机加工废弃乳化液的预处理方法及设备[P].河南:CN101746909A,2010-06-23.

(4)标准.标准起草单位.标准名称:标准代号~标准顺序号—发布年[文献类型标识].出版地:出版者,出版时间:页.

示例:全国信息与文献标准化技术委员会.文献著录 第 4 部分:非书资料:GB/T 3792.4—2009[S].北京:中国标准出版社,2010:3.

(5)电子文献.主要责任者.题名:其他题名信息[文献类型标识/文献载体标识].出版年(更新或修改日期)[引用日期].获取和访问途径.

示例:萧钰.出版业信息化迈入快车道[EB/OL].(2001-12-19)[2002-04-15].http://www.creader.com/news/20011219/200112190019.html.

13.2.3 学术论文的写作步骤

一般来说,学术论文的写作包括学术论文的选题、材料的搜集与整理、拟定写作提纲、撰写初稿及修改定稿等步骤。

1. 学术论文的选题

选题是学术论文写作的第一步。选题是指选定学术研究中所要研究或讨论的主要问题。选题是开展学术研究,撰写学术论文的开端,也是决定文章内容和价值的一个关键性环节。选题不等于论文的题目,也不等于论文的论点。一般来说,选题的内涵和外延要比论文的题目和论点大得多。

1)选题的原则

课题的选取必须要有根据和标准。选题的原则讲的就是选题的根据和标准。写好一篇论文,有两个关键因素:一是课题有价值、有意义,这是写好论文的前提;二是作者能够提出自己的独立见解,这是写好论文的基本要求。

选题有以下几个原则。

(1)价值性原则。学术论文的选题,先要考虑课题研究有无科学价值。在现阶段,所选的课题要能创造应有的社会价值或经济价值,能为推动学科发展、社会发展服务。基于价值性原则,在选题时可考虑:选急需解决的课题;选具有开创性或填补空白的课题;选争鸣性的课题。

(2)可行性原则。学术论文的选题必须考虑课题完成的现实可行性。要从研究者的主、客观条件综合考虑,克服盲目性,选取那些自己有能力、有条件完成的课题。

(3)创新性原则。创新就是要有新意。选题要有创新性,体现在两个方面:一是选取前人没有研究过的新领域作为研究对象;二是对已经研究过的课题从新的角度进行阐述,利用新的方法进行研究,从而得出新的结论。

(4)科学性原则。科学性原则是指选题要以科学理论、客观事实为依据,按客观规律办事。

2)选题的来源

选题主要包括以下三种来源:一是上级部门的指令性课题,一般涉及重大理论问题或科技攻关项目,如国家、部、省市的重点规划课题、年度课题,包括国家自然科学基金、政府管理部门科学基金、单位科学基金等;二是委托课题,受相关部门、企业委托而接受的课题,目的是借助受委托单位的技术和人才优势进行新产品、新技术和新方法的开发和研制,如工厂企业委托高校完成的科技攻关项目;三是自选课题,研究人员通过自己的科研活动和日常工作,结合自己的专业理论知识和技能而产生和形成的研究课题。

与其他两种选题来源相比,自选课题有更大的自由度,也是一般研究人员经常会遇到的问题,其常见的来源包括以下几方面。

(1)从工作实践中选题。人们在实际工作中会遇到各种各样的问题,需要去研究、探索,寻求解决问题的办法。这类选题可以最大限度利用工作中的各种有利条件,研究的可行性较强,研究成果可以直接用于工作实际,实用性强,故此类选题较容易取得成功。现有工作的延伸、工作中的不足及困惑等都可以作为选题的目标。

(2)从文献记载中选题。在研究活动中,科研工作者经常会遇到或者发现理论上及实践上的某些问题,由于受当时的科学技术水平、理论知识,以及所处的环境、研究条件或专业知识结构的限制而无法解决,或者研究者对研究中发现的某些现象提出了一些假说,这些问题会被记载在文献中。所以科研人员可以根据文献的记载,结合自身的知识结构和研究基础,选择研究课题。此种方法非常适合于初涉科研工作的人,通过此种方法选题,既是一个研究的过程,也是一个学习的过程,可以形成一套科学研究的方法。

(3)从学术交流和学术争鸣中选题。学术交流是指同行间对某一特定的学术问题,在研究方法、结果和存在的问题等方面所做的探讨、交流。研究人员对于某些学术问题会从不同的角度观察、研究和评价,从而会有不同学术观点即学术争鸣。学术交流和学术争鸣对于科研课题的选择非常有意义,研究人员往往能够从学术交流和学术争鸣中谈到的问题中选出自己要研究的课题,帮助自己选择研究角度和切入点。

(4)从学科交叉、渗透中选题。学科间的交叉、渗透是科学在广度、深度上发展的一种必然趋势,学科的交叉和渗透必然导致新的学科以及新的研究领域的诞生,如比较学科、边缘学科、软科学、综合学科等,从学科间的交叉、比较中往往会发现许多新的课题。

(5)从直觉思维、意外发现中选题。科研人员对研究对象的探索和追踪,也是科研选题的一个重要来源。大量值得研究的选题,首先表现在各种社会现象和偶然事件中,这时,选题的提出和确定常常得益于科研人员的想象、灵感、直觉,以及对这些直觉、现象思维的捕捉。例如郭沫若在对郑成功事迹的追踪调查中,意外发现了郑成功铸造的钱币,使中国自铸钱币的历史向前推进了将近 200 年,并进一步发现了郑成功的财政政策和复国宏图,推进了晚明史的研究。

(6)专业检索工具(如 SCI、EI、SciFinder Scholar、万方选题系统、中国知网等)能对正在开展的工作进行量化分析,使科研人员了解有关领域的研究热点、发展趋势、国际学术研究动态,以及某领域的重点实验室、杰出专家等,并从中发现新课题。

以石墨烯课题为例,通过 SCI 检索工具的分析功能,科研人员可以准确地了解石墨烯领域的相关信息:发表有关石墨烯研究论文最多的作者、最多的国家、最多的机构,石墨烯研究论文在哪一年发表得最多,石墨烯研究论文主要发表在哪些杂志上,石墨烯研究论文主要涉及哪些研究领域等。

无论哪一类选题,研究活动的顺利进行都需要以科研人员的兴趣作引导,因为科学研究是创造性的劳动过程,需要研究者保持创新的敏感和激情,否则很难研究出有价值的成果。

2. 材料的搜集

论文的选题确定后,便要开始进行材料的搜集工作。材料是构成学术论文的一个重要因素,学术论文的质量如何,取决于材料是否充实、准确、可靠。

材料的搜集是学术论文写作的重要步骤,并且贯穿论文写作的全过程。一般来说,材料的来源有两个方面。

一是直接材料。它是作者从科学研究中获得的第一手材料,是作者进行科学实验或考察,把观察到的现象与测量到的数据详细记录下来而得到的材料。直接材料来源于科学观察、实地调查和科学实验。

二是间接材料。它是指利用信息检索的方法通过检索工具或检索系统查找到的他人实践和研究成果的材料。

间接材料的搜集主要依据研究课题的特征来确定。一般而言,基础研究侧重于利用各种专著、科技期刊、科技报告中提供的信息,应用研究侧重于利用各种专利、技术报告、技术标准、会议文献、参考工具书中提供的信息。

(1)对于科技攻关方面的课题,需要了解该学科的最新成就、最先进的技术等,搜集的重点是科技报告、专利说明书、会议论文和期刊论文等。

(2)对于技术改造、革新方面的课题,需要了解相关领域的最新动态、最新信息,搜集的重点通常是专利说明书、技术标准、技术报告等。

(3)对于综述性质的课题,研究者需要了解相关领域的历史、现状等,需要系统搜集与课题研究相关的所有重要文献,确保资料的连续性和完整性,搜集的重点通常是近期发表的一次、三次文献,包括期刊论文、会议论文、专著、年鉴、手册、科技报告、综述、述评、进展报告、动态、专题论文等。

(4)对于成果鉴定方面的课题,需要重点了解学科前沿、研究动态、发展趋势等方面的内容,搜集的重点通常是专利说明书,也包括相关的科技成果公报、期刊论文和专业会议论文。

文献搜集的方法,实际上就是前面章节的所有内容。我们要学会充分利用图书馆资源、权威机构的网站、专业信息导航和专业搜索引擎,只有熟练掌握信息检索的方法,才能使自己"站在巨人的肩膀往前看"。

另外,日常的科研工作中,注重工具的使用,比如 RSS 文献追踪,为知笔记的使用等。当工具的使用成为习惯时,会大大提高文献搜集的效率。

3. 材料的整理

通过各种途径搜集来的材料,必须进行筛选,对其进行质和量的分析,以及认真地研究、选择,也就是对材料进行整理。材料的整理分为三个环节。

(1)阅读材料。阅读的方式有泛读、选读、精读等,根据材料的不同可选择不同的阅读方式。

(2)鉴别材料。鉴别材料就是要对所收集的材料进行质量上的评价和核实。鉴别的过程实际是对获取的材料进行再认识的过程,是分辨其真伪、估量其价值和作用的过程。

(3)选择材料。选择材料要注意几个方面:一是选择有利于课题研究、能充分表达主题

的材料;二是选择真实、准确的材料;三是选择新颖的材料;四是选择具有典型性的材料;五是选择的材料要充分。

文献管理工具(EndNote、NoteExpress、知网研学)可以很好地帮助我们进行泛读、选读和精读,并能进行材料的梳理。工具的使用,能达到事半功倍的效果。

4. 拟定写作提纲

写作提纲是论文写作的设计图,是为全篇论文搭起的一个骨架,是作者将自己的前期构思和材料进行编排,用简洁的语言记录下来的论文框架体系,是论文写作的重要环节和必经步骤。拟定写作提纲,可以对论文的写作发挥重要作用:一是有利于作者思路的定型,明确论文的论点和论据;二是有利于论文的谋篇布局;三是有利于论文写作的整体进程。

提纲通常有三种形式,即标题式、句子式和段落式。标题式提纲就是用大小标题的形式列出提纲,能清晰反映文章的结构和脉络,是最常用的一种形式;句子式提纲就是用一句能表达完整主题意思的句子来描述提纲,表达每章、每节、每个层次的中心内容;段落式提纲就是用一段话把该部分内容进行概括,可在论文的重点部分使用。

应用思维导图工具来搭架子,脉络更清晰明了。

5. 撰写初稿

按照已经拟定的写作提纲,在深入思考、研究、分析的基础上,运用丰富翔实的材料,利用适当的语言文字将论文要表达的主题充分准确地表达出来,即可完成初稿的撰写。撰写初稿有以下要求:一是要围绕中心,紧扣主题;二是要注意论文内容的连续性;三是要适时调整提纲;四是初稿的内容要尽可能充分、丰富,便于以后修改。

6. 修改定稿

初稿完成之后,还需要反复推敲、琢磨,多次修改,才能定稿。"好的文章都是改出来的"。反复修改是学术论文的一般规律。修改初稿的目的是使学术论文的质量达到尽可能高的学术水平,使论文的表达形式日臻完善,使其科学性和可读性更强。

1)修改的方法

修改有以下几种方法

(1)热改法。热改法是指在初稿完成以后,趁热打铁,立即修改,对自己写作过程中已经意识到但怕中断思路而无暇顾及的缺漏或错误进行补充或修改的方法。

(2)冷改法。冷改法是指初稿完成后,有意识地放置一段时间再动笔修改的方法。

(3)他改法。他改法是指请他人帮助修改的办法。他人能从旁观者的角度对论文提出更为客观的修改意见,特别是大学生写毕业论文时,请指导老师审阅和修改尤其重要。

(4)诵改法。在论文初稿完成后,可通过诵读发现和修改语言文字方面的问题。

一篇论文的修改,往往是多种方法综合运用。

2)修改的范围

学术论文需要修改的范围很宽,主要包含以下四个方面。

(1)推敲论点。首先要审视中心论点是否正确、是否鲜明、是否有创新;其次要根据中心论点审视各分论点是否与中心论点保持一致。

(2)调整结构。首先要看论文结构是否完整,标题、摘要、关键词、前言、正文、结论、参考文献等各部分是否齐备;其次检查正文部分各层次、各段落是否围绕中心论点进行严密的逻辑论证,论证层次之间的关系是否严密、清晰,主次是否得当,各部分的过渡、照应、衔接是否自然。

（3）变动材料。变动材料主要是指对论文引用的材料进行增加、删节或调换。

（4）修改语言。修改语言主要是指用词是否准确、句子是否通顺、诵读是否顺口、标点符号和书写格式是否正确、有无语法错误等。

13.3　开题报告和文献综述的撰写

13.3.1　开题报告的撰写

1. 开题报告的含义

开题报告是指毕业论文选题方向确定后，毕业生在调查研究的基础上撰写的报请专家委员会通过的选题计划，是对毕业论文选题的一种文字说明材料。毕业论文的选题是否具有学术价值和新颖性、大小是否恰当、是否能够反映作者的专业科研水平，以及论文论点是否成熟等，均要通过开题报告来审查。

开题报告需回答三个方面的问题：一是拟研究的内容是什么；二是开展此项研究的原因；三是怎样开展此项研究。

2. 开题报告的内容及撰写要求

开题报告的内容及撰写要求包括以下几个方面。

（1）题目。题目是毕业论文中心思想的高度概括，它也往往是毕业论文的标题，因此要求准确、规范，即要将研究的问题准确地概括出来，反映出研究的深度和广度、研究的性质。

（2）课题研究的目的及意义，即回答为什么要开展此项研究，以及交代研究的价值及历史背景。一般先谈现实意义，由现实中存在的问题引出研究的实际作用和意义，然后谈理论及学术价值，对学科发展和理论完善的贡献，要求具体、客观，具有针对性，注重资料分析基础，注重时代、地区或单位发展的需要。

（3）课题主要的研究内容和创新点。有了课题的研究目标，就要根据研究目标来确定课题具体要研究的内容。相对于目标来说，课题的研究内容是具体而清晰的。课题的创新点是相对于别人在此方面所做的研究而言的，要突出所研究课题与其他同类研究的不同点。

（4）研究方法及可行性分析。由于选题不同、研究问题的目的和要求不同，研究方法也往往各不相同。研究方法包括问卷调查法、抽样调查法、实验研究法、比较研究法等。在介绍研究方法时，要明确在课题研究中是如何使用某种研究方法的，其目的是什么。另外，在一个课题中研究方法不宜过多，一般两三种即可。可行性分析则是对该研究课题所具备的理论条件、现实条件及准备工作情况的说明分析。

（5）研究工作的安排及进度。这是指作者在一定时期内对研究工作预先所做的安排和打算。研究工作的安排要根据研究内容的相互关系和难易程度，循序渐进，合理安排，分阶段进行。

对每一阶段的起止时间、相应的研究内容和成果均要有明确的规定。

（6）参考文献。参考文献是开题报告的必要组成部分，要求列出引证过的所有文献，其作用是既证明自己选题是有理论依据、有资料保证的，又体现科学的继承性，以及对知识产权的尊重。

13.3.2 文献综述的撰写

文献综述是指在确定了选题后,在对选题所涉及的研究领域的文献进行广泛阅读和理解的基础上,对该研究领域的研究现状(包括主要学术观点、前人研究成果和研究水平、争论焦点、存在的问题及可能的原因等)、新水平、新动态、新技术和新发现、发展前景等内容进行综合分析、归纳整理和评论,并提出自己的见解和研究思路的专题调研报告。

1. 文献综述的特点

文献综述是研究的基础性工作,也是论文写作的核心环节。文献综述质量的高低直接决定研究能否顺利完成,以及论文质量的高低。文献综述的特点包括以下几个。

(1)语言简洁。在对文献理解的基础上,用简洁精练的语言将文献资料中的各种观点、理论和方法概括出来,而不是照搬照抄。

(2)信息量大。文献综述集中反映一定时期内有关某一领域、某一专业或某一方面的文献内容。一篇文献综述可反映几十篇原始文献的内容。

(3)评述客观。文献综述能够如实、客观地叙述、列举、分析、比较和评论文献中的各种理论、观点和方法,不带个人感情色彩。

(4)标题醒目。文献综述的题目一般都常包含"综述""述评"或"研究动态"等文字,从题目上即可看出文章是一篇文献综述,如《高校图书馆个性化服务研究综述》

2. 文献综述的内容和格式

1)内容

文献综述的内容一般包含以下几个方面。一是该课题的研究意义,着重说明课题研究的重要性及解决当前的实际问题有何意义。二是课题的研究背景和发展脉络,简要介绍其研究起因及发展过程。三是目前的研究水平、存在的问题及可能的原因,重点介绍已经取得的研究成果,以及目前还存在的问题,并分析原因。四是介绍进一步的研究发展方向,客观总结课题未来的研究、发展方向及趋势。五是自己的见解和感想,通过对文献的调研、分析和总结,提出课题未来的研究重点及解决问题的思路。

2)格式

文献综述的格式与一般研究性论文的格式有所不同,这是因为研究性论文注重研究的方法和结果,而文献综述注重介绍与主题有关的详细资料、动态、进展、展望及对以上方面的评述。因此文献综述的格式相对多样,但总体来说,一般都包含以下四部分,即前言、正文、总结和参考文献。

(1)前言。前言主要说明写作的原因、目的和意义,介绍有关的概念、定义及搜集资料的范围,扼要地说明有关主题的现状或争论焦点,使读者对全文要叙述的问题有一个初步的认识。

(2)正文。正文是文献综述的主体,也是文献综述的核心部分,主要叙述某一研究领域的现状、水平和成就。其写法多样,没有固定的格式。可按年代顺序综述,也可按不同的问题进行综述,还可按不同的观点进行综述,但不管用哪一种方式综述,都要将所搜集到的文献资料归纳、整理及分析比较,阐明有关主题的历史背景、现状和发展方向,以及对这些问题进行评述。正文部分应特别注意代表性强、具有科学性和创造性的文献的引用和评述。

(3)总结。总结是对上述研究成果的主要特点、研究趋势及价值进行概括与评价,提出自己的见解,并对进一步的发展方向做出预测。总结应着重点明本课题已有的研究基础(已有成果为自己的研究奠定了怎样的基础或自己从中受到怎样的启发)与尚存的研究空间(本课题已有研究中存在的空白或薄弱环节),并且将全文主题进行总结,提出自己的见解,并对进一步的发展方向做出预测。

(4)参考文献。在写综述时要将引用和参考的文献列出,要按参考文献的著录格式将参考文献的作者名、文献名、文献出处、时间等信息全面标示出来,这既是对被引用文献的作者的尊重,也为读者深入探讨有关问题提供了文献查找线索。

3. 撰写文献综述应注意的问题与技巧

(1)检索的文献资料要全、要新。要想写出一篇好的文献综述,必须掌握大量的、全面的相关文献资料,这是撰写文献综述的重要前提。而一篇文献综述的质量如何,很大程度上取决于作者对本课题相关的最新文献的掌握程度。因此检索到最全、最新的文献资料是写好文献综述的保障。

(2)注意引用文献的代表性、可靠性和科学性。

(3)引用文献要忠于文献内容。在对文献进行评述时要引用作者的原文,正确理解,不可断章取义。

(4)主要参考文献不能省略。文献中的观点和内容应注明出处和来源。

(5)学会利用工具。

我们可以通过文献管理工具、引文分析工具,快速得到重要文献,在文献管理工具中进行精读、做标记、记录、摘要、做笔记等,撰写综述和开题报告。

13.4　学术论文的投稿与学术不端的防范

13.4.1　学术论文的投稿

一篇优秀的学术论文只有公开发表,获得业内人士的认同或者引起争鸣,才能充分体现其价值。学生发表学术论文是创新和竞争精神的集中反映,也是传承文化和发展科学技术的重要体现,反映了大学生通过几年的专业学习和科研活动所具备的科研能力和达到的学术水准。

学术论文一般通过学术期刊、学术会议、专业报纸等途径公开发表,最常见的形式是通过学术期刊发表,我们这里说的学术论文的投稿即指向学术期刊投稿。

1. 选择期刊

投稿要讲究方法,如果投稿不当,会影响论文的发表率。为提高发表率,在选择期刊时首先要知道准备投稿的期刊的办刊宗旨,需了解期刊报道的学科范围、主要栏目、学术水平、读者对象、刊期、论文格式要求等信息,以便投稿时选择。其次要了解相关领域学术期刊的等级。学术期刊有公开出版发行的,也有内部交流的,公开出版发行的均有 ISSN 号(国际连续出版物标准号)。按照主办单位划分,国内学术期刊又可分为国家级、省级、地市级期刊,一般主办单位行政级别越高,期刊水平也会越高。此外,学术期刊还有核心期刊和非核心期刊之分。核心期刊是指本学科中刊载专业学术论文量(率)大,引用率及文摘率、利用率高,被专家公认代表该学科或该领域发展水平和方向的期刊。

作者在选择投稿的期刊时,要客观认识自己的论文水平,选择恰当的期刊以保证发表率。

2. 投稿方式

投稿主要有两种方式,一是 E-mail 投稿,二是在线投稿。目前在线投稿已经成为投稿的主要方式,很多期刊社都通过在线平台接收投稿,既提高了投稿效率,作者还可随时查看自己稿件(论文)的受理状态。

3. 论文修改、录用与退稿

论文投稿后,经过一定时间(一般不超过三个月),作者会收到编辑部反馈的审稿人评审意见。一般分为两种情况,一是修改意见,作者一定要透彻理解评审意见,逐条回答审稿人的问题,并按修改意见认真修改,及时将修改稿发回编辑部,这一过程可能会反复几次,使论文水平逐步提高,增加发表概率。论文被录用后,作者会收到录用通知。二是退稿意见,即论文不适合在所投稿的期刊发表,一般退稿的原因是研究内容与期刊报道范围不符、论文水平未达到期刊要求。如果是第一种原因,作者还可再选择报道范围更合适的期刊重新投稿,若是第二种原因,作者还要充分考虑退稿意见,没有修改价值的可以直接放弃,如果还有修改余地,作者可认真修改后再选择另外的期刊投稿。

4. 切忌一稿多投

作者在论文投稿时,要遵守一定的道德规范,切忌一稿多投。一稿多投是指同一作者的同一论文,同时投向多家期刊,容易造成多家期刊同时或先后发表同一篇论文,造成"一稿多刊"、重复发表的情况,有损作者声誉和期刊的质量。

5. 勿投非法刊物

投稿时一定要选择正规的合法刊物,如果对所投期刊的合法性尚不清楚,可通过中国新闻出版总署网站(http://www.nppa.gov.cn/nppa/publishing/magazine.shtml)在线查询,如图 13-2 所示。如果没有查询到则需警惕。

图 13-2　期刊合法性查询界面

13.4.2　学术不端的防范

学术不端行为在世界各国、各个历史时期都有发生,各个科研机构都时有发现,上到诺贝尔奖获得者、院士、教授、副教授、讲师,下到研究生、本科生。由于缺乏学术规范、学术道德方面的教育,学生在学习、研究过程中发生不端行为,经常是对学术规范、学术道德缺乏了解,认识不足造成的。因此,对学生——特别是研究生——进行学术规范、学术道德教育,防患于未然,是遏制学术腐败、保证学术研究能够健康发展的一个重要措施。

1. 学术不端的定义

2016 年 4 月 16 日,教育部官网发布《高等学校预防与处理学术不端行为办法》(以下简称为《办法》),定义了 7 种学术不端行为。

《办法》表示,学术不端行为是指高等学校及其教学科研人员、管理人员和学生,在科学研究及相关活动中发生的违反公认的学术准则、违背学术诚信的行为。教育系统所属科研机构及其他单位有关人员学术不端行为的调查与处理,可参照《办法》执行。

《办法》将 7 种在科学研究及相关活动中的行为,认定为学术不端行为:

(1)剽窃、抄袭、侵占他人学术成果;

(2)篡改他人研究成果;

(3)伪造科研数据、资料、文献、注释,或者捏造事实、编造虚假研究成果;

(4)未参加研究或创作而在研究成果、学术论文上署名,未经他人许可而不当使用他人署名,虚构合作者共同署名,或者多人共同完成研究而在成果中未注明他人工作、贡献;

(5)在申报课题、成果、奖励和职务评审评定、申请学位等过程中提供虚假学术信息;

(6)买卖论文、由他人代写或为他人代写论文;

(7)其他根据高等学校或者有关学术组织、相关科研管理机构制定的规则,属于学术不端的行为。

2. 对学术不端的处理

《办法》对学术不端行为责任人作出如下处理或提出处理建议:

(1)通报批评;

(2)终止或者撤销相关的科研项目,并在一定期限内取消申请资格;

(3)撤销学术奖励或者荣誉称号;

(4)辞退或解聘;

(5)法律、法规及规章规定的其他处理措施。

《办法》规定,学生有学术不端行为的,还应当按照学生管理的相关规定,给予相应的学籍处分;学术不端行为与获得学位有直接关联的,可以作暂缓授予学位、不授予学位或者依法撤销学位等处理。

3. 防范学术不端

1)不超出合理使用文献的范围

合理使用文献是指在一定的条件下使用受著作权保护的作品,可以不经著作权人的许可,也不必向其支付报酬。《中华人民共和国著作权法》的立法原则,除了保护著作权人的利益外,还要维护作品的传播者和使用者的权益,以利于科学文化的传播、传承和创新。因此,为了平衡三者之间的权益,《中华人民共和国著作权法》规定,在一定条件下,对著作权人享有的专有使用权要进行适当的限制,其中合理使用就是这样一种制度。

《中华人民共和国著作权法》第二十四条规定的合理使用范围如下:

(1)为个人学习、研究或者欣赏,使用他人已经发表的作品;

(2)为介绍、评论某一作品或者说明某一问题,在作品中适当引用他人已经发表的作品;

(3)为报道新闻,在报纸、期刊、广播电台、电视台等媒体中不可避免地再现或者引用已经发表的作品;

(4)报纸、期刊、广播电台、电视台等媒体刊登或者播放其他报纸、期刊、广播电台、电视台等媒体已经发表的关于政治、经济、宗教问题的时事性文章,但著作权人声明不许刊登、播放的除外;

(5)报纸、期刊、广播电台、电视台等媒体刊登或者播放在公众集会上发表的讲话,但作者声明不许刊登、播放的除外;

(6)为学校课堂教学或者科学研究,翻译、改编、汇编、播放或者少量复制已经发表的作品,供教学或者科研人员使用,但不得出版发行;

(7)国家机关为执行公务在合理范围内使用已经发表的作品;

(8)图书馆、档案馆、纪念馆、博物馆、美术馆、文化馆等为陈列或者保存版本的需要,复制本馆收藏的作品;

(9)免费表演已经发表的作品,该表演未向公众收取费用,也未向表演者支付报酬,且不以营利为目的;

(10)对设置或者陈列在公共场所的艺术作品进行临摹、绘画、摄影、录像;

(11)将中国公民、法人或者非法人组织已经发表的以国家通用语言文字创作的作品翻译成少数民族语言文字作品在国内出版发行;

(12)以阅读障碍者能够感知的无障碍方式向其提供已经发表的作品;

(13)法律、行政法规规定的其他情形。

2)网络环境中数字文献的合理使用规则

在网络环境中,作品以数字化形式传输、下载、复制变得非常容易。许多人认为在线材料是可以自由复制和发布的。事实上,大多数在线材料像印刷物一样,是受法律保护的。关于网络空间合理使用制度的构建,各国也在积极探索中。大型网络产品如电子期刊、网络数据库因信息含量大、检索方便、便于共享等特点,越来越受用户欢迎。电子资源供应商对购买方——高校图书馆的一般授权原则如下。

(1)授权用户:学校的师生员工、访问学者、留学生。他们通过本校控制的 IP 使用数字资源。学校允许进入的公众随机用户通过本校控制的 IP 地址从指定阅览室或终端进入数据库。

(2)按照国际惯例,高校图书馆购买的是这些网络电子产品的使用权,对于电子资源的合理使用通常要求授权用户出于个人的研究和学习目的,对电子资源进行合理使用,一般包括对网络数据库的检索、阅读,检索结果打印、下载、发送电子邮件等。

超出合理使用范围的行为,不仅侵犯了数据库商的知识产权,也会极大损害学校声誉。数据库商一旦发现,一般会在第一时间停止违规 IP 的数据库访问权,严重的话会影响全校的访问权,更严重的话数据库商会直接诉诸法律,追究侵权者的法律责任。

3)文献引用规范

文献引用贯穿于学术论文的写作中。文献引用的原则:

(1)参考文献要具有全面性、权威性、时效性;

(2)引文要准确、中立,不带感情倾向;

（3）要告知读者哪些是引用的，及时标明或声明；

（4）私人通信录、访问录、未发表或出版的论著、不宜公开的内部资料和文件，以及未经发表的国家、地方政府及单位的计划等，不得引用。

学术不端就是学术腐败，都是违法行为，按照教育部的要求，学术不端的防范，从本科教育开始。教育部出台的《办法》中，对学术不端的惩治是严厉的，而且现在很多期刊的编辑部，都会将备选的期刊论文，利用学术不端监测系统进行查重，重复率高的论文会被淘汰。做学问还是要踏踏实实，来不得半点虚假，否则影响终身。

第 14 章　信息的鉴别与利用

14.1　信息真伪的识别

14.1.1　大众对不实信息的认知现状

面对新冠肺炎(COVID-19)的全球大流行,各种谣言和错误信息泛滥成灾,再一次引发人们对不实信息的特征、传播的动力、传播的效果等的关注和讨论。其中,最能引发大众和研究者兴趣的就是,为什么连聪明人都会相信这些不实信息。BBC 的科学记者 David Robson 汇总了科学界对这种盲信的几种主要解释:一是与不实信息的构成有关,这类信息往往利用图像暗示的信息包装技巧,以及利用人们已有的知识建立熟悉感;二是和当下信息的传播方式有关,特别是社交媒体"先分享后思考"的使用特征,偏向于激励基于情感的参与行为而非辨识信息真实与否的行为;三是人们在认知方面存在的基本差异,那些习惯运用初级直觉来思考问题的"认知吝啬鬼"(cognitive misers)更容易受认知偏见的影响,进而改变处理信息的方式。

那么,大学生的信息鉴别能力如何? 答案不容乐观。据胡春春等做的大学生网络信息鉴别能力现状的调研分析可以看出,大学生的网络信息鉴别能力还不够高,对各类热点新闻信息无鉴别意识,学校和家庭对网络信息鉴别方面的教育不够重视,大学生对国家实行的相关网络管理办法不够了解。

14.1.2　信息鉴别的一般方法

1. 真伪性的鉴别

信息的真伪性,指的是信息是否真实、准确。出现不真实信息的主要原因有两方面。一是信息产生时发生的信源错误,如书写不规范造成人名、地名或其他专有名词识别错误;分析情况时以偏概全、以点带面或轻描淡写、文过饰非的错误等。二是信息传递过程中发生的信息失真,如信息发送者的目的不明确、表达模糊,信息接收者对信息过度加工或认知理解偏差等,都会出现信息失真的现象。

鉴别信息是否真实,要坚持五方面的标准:一是时间、地点、人物、事件、因果等基本构成要素必须准确;二是信息中引用的各种数据资料不得有误;三是信息中反映的事情应当实事求是,不放大、不缩小、不渲染;四是信息中反映的观点应当从事实材料中产生;五是信息中的表述不能悖于常理。

鉴别信息真伪的方法主要有三种:一是核对,即依据法律、法规、政策文件、权威部门发布的统计数据等可靠材料,对信息进行对照、比较,舍弃不真实的信息,挤干信息中掺杂的

"水分",纠正存在的某些差错;二是分析,即依据平时掌握的理论政策和多方面的科学知识,对信息中所表述的事实和叙述论证方法进行逻辑分析,以发现其中的疑点和破绽;三是调查,即对重要信息反映的内容,直接或间接向当事人、有关单位进行调查,以检验其真实性和准确性。这三种方法在实际应用中往往结合起来使用,互相补充。

2. 权威性的鉴别

信息的权威性,指的是信息接收者对信息的信服程度的量度。判断信息的权威性,可从信息的外部特征和信息的内容两方面入手。

1)从信息的外部特征判断

如果信息来自网络,需要首先查看网站的性质:ac(学术机构)、com(商业机构)、edu(教育机构)、gov(政府机构)、mil(军事机构)、net(网络组织或公共服务机构)、org(非营利性组织机构)等。此外,可以从以下几个方面进行判断。

(1)根据信息的责任者判断。信息的责任者即发布或发表信息的个人、集体和团体。一般情况下,团体责任者,如政府部门、科研机构、高等院校、学术组织等发表的文献或发布的信息,以及著名科学家和著名学者发表的文献,最具权威性;团体责任者的文献要比个人责任者的文献更具权威性。

(2)根据信息的类型判断。不同类型的信息其权威性也不相同。总体来讲,网上的新闻和消息的权威性比文献差得多。在文献类型中,内部资料和秘密资料报道的内容较为真实可靠,权威性较高。公开发表的文献,权威性差别较大:教科书、专著、年鉴、百科全书、技术标准、专利文献和核心期刊的内容最为真实可靠,普通期刊次之。阶段性研究报告、会议论文、学位论文、实验报告等具有一定的科学性,但不够成熟、完整。综述性文献结构严谨、论述全面,质量较好。产品广告权威性最差。

(3)根据出版单位判断。国家政府部门、国内外著名出版社、著名学术团体与组织、知名高等院校和科研机构出版的文献,一般质量较好,可信度较高,权威性较高。

(4)根据文献的被引用情况判断。被引用是指文献被文摘型刊物摘引和被其他文献作为参考文献引用。被摘引次数和被引用次数较高的文献,其内容较可靠,权威性较高。

(5)从实际验证中判断。通过科研实际、临床实验、实地考察和数据审核等方式来判断信息报道的权威性。

2)从信息的内容判断

从信息的内容判断其权威性,首先要看信息报道的结果是否真实。真实的信息具有明确的前提,有精确的实验数据为依据,叙述应与实验数据一致。其次要看对内容的阐述是否清楚、深刻、完整,是否具有深度和广度。对内容的细节做了具体的阐述即为深刻,对内容进行了全面的叙述即为完整。再次要看论点、论据和结论是否一致,是否有充分的理论与实践为依据,逻辑推理是否严谨、正确。对于技术文献,还要看它的技术内容是否详细、具体,是处于试验探索阶段,还是生产应用阶段。一般来说,立论科学、论据充分、数据精确、阐述完整、技术成熟的文献,可靠性较高,参考价值也较大。

3. 时效性的鉴别

信息的时效性在一定程度上决定着信息的价值。多数信息都只在一定的时间内有效用,过了期限信息就会贬值,甚至完全失去价值。时效性同急缓程度密切相关,在鉴别时效性的时候,要有很强的时间观念,舍弃已过时的信息,对事关重大、时间要求急的突发事件信

息,要做紧急处理,急事急办,对一般性的、时间要求不急的信息,则按一般正常程序处理。

4.完整性的鉴别

信息的完整性是指信息在输入和传输的过程中,不被非法授权修改和破坏,保证数据的一致性。在网络时代,信息的完整性较难保证,因为信息可能在网络传输过程中被截获、篡改后再转发出去,造成信息的完整性受损。

信息的完整性涉及源数据的完整性、数据通信的完整性、数据和信息处理的完整性、信息使用的完整性,乃至整个信息系统的完整性等多个方面的内容。保证信息的完整性,需要防止数据的丢失、重复及保证传送秩序的一致。对信息的完整性的鉴别,必须依靠网络安全系统,如完整性校验算法,信息接收者才能判断收到的信息是否已被改动,如果被改动则认为该信息无效,以此保证信息的完整性。

5.先进性的鉴别

判断信息的先进性,包括以下几条途径:①观察信息报道的内容是否是新概念、新理论、新原理、新假设、新的应用领域、新的技术与方法;②看技术产品是否在原有的基础上提高了参数水平、扩大了应用范围,材料或设备是否改变了成分或结构等;③把各个国家和地区的同类信息的内容进行横向对比,从比较中发现信息的先进性;④根据各个国家和地区的自然资源优势、地理环境特点和科学技术水平来判断。一般情况下,有独特自然资源或处于独特地理环境中的国家,其有关该资源或该地理环境的理论研究和开发技术较为先进;某项科学技术在世界上处于领先地位的国家,其发表的相关信息也较为先进。

6.适用性的鉴别

适用性即可利用性,指原始信息可被信息接收者利用的程度。信息的适用性受多种因素的影响,这些因素包括用户需求、地域环境、科技发展水平、经济能力、科研条件等,具体可以从两个方面进行考察。

(1)从内容考察。看信息是否适合国情,是否适合用户的需要;是适合近期的需要,还是远期的需要等。凡能适合研究需要的资料,就具有适用性,就是有参考价值的信息。

(2)从适用范围考察。看信息是只适用于某一方面,还是适用于多个方面;是适用于特定条件的局部,还是适用于整体;是适用于少数有关人员,还是适用于大众。

14.2　真假商品的识别

14.2.1　一般商品的真假识别

我们在日常生活消费中,可能会遇到假冒伪劣商品。假冒伪劣商品其实就是不良商家为了经济利益而生产的含不真实信息的商品。本节我们介绍如何识别假冒伪劣商品,并借助掌握的信息检索知识,增强真假商品的识别能力。

1.认准商标标识

在购买商品时,应养成注意观察商品注册商标的习惯。正规商品一般都有注册商标,在包装上印有商标标识及"注册"或"R"字样。正品商标为正规厂家印制,商标纸质好,印刷美观,精细考究,文字图案清晰,色泽鲜艳、纯正、光亮,烫金精细。假冒伪劣商标是套用正品商标的,由于机器设备、印刷技术差,与正品商标相比,往往纸质较差,印刷粗糙,线条、花纹、笔画模糊,套色不正,光泽差,色调不分明,图案、造型不协调,版面不洁,无防伪标记等。

2. 注意包装印刷质量

一般来说,正规商品的包装用料比较考究,包装图案印刷清晰,形象逼真,色彩适宜,且牢固程度较高。假冒伪劣商品由于使用自行印刷的标识,所以大都存在颜色不正、图形走样、图案模糊、封口处不整齐、装订粘贴歪斜等现象。

3. 注意包装上的说明

正规商品一般会按规定在包装上标明品名、厂名、厂址、规格、型号、成分、净重、出厂日期、安全试用期或失效日期等内容,而假冒伪劣商品的制造商则常常有意不标注上述内容。

4. 检验商品特有标记

医疗器械物资,需要获取生产许可,商品上要有许可证号、技术要求编号和注册证编号。部分名优商品,除在商品包装主要位置有商标标识外,在商品某些特定部位还有特殊标记,如三大名牌自行车,在车把、车铃、车座、车架、车圈等处均有标识。品牌酒包装上的商品名称常做成凹凸的,而假冒伪劣商品包装上的字体较平,无凹凸感。

在日常购物中,除掌握上述基本的识别真假商品的知识外,消费者还要注意购物场所的选择。农村集贸市场、路边摊点等是假冒伪劣商品聚集之地,因此购物时应尽量选择正规的商家,如大、中型商场、超市等。这些场所一般有正规的进货渠道,有严格规范的进货管理制度,且比较注意自己的商业信誉,在这里买到假冒伪劣商品的可能性较小,出了问题也容易得到及时解决。

14.2.2　案例:防护口罩的鉴别

2020 年疫情之下,一"罩"难求了,一些不法分子制造假口罩、售卖过期口罩、二手口罩来坑害民众。我们该如何识别口罩的真伪,所购买的口罩是否为合格产品呢?

大多数口罩主要由三层非织造布组成,内层和外层多为纺粘非织造布,中间层为驻极聚丙烯熔喷非织造布或具有更高过滤性能的纳米纤维复合材料,是口罩实现阻隔防护功能的关键核心材料,医用口罩的外层非织造布还有防水等要求。经驻极处理的聚丙烯熔喷非织造布,可利用荷电纤维的库仑力捕获细颗粒物(病毒气溶胶等),用其制作而成的口罩在呼吸阻力适宜,佩戴相对舒适的前提下,能大幅提升过滤效率。目前,市场上的医用防护口罩、医用外科口罩、民用防护口罩和工业防护口罩等多采用驻极聚丙烯熔喷非织造布作为其核心过滤材料。所以,口罩不是越厚越好。

1. 分辨医用外科口罩的方法

1)看包装标志是否齐全

根据国家标准 GB 19083—2010 中对标志的要求,包装上需要有:产品名称、型号;生产企业或供货商的名称;执行标准号;产品注册号;滤料级别或相应说明;"使用前请参见使用说明"的文字或符号;贮存条件及有效期;一次性使用产品应标明"一次性使用"或相当字样;如为灭菌产品应注明灭菌有效期及灭菌方式。

2)看注册证编号,也就是"×械注准"及其后的那串数字

例如"豫械注准 20162640236"(见图 14-1)。

3)看注册人的名称等信息

该包装上的注册人的名称是圣光医用制品股份有限公司,可登录国家药品监督管理局

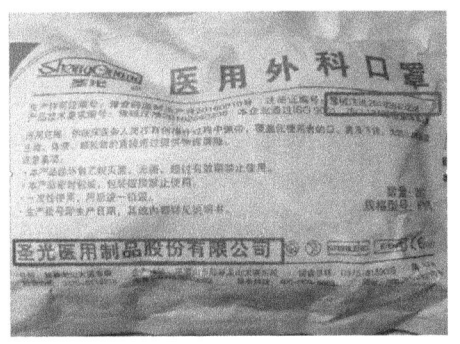

图 14-1　口罩包装示例

网站对比,查询步骤如下。

(1)打开国家药品监督管理局网站(http://www.nmpa.gov.cn),在网站主页选择"医疗器械",选择"国产器械"或"进口器械",点击"医疗器械",如图 14-2 所示,点击"医疗器械"下的"医疗器械查询"。

图 14-2　医疗器械查询界面

(2)选择"国产医用防护口罩注册信息",进行查询。输入注册证编号,也就是"×械注准"及其后的那一串数字。图 14-3 所示的注册证编号为"豫械注准 20162640236"。

(3)核对产品名称、生产厂家、地址等与注册信息是否一致,如果不一致就要小心,有可能是假冒伪劣商品。核对适用范围、预期用途等,是否符合疫情防控要求。

(4)看查询结果中的产品名称是否是医用外科口罩或医用防护口罩。

如果显示是医用口罩、医用外科口罩或医用防护口罩,那么就可以放心使用,若不含"医用外科"字样,或写着"一次性无纺布医用口罩""一次性医用口罩""普通医用口罩"等不含外科字样的口罩,都不属于官方推荐的医用外科口罩。医用不代表外科医用,更不代表医用外科,他们的防护级别不同。

通过上述操作步骤,可以看到注册证编号为"豫械注准 20162640236"的口罩是医用外科口罩。

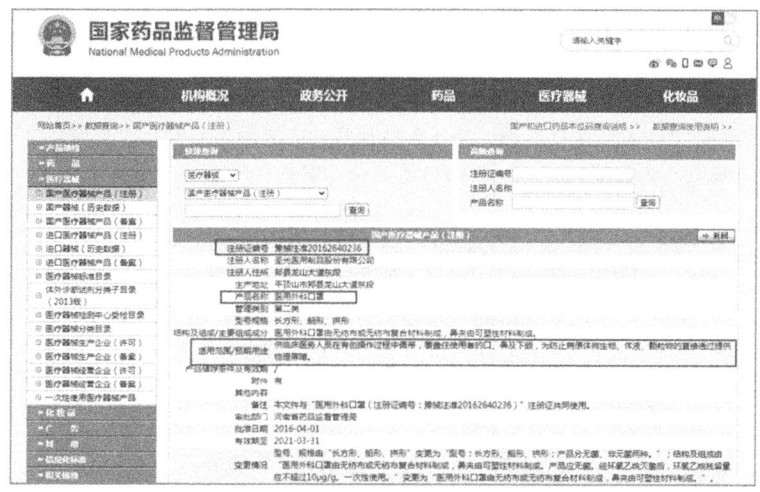

图 14-3　国产医用防护口罩注册信息查询

4）检验检测报告

检验检测报告包括国家资质认定或实验室认可的第三方检验检测机构出具的报告,这类报告不是每一批都有,一般在注册检验时才出具,检验检测项目按国家标准的所有条款进行全项目检测,应特别注意的是,有这个检验检测报告并不代表该产品合格。

口罩除了要有合法检验检测机构出具的检验检测报告,还必须有该企业对该批口罩出具的出厂检验检测报告和合格证。

2. 口罩检测标准

1）国内口罩主要标准清单

国内口罩主要标准清单如表 14-1 所示。

表 14-1　国内口罩主要标准清单

标准类型	标准号	标准名称
强制性国家标准	GB 19083—2010	《医用防护口罩技术要求》
	GB 2626—2006	《呼吸防护用品　自吸过滤式防颗粒物呼吸器》 作废日期:2020.7.1
	GB 2626—2019	《呼吸防护　自吸过滤式防颗粒物呼吸器》 实施时间:2020.7.1
推荐性国家标准	GB/T 32610—2016	《日常防护型口罩技术规范》
	GB/T 38880—2020	《儿童口罩技术规范》
强制性行业标准	YY 0469—2011	《医用外科口罩》
推荐性行业标准	YY/T 0969—2013	《一次性使用医用口罩》

2）六类口罩执行标准对比

六类口罩执行标准对比如表 14-2 所示。

表 14-2 六类口罩执行标准对比

口罩类型	日常防护	儿童防护	一次性医用	医用外科	医用防护	KN、KP
标准名称	《日常防护型口罩技术规范》	《儿童口罩技术规范》	《一次性使用医用口罩》	《医用外科口罩》	《医用防护口罩技术要求》	《呼吸防护自吸过滤式防颗粒物呼吸器》
标准号	GB/T 32610—2016	GB/T 38880—2020	YY/T 0969—2013	YY 0469—2011	GB 19083—2010	GB 2626—2019
标准类型	推荐性国家标准	推荐性国家标准	推荐性行业标准	强制性行业标准	强制性国家标准	强制性国家标准
应用场景	日常防雾霾	6～14岁儿童防护	一次性医用	普通外科防护	医用防护	工业防护
过滤颗粒类型	油性和非油性	油性和非油性	无	非油性颗粒物	非油性颗粒物	KN 为过滤非油性颗粒物；KP 为过滤油性和非油性颗粒物
过滤效率、测试物及测试条件	盐性：氯化钠（NaCl）气溶胶颗粒，粒数中值直径$(0.075 \pm 0.020)\mu m$，粒度分布的几何标准偏差不大于1.86，浓度不超过30mg/m³，测试气体流量为(85 ± 4)L/min。油性：DEHS 或其他油类颗粒物，粒数中值直径$(0.185 \pm 0.020)\mu m$，粒度分布的几何标准偏差不大于1.60，浓度不超过30mg/m³，测试气体流量为(85 ± 4)L/min	同 GB/T 32610—2016	细菌测试物：细菌气溶胶平均颗粒直径$(3.0 \pm 0.3)\mu m$	细菌测试物：细菌气溶胶平均颗粒直径$(3.0 \pm 0.3)\mu m$。颗粒物：氯化钠（NaCl）气溶胶颗粒，粒数中值直径$(0.075 \pm 0.020)\mu m$，空气动力学质量中值直径$(0.24 \pm 0.06)\mu m$，浓度不超过200mg/m³，测试气体流量为(85 ± 2)L/min	颗粒物：氯化钠（NaCl）气溶胶颗粒，粒数中值直径$(0.075 \pm 0.020)\mu m$，空气动力学质量中值直径$(0.24 \pm 0.06)\mu m$，浓度不超过200mg/m³，测试气体流量为(85 ± 2)L/min	DOP 或其他适用油类（如石蜡油）颗粒物，浓度为50～200mg/m³，计数中位径（CMD）为$(0.185 \pm 0.020)\mu m$，粒度分布的几何标准偏差不大于1.60

续表

口罩类型	日常防护	儿童防护	一次性医用	医用外科	医用防护	KN、KP
颗粒过滤效率（PFE）	A 级防护效果≥90%,过滤效率应在Ⅱ级以上；B～D 级防护效果的过滤效果应在Ⅲ级（非油性颗粒物≥90%,油性颗粒物≥80%）Ⅰ级 99%；Ⅱ级 95%；Ⅲ级油性 80%,非油性 90%	立体型≥95%；平面型≥90%	未说明	口罩对非油性颗粒的过滤效率≥95%,油性过滤效果≥30%	1 级≥95% 2 级≥99% 3 级≥99.97%	KN90：≥90% KN95：≥95% KN100：≥99.97% KP90：≥90% KP95：≥95% KP100：≥99.97%
细菌过滤效率	未做要求	≥95%	≥95%	≥95%	未说明	未说明
标准适用范围和应用场景	适用于日常生活中空气污染环境下滤除颗粒物所佩戴的防护型口罩。不适用于缺氧环境、水下作业、逃生、消防医用及工业防尘等特殊行业用呼吸防护用品,也不适用于婴幼儿、儿童呼吸防护用品	本标准适用于 6 岁及以上、14 岁及以下儿童,用于过滤空气中的颗粒物,阻隔微生物、花粉、飞沫等所佩戴的口罩。本标准不适用于有电动送（排）风装置的口罩	适用于覆盖使用者口、鼻、下颌,在普通医疗环境中佩戴,阻隔口腔或鼻腔呼出或喷出污染物的一次性使用口罩	适用于临床操作人员在有创操作等过程中所佩戴的一次性口罩	医疗工作环境下,过滤空气中的颗粒物,阻隔飞沫、血液及分泌物等的自吸过滤式医用防护口罩	本标准适用于防护各类颗粒物的自吸过滤式呼吸器。不适用于防护有害气体和蒸气的呼吸器,不适用于缺氧环境、水下作业、逃生和消防用呼吸器

不同的口罩执行的是不同的标准。医用外科口罩、医用防护口罩、N95 口罩,虽然都可以起到隔离病毒的作用,但密闭性有差异。所以,一定要根据场合和需要选择不同的口罩。

3. 不同标准口罩的包装要求

不同标准口罩的包装要求如表 14-3 所示。

表 14-3 不同标准口罩的包装要求

标准	包装标志
GB 2626—2019	在最小销售包装上,应至少以中文用清晰、持久的方式标注,或透过透明包装可见下述信息:a)名称、商标或其他可辨别制造商或供货商的标注;b)面罩类型、型号和号码(如果适用);c)本标准编号,过滤元件应标注级别,级别用本标准编号和过滤元件级别组合方式标注,如 GB 2626—2019KN90,或 GB 2626—2019KP100;d)适用的许可或认证信息;e)生产日期(至少为年月)或生产批号,储存寿命(至少为年);f)"参见制造商提供信息"字样;g)制造商建议的储存条件(至少包括温度和湿度)
GB 19083—2010	口罩最小包装上至少应有以下清楚易认的标志,如果包装是透明的,应可以透过包装看到标志:a)产品名称、型号;b)生产企业或供货商的名称;c)执行标准号;d)产品注册号;e)滤料级别或相应说明;f)"使用前请参见使用说明"的文字或符号;g)贮存条件及有效期;h)一次性使用产品应标明"一次性使用"或相当字样;i)如为灭菌产品应注明灭菌有效期及灭菌方式
YY 0469—2011	口罩最小包装应有清晰的中文标志,如果包装是透明的,应可以透过包装看到标志。标志至少应包括:a)产品名称;b)生产日期和(或)批号;c)制造商名称及联系方式;d)执行标准号;e)产品注册证号;f)使用说明;g)贮存条件;h)"一次性使用"字样或符号;i)如为灭菌产品应有相应的灭菌标志,并应注明所用的灭菌方法及灭菌有效期;j)产品用途
YY/T 0969—2013	口罩最小包装应有清晰的中文标志,如果包装是透明的,应可以透过包装看到标志。标志至少应包括:a)产品名称;b)生产日期和(或)批号;c)制造商名称、地址及联系方式;d)执行标准号;e)产品注册证号;f)使用说明(至少包括正反面识别及佩戴方法);g)贮存条件;h)"一次性使用"字样或符号;i)如为灭菌产品应有相应的灭菌标志,并应注明所用的灭菌方法及灭菌有效期;j)规格尺寸;k)产品用途
GB/T 38880—2020	口罩应密封包装。最小销售包装应有检验合格标识,明显部位应附有清晰可辨识的标识,标识应包含但不限于下列内容:a)制造商名称和地址;b)产品名称及类别[含"儿童防护口罩(F)"或"儿童卫生口罩(W)"字样];c)产品规格[小号(S)、中号(M)、大号(L)];d)主要原材料;e)执行标准编号;f)使用说明(佩戴方法、安全警示等);g)生产日期、保质期、推荐使用时间(小时);h)如采取消毒处理,应标明消毒方法
GB/T 32610—2016	口罩应密封包装。每个包装单元应有检验合格证,明显部位应附有清晰可辨识的标识,标识应包含下列内容:a)制造商名称和地址;b)产品名称;c)主要原材料(内层、外层、过滤层);d)执行标准编号;e)产品防护效果级别;f)产品规格(小号、中号、大号);g)使用说明(佩戴方法、注意事项等);h)生产日期、推荐使用时间(小时)及贮存期;i)如采取消毒方式,应标明消毒方法

可以很清楚地发现,凡是与对应的标准要求的口罩包装不一致的口罩,都要谨慎选购。

4. 口罩的核心是过滤材料

大多数口罩主要由三层非织造布组成,内层和外层多为纺粘非织造布,中间层为驻极聚丙烯熔喷非织造布或具有更高过滤性能的纳米纤维复合材料,是口罩实现阻隔防护功能的关键核心材料,医用口罩的外层非织造布还有防水等要求。

经驻极处理的聚丙烯熔喷非织造布,可利用荷电纤维的库仑力捕获细颗粒物(病毒气溶胶等),用其制作而成的口罩在呼吸阻力适宜,佩戴相对舒适的前提下,能大幅提升过滤效率。目前,市场上的医用防护口罩、医用外科口罩、民用防护口罩和工业防护口罩等多采用驻极聚丙烯熔喷非织造布作为其核心过滤材料。

驻极就是给熔喷布添加静电,这些电荷能通过其吸引力实现对体积很小的东西的吸附,病毒会因为静电被吸附在熔喷非织造布上,使口罩对平均颗粒直径为 $(3\pm0.3)\mu m$ 的金黄色葡萄球菌气溶胶的过滤效率不低于 95%。

检验的方式:看口罩是否吸附纸屑,不能吸附则说明没有经过经驻极处理,达不到过滤效率 95% 的防护效果。

5. 口罩防护等级及其排序

目前,社会上"N95"口罩的叫法并不十分准确,"N95"是美国标准中的分级,过滤效果基本等同于 GB 2626—2006(已废止)的 KN95 级别,但并不是我国标准中的分级级别。我国标准体系中,GB 19083—2010 规定医用防护口罩,分为 1 级、2 级、3 级,其中,1 级的非油性颗粒物过滤效率≥95%,2 级的≥99%,3 级的≥99.97%;GB/T 32610—2016 规定标准民用口罩,防护性能分为 A、B、C、D 四级,各级别口罩分别应用于空气质量不同的环境,其中,A级的非油性颗粒物和油性颗粒物过滤效率均≥95%,B、C、D 级口罩非油性颗粒物过滤效率≥90%;GB 2626—2019 规定标准工业用口罩,KN、KP 三个级别产品对非油性和油性颗粒物过滤效率分别要求≥90%、≥95%、≥99.97%。

GB 19083—2010、GB/T 32610—2016、GB 2626—2019 三个标准,对非油性和油性颗粒物过滤效率及呼吸阻力的测试方法是一致的。

当要求非油性颗粒物过滤效率≥95%时,GB 19083—2010 标准中的 1、2、3级,GB 2626—2019 标准中的 KN95 及以上级别(KN100),GB/T 32610—2016 标准中的 A级、均能满足要求。同时,GB/T 32610—2016 标准要求的呼吸阻力低于其他标准要求,佩戴起来更加舒适。

从设计和功能要求的角度,口罩防护能力从高到低的排序大致为:KN95 及其以上级别≈医用防护口罩＞医用外科口罩＞一次性医用口罩。另外,日常防护型(GB/T 32610—2016 或者 GB/T 38880—2020)中的 A 级口罩也能达到防护效果,但是一定要认清楚其包装上是否有 A 级标识和"儿童防护口罩"字样(注意与"儿童卫生口罩"有区别)。不建议采用普通保暖或装饰口罩作为防护用口罩。

14.3　信息真伪识别的工具

14.3.1　网站真伪鉴别

由于网络的开放性,不可避免会有"钓鱼网站"和虚假诈骗网站。那么有没有办法避免

上当呢？如果网站服务器放在国内，就可以在工业和信息化部的 ICP/IP 地址/域名信息备案管理系统进行查询，其网址为 https://beian.miit.gov.cn/，如图 14-4 所示。

图 14-4　ICP/IP 地址/域名信息备案管理系统

如果查询的结果与实际不一致，要小心。如果查不到，可能服务器在国外，更要小心，以免上当受骗。

14.3.2　国家药品监督管理局数据库查询

真假药品、化妆品、医疗器械以及网上药店真假，都能通过国家药品监督管理局的网站进行查询，其网址为 http://app1.nmpa.gov.cn/，如图 14-5 所示。

14.3.3　工业产品生产许可证查询

生活中，是否购买假冒伪劣工业产品，可登录全国工业产品生产许可证公示查询系统（http://www.qszt.net/）查询，如图 14-6 所示，本网站可以查询国内食品生产许可证。如果查不到就是假冒伪劣食品，如果查到的厂家和包装上的不一致，也说明是假的。

该网站不仅可以查询食品真伪，还能进行特殊设备生产许可查询、医疗器械生产许可查询、化妆品生产许可查询等所有市场总局和地方发证的查询。各省、自治区、直辖市的质量监督局网站，只能查询自己颁发的生产许可证。

14.3.4　注册商标查询

商标是用来区别商品和服务中的不同生产者或经营者的一种外在标记，通常由图案、文字、符号、字母、数字组合而成。一般标注在商品、商品包装、招牌和广告的显著部位，目的是使该商品或服务和其他同类商品或服务相区别。经国家核准注册的商标为注册商标，受法律保护，具有独占性，任何企业或个人未经注册人许可或授权，均不得使用，否则将承担侵权责任。由于商标信息涉及法律权利与法律责任等相关问题，因此在检索时必须利用最权威的资源工具，以保证其检索结果的准确性及其法律效力。

图 14-5　国家药品监督管理局查询界面

图 14-6　全国工业产品生产许可证公示查询系统

中国商标网是国家知识产权局商标局主办的在线查询注册商标信息的网站,其网址为

http://sbj.cnipa.gov.cn/。任何人均可登录该网站在线查询注册商标信息。中国商标网不仅可查询注册商标信息,还可在线申请注册商标,如图 14-7 所示。

图 14-7　中国商标网主页

14.3.5　医院、医生、护士真伪查询

在中华人民共和国国家卫生健康委员会(国家卫健委)主页,点击服务,在信息查询界面,可以进行医院、医生、护士真伪的查询,如图 14-8 所示。

中华人民共和国国家卫生健康委员会的网址为 http://www.nhc.gov.cn/,该网站还能进行特殊资质医疗机构的名单查询,包括具有器官移植资质的医院及其培训基地名单、开展人类辅助生殖技术和设置人类精子库的医疗机构名单、爱婴医院名单等。

图 14-8　医院、医生、护士等查询界面

14.3.6　记者、新闻媒体真伪鉴别

在中国记者网(http://press.nppa.gov.cn/),可以查记者证的真伪,也可以查媒体信息,以及该媒体的所有记者信息,还可以查看"记者证核发公告""记者证注销公告"等信息,鉴别假记者,如图 14-9 所示。

图 14-9　记者、媒体查询界面

14.3.7　真假出版物查询

登录中央宣传部出版物数据中心(https://pdc.capub.cn/)可进行图书、期刊、报纸、电子出版物、连环画真假的查询,如图 14-10 所示。查询前需要注册,可以直接使用微信账号登录。

图 14-10　出版物真伪查询界面

14.4　考研信息搜集

大数据时代对人才的要求越来越高,当代大学生出于自身发展的考虑,越来越把考研作为提升自我、沉淀自我的重要选择,学校越好这种倾向就越明显。考研成功与否,既与备考者的学习努力程度有关,也与考研信息的获取有关。

14.4.1 考研需要搜集的信息

1. 专业问题

报什么专业需要认真考虑，要知道自己的兴趣点，要明晰自己的优势、劣势，这样才能从实际出发，理性选择，精准定位。

2. 目标院校

定好了专业，接下来就是选择自己心仪的学校了。搜索学校需要考虑几个关键点：分数线、招生人数、报录比、毕业以后的就业情况。

3. 选择导师

导师的选择关乎以后的学习和科研，尽可能多地搜集心仪导师的信息，有助于了解自己是不是与导师的研究领域吻合，有助于判断自己是否对导师研究的领域感兴趣，有助于预设自己将来所要从事的职业。

4. 备考资料

考研目标确定以后，就要根据目标院校的招生要求准备相应的备考资料。备考资料大致包括考试大纲、全真试题、专业教材，以及各种考研辅导书和内部资料。

5. 调剂信息

调剂，一方面可以平衡冷、热门学校及冷、热门专业的招生情况，另一方面也能让没有满足第一志愿录取条件的同学多了一分读研的机会。所以，一定要关注调剂信息，及时做出决策。

14.4.2 考研信息的搜集途径

1. 专业问题搜集

要查看某个学校、某一专业在特定领域的强弱状况，首选中国学位与研究生教育信息网（简称学位网），学位网主页如图 14-11 所示。进入学位网主页，在"学科排名"栏中可查看这一学科在全国院校的开设情况，考生可根据自己的情况与兴趣筛选目标院校。管理科学与工程在全国高校的开设情况如图 14-12 所示。

图 14-11　学位网主页

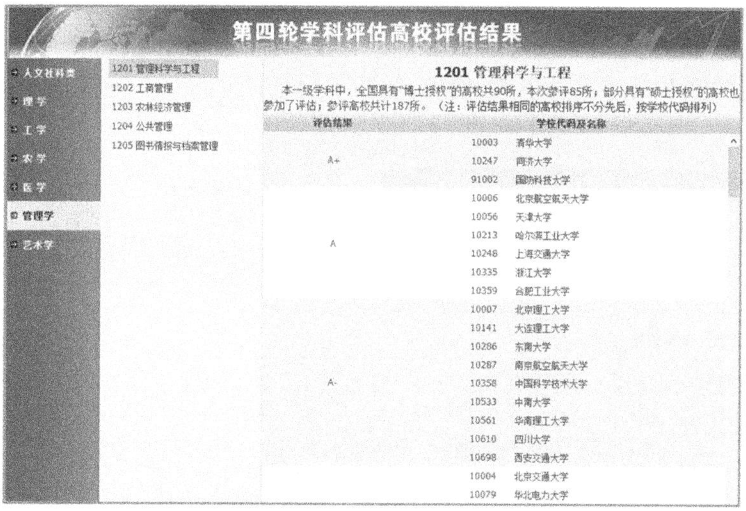

图 14-12　管理科学与工程在全国高校的开设情况

2. 目标院校查询

在确定好专业的同时，考生大概对要报考的院校已经有了意向，接下来就是根据这些院校的招生分数线、招生人数、报录比以及将来的就业情况进一步筛选，搜索这些信息有以下几个途径。

1）中国科教评价网

在中国科教评价网可以查找大学排名、研究生排行、专业排行等信息，方便学生对自己的目标学校和专业有进一步的了解，如图 14-13 所示。

图 14-13　中国科教评价网首页

2）中国教育在线

中国教育在线是中国最大的综合教育门户网站，进入主页，点击"考研"，进入考研专题界面，里面丰富的资源信息可供参考、使用，如图14-14所示。

图14-14　中国教育在线考研专题界面

3）考研信息网

考研信息网是一个综合性考研信息服务网站，可以了解考研全流程中的相关信息，如图14-15所示。

图14-15　考研信息网主页

3. 导师信息搜集

检索导师信息有三个入口，可全面了解导师的科研方向、专业特长、学术观点。一是到导师所在学校的院系主页进行查看；二是网络搜索，适合较为知名的导师，直接在百度上即可查看导师情况;三是通过数据库检索,根据导师近几年发表或指导的学生发表的文章,了解其现阶段学术研究的方向和水平。

4. 备考资料获取

信息搜集为考研之路确定了方向,备考就是实战了。备考资料可以分为考试大纲、全真试题、专业教材、考研辅导书和内部资料。

考试大纲的电子版可在中国研究生招生信息网(研招网)上获取,纸质版可以在大纲发布后购买。

全真试题可以到专门的考研书店购买,也可以从网上获得。

有的学校提供专业教材的书目,有的学校不提供,不提供的可以参考其他学校的书目,另外一些本专业的权威的市场教材可作为参考。

考研辅导书可从书店购买,也可以通过参加考研辅导班获取。

内部资料多从目标院校的学长、学姐那里获取,往届的专业课试题可在报考学校官网或考研论坛获取。

5. 调剂信息获取途径

(1)专业院校的研究生网站。

(2)各大网站、平台公布的调剂信息。

(3)往届考研调剂成功的学长和学姐。

(4)考研论坛、贴吧等。

(5)中国研究生招生信息网。

所有的调剂必须经过研招网调剂系统。

14.4.3　其他考研信息获取途径

(1)FREE 考研考试(http://. freekaoyan. com)。

(2)考研论坛(http://bbs. kaoyan. com)。

(3)正保考研教育网(http://www. cnedu. cn)。

(4)育路考研网(http://www. yuloo. com/kaoyan)。

14.5　就业信息的检索和利用

大学生求职择业,除了与自身的专业技能和综合素质有关之外,也与对就业信息的掌握有关。就业信息就是求职的基础,有了它求职者才能根据自己的意向有目的地择业,合适就业信息的有效掌握是顺利就业的可靠保障。

14.5.1　就业信息公众号

1. 所在学校的就业信息公众号

用学校名称和就业关键词,就能找到对应的公众号。一般学校第一手的招聘信息都会在公众号上面发布。

2. 所在省份的就业信息公众号

用省份名和就业服务,就能找到对应公众号,比如"河南省大中专学生就业服务中心"。

全省的各类招聘信息大部分会在所在省份的就业信息公众号发布。

3.各大企业的招聘公众号

用企业名称和招聘关键词进行搜索,就能找到对应的招聘公众号,比如腾讯招聘等。

4.校招日历

校招日历提供校招求职、寒暑假实习、名企内推等优质的求职信息。

5.刺猬实习校招

刺猬实习校招不仅推送最新的实习、校招、名企内推的信息,还推送各种志愿者招募的信息。

14.5.2 就业信息网站

(1)教育部大学生就业网。

(2)中国国家人才网。

(3)中国就业网。

(4)行业所属部委网站。

(5)省、市级就业服务网站,省、市级人事人才网站。

(6)学校就业指导中心网站。

14.5.3 求职 app

1)智联招聘

智联招聘是校招常用的一个 app,很多公司都会从这个渠道来接收简历。

2)BOSS 直聘

BOSS 直聘上校招、社招都有,但社招会偏多一些,不过因为 BOSS 直聘沟通的便捷性,现在很多公司也会将自己的校招岗位同步到这里。这个 app 最大的一个优点就是和招聘者沟通较为方便,且反馈很快,如果简历被筛掉,而这个公司你又很想去,还可以再次进行沟通。

3)51job

51job 也是校招常用的一个 app。

4)领英

领英是全球职场社交平台,在这里可以找到目标公司的相关人员,帮助求职者抓住机会,拓展职业人脉并且发现更多的求职机遇。

5)脉脉

脉脉也是职场社交平台。

14.5.4 内推

有师兄、师姐在目标单位就职时,可以通过学校的校友会找到他们的联系方式,向他们了解目标公司的情况,请他们内推自己。如果求职者个人的综合素质不错,再加上公司的内推人才奖励制度,师兄、师姐应该会非常乐意帮忙。

参 考 文 献

[1] 周玲.信息超载综述[J].图书情报工作,2001,(11)33-35.

[2] 刘丹丹.浅析网络环境下的信息疾病[J].黑龙江科技信息,2012,(14):125.

[3] 张俊慧.信息检索与利用[M].北京:科学出版社,2015.

[4] 胡法兵.云环境下知识管理软件对比分析[J].计算机时代,2016(10):47-49+53.

[5] 樊瑜.现代信息检索与利用[M].武汉:华中科技大学出版社,2018.

[6] 秋叶,黄晓敏.不要等到毕业以后[M],北京:中信出版集团,2020.

[7] 张玉慧.网络信息检索与利用[M].北京:北京理工大学出版社2014.

[8] 李明.科技文献检索与分析[M].武汉:华中科技大学出版社,2015.

[9] 童国伦等.EndNote&Word 文献管理与论文写作[M].2 版.北京:化学工业出版社,2014.

[10] 伍雪梅.信息检索与利用教程[M].北京:清华大学出版社,2014.

[11] 李贵成,张金刚.信息素养与信息检索教程[M].武汉:华中科技大学出版社,2016.

[12] 张永忠.信息检索与利用[M].2 版.上海:复旦大学出版社,2016.

[13] 刘允斌,吴瑾,王宇.实用信息检索[M].2 版.北京:高等教育出版社,2018.

[14] 陈英.科技信息检索[M].6 版.北京:科学出版社,2014.

[15] 董民辉.信息资源检索实用教程[M].北京:海洋出版社,2017.

[16] 花芳.文献检索与利用[M].2 版.北京:清华大学出版社,2014.

[17] 花芳,战玉华.《文献检索与利用》案例集锦[M].北京:清华大学出版社,2016.

[18] 陈荣,霍丽萍.信息检索与案例研究[M].上海:华东理工大学出版社,2015.

[19] 徐庆宁,陈雪飞.新编信息检索与利用[M].2 版.上海:华东理工大学出版社,2012.

[20] 肖琼.信息资源检索与利用[M].北京:北京邮电大学出版社,2014.

[21] 徐红云,张芩.网络信息检索[M].广州:华南理工大学出版社,2018

[22] 黄勇等.上网无忧:新手实战博客、RSS、播客、IPTV[M].北京:人民邮电出版社,2007.

[23] 秦鸿.RSS 技术在图书馆中的应用[M].上海:上海交通大学出版社,2010.

[24] 龙佳.论搜索引擎的特点与发展态势[J].电脑知识与技术:学术版,2019,15(01):200-201.

[25] 罗昭锋.文献管理与信息分析.[EB/OL](2019)[2020-12-01].https://www.icourse163.org/learn/USTC-9002? tid=1461019450♯/learn/announce.

[26] 梅卫平.HistCite 中重要的英文缩写释义[EB/OL](2017-01-04)[2020-01-20].http://blog.sciencenet.cn/blog-651374-1025391.html.

[27] 刘伟成.数字信息资源检索[M].武汉:武汉大学出版社,2018.

[28] 智信数图.高校信息素养教育数据库.[DB][2020-12-01]https://suyang.zxhnzq.

com/Main. aspx

[29] 蔡志勇.教你免费查专利[M].北京:化学工业出版社,2007.

[30] Robson D. Why Smart People Believe Coronavirus Myths. Retrieved from http://xwfw. lib. hncj. edu. cn:80/rwt/CNKI/https/P75YPLUCM JST6Z5QNF/future/article/20200406-whysmart-people-believe-coronavirus-myths,20200407.

[31] 楚亚杰.人们为何相信不实信息:科学传播视角下的认知偏差与信息鉴别力研究[J].新闻大学,2020(11):71-87+132.

[32] 胡春春,陈琳,胡章恒,周玉婷.大学生网络信息鉴别能力现状的调研分析——以韶关学院学生为例[J].教育现代化,2020,7(45):189-192.

[33] 戚敏,梁晓天.数字信息资源检索方法与实践(理工版)[M].武汉:华中科技大学出版社,2011.

[34] 邓发云.信息检索与利用[M].3 版.北京:科学出版社,2018.

[35] 张海霞,王真真.国内口罩考核指标对比分析与选择应用[J].河南工程学院学报(自然科学版),2020,32(04):6-11.

[36] 石念,李存,袁梦.中国口罩质量安全及基于过滤效率标准的对比分析[J].标准科学,2020(10):17-21.